本书受南昌大学"双一流"学科经费资助

在线旅游

ZAIXIAN LÜYOU
XIAOFEIZHE
KUNHUO YANJIU

消费者困惑研究

涂红伟　著

中国财经出版传媒集团

经济科学出版社
Economic Science Press
北京

图书在版编目（CIP）数据

在线旅游消费者困惑研究／涂红伟著．

北京：经济科学出版社，2025. 4. -- ISBN 978 - 7 - 5218 -

6651 - 3

Ⅰ．F590. 8 - 39

中国国家版本馆 CIP 数据核字第 2025PF6391 号

责任编辑：何　宁　王文泽
责任校对：郑淑艳
责任印制：张佳裕

在线旅游消费者困惑研究

ZAIXIAN LÜYOU XIAOFEIZHE KUNHUO YANJIU

涂红伟　著

经济科学出版社出版、发行　新华书店经销

社址：北京市海淀区阜成路甲 28 号　邮编：100142

总编部电话：010 - 88191217　发行部电话：010 - 88191522

网址：www. esp. com. cn

电子邮箱：esp@ esp. com. cn

天猫网店：经济科学出版社旗舰店

网址：http：//jjkxcbs. tmall. com

北京季蜂印刷有限公司印装

710 × 1000　16 开　16. 75 印张　260000 字

2025 年 4 月第 1 版　2025 年 4 月第 1 次印刷

ISBN 978 - 7 - 5218 - 6651 - 3　定价：68. 00 元

前　言

　　十五年前，还是电子商务市场蓬勃发展的时代，人们的在线消费观念尚处于成长阶段，对网络购物的安全性认识也不充分，犹豫、怀疑、观望、试探、尝试等心态占据着主流。于是，在线消费领域中所谓的"大 V""营销专家""关键角色者"等消费者意见领袖（consumer opinion leaders）的观点或建议对他人的消费决策产生着重要影响，成为虚拟消费社区中的重要决策信息，这是因为该类群体在某个特定领域或话题上具有较高的专业知识、社会地位或被公认为具有某种特殊的才能。然而，当他们在某个或某类产品（品牌）的观点出现分歧、对立或不一致时，消费者会犹豫不定，难以决断，这不利于消费者的决策，同时负向作用于在线企业的营销绩效。有感于此，我便以"消费者困惑"（consumer confusion）为主题，精读该领域的文献。经过五年的学习、整理、消化和理解，我于 2015 年撰文《消费者困惑研究脉络梳理与未来展望》，并在 2016 年 12 月成功发表至《外国经济与管理》期刊。得益于上述思考转向和研究积累，我在 2018 年申请并立项了教育部人文社会科学规划基金项目"互联网时代下的消费者困惑研究：形成机制与影响后效"。

　　当时适逢在线旅游（OTA）行业迅猛发展、中国旅游业转型升级的重要阶段，不管是出行，还是住宿度假，人们对于在线旅游的观念已经逐渐成熟。相较于一般消费品，旅游产品的综合性、无形性、异地消费性和体验性等特殊性使得在线旅游消费者更容易产生困惑。因此，我以此困惑为切入点，聚焦在线旅游情景，重点关注在线旅游消费者困惑这一现象的前因和结果问题。尤其是在教育部课题的资助下，我于 2018～2019 年这两年间，在《旅游学刊》《消费经济》等期刊发表了与在线旅游消费者困惑密切相关的学术论文 3 篇，同时以在线旅游消费者困惑为研究主题，陆续指导了 2 篇硕士论文，实现了在线旅游消费者困惑的前因与后效的研究闭环。在 2020 年，我萌生了出版在线旅游消费者困惑专著的想法，然受累于时间精力和生活琐事，直至 2024 年才得空和更新该领域的最新文献观点，使此书方得面世。

　　《在线旅游消费者困惑研究》全书精心编排为三个紧密相连的部分，旨在深入探索并解析在线旅游领域中消费者困惑的复杂现象。第一部分是对在线旅游消费者困惑的全面理论分析。这一部分先基于广泛的文献综述，清晰界定了在线旅游消费者困惑的概念内涵，明确了其作为在线旅游环境中消费者心理反应的重要表现。随后，通过对现有研究的系统梳理，总结了影响在线旅游消费者困惑的主要因素，包括信息过载、信息不对称、产品复杂性等，并深入剖析了这些因素如何作用于消费者困惑。此外，该部分还详细探讨了在线旅游消费者困惑对满意度、信任度、忠诚度及口碑传播等消费者心理和行为的作用后效，为后续研究提供了坚实的理论基础。通过对理论发展动态的深入分析，展望了未来研究的可能方向，为研究者提供了广阔的学术视野。第二部分聚焦于在线旅游消费者困惑的生成机制。这一部分通过实验设计方法，深入探讨了认知负荷如何作为信息超载与在线旅游消费者困惑之间的中介机制，揭示了信息超载作用于消费者困惑的过程。同时，该部分还探讨了产品类型在上述关系间的调节效应，为理解消费者困惑的边界条件提供了新的视角。第三部分深入分析了在线旅游消费者困惑的多维影响效应。这一部分运用问卷调查方法，广泛收集了在线旅游消费者的实际反馈，通过数理统计分析方法揭示了消费者困惑对信任、满意度以及负面口碑等方面的复杂影响。该部分的研究结果对于在线旅游从业者具有重要的参考价值，有助于他们更好地理解消费者需求，优化服务流程，减少消费者困惑，提升消费者体验。

在撰写本书的过程中，我广泛参考了国内外相关研究成果，力求为读者呈现一个全面、立体、系统且深入的研究视角。本书在每一章的实证分析末尾以及全书最后一章内容处，均结合研究结论提出了相应的实践启示，旨在为在线旅游从业者提供有益的指导，帮助他们更好地应对消费者困惑带来的挑战，优化平台运营和服务，提升消费者满意度和忠诚度。同时，本书在实证分析在线旅游消费者困惑现象时能够紧密结合旅游市场特点，具有极高的教学适用性，可以为旅游类本科生与研究生提供全面的理论基础和实证研究指南。通过学习本书，学生能够更好地掌握理论建构与实证研究论文的写作技巧，为未来的学术研究和职业发展打下坚实的基础。

衷心地向每一位读者，以及那些为本书出版倾注心力、给予支持的单位和个人表达最深的谢意。首先，我满怀感激之情，向南昌大学旅游学院致以崇高的敬意。正是学院对旅游基础理论研究的深切关注与鼎力支持，不仅为我构筑了坚实的科研后盾，也在物质与精神层面为本书的诞生铺设了宽广的道路。其次，我衷心感谢本书的合著者，他在本书的撰写过程中，尤其是在第一章、第二章及第七章的精心创作，以及全书内容的统筹协调、细致修改与严谨校对上，倾注了大量宝贵的时间与精力。再次，我深切地感谢福建师范大学的林宝民副教授，他为本书的内容深度提供了极大的助力，这份无私的贡献对本书的完成至关重要。又次，本书融入了夏俊俊与熊琳英两位同学的硕士毕业论文的精华内容。

他们是我在福建师范大学工作期间所指导的硕士研究生，我向他们致以最诚挚的谢意，感谢他们无私的分享与智慧的贡献，使本书内容更加丰富多元。最后，我诚挚地感激南昌大学万静莹同学在全书格式编排、参考文献整理及附录汇编等方面所作出的辛勤努力；南昌大学付茂杰同学对第一章和第三章文字的精心校对，确保了文本的准确无误；福建师范大学倪镇东同学对第一章的积极参与，也为本书增添了独特的视角与价值。每一位的贡献都是本书成功问世不可或缺的一环，再次向所有参与者致以最深的敬意与感谢。

涂红伟于南昌大学前湖校区
2024 年 11 月

目　　录

第一章 导　　论

数字技术的迅猛进步正在深刻重塑企业的运营模式和消费者的购买习惯。在这场变革中，在线旅游企业为了在激烈的市场竞争中脱颖而出，正积极拥抱大数据营销和精准营销的浪潮。然而，面对海量的营销信息和消费者有限的处理能力，以及旅游资讯的同质化与消费者对个性化信息的渴望，加之虚假宣传的泛滥与消费者对真实可靠产品的坚持，这些矛盾和冲突不可避免地导致了在线旅游消费者的种种困惑。因此，如何有效规避和预防这些困惑，提升消费者的购物体验，已经成为数字时代文化旅游经济健康发展中亟待解决的实践课题。

第一节　研究背景与动因

随着互联网的兴起和数字化时代的到来，在线平台如雨后春笋般涌现，它们通过连接供需双方，降低交易成本、扩大市场需求、创造就业机会以及推动技术和商业模式的创新，成为推动经济高质量发展的新动力、新途径和新支撑。例如，京东、淘宝、拼多多等电商平台通过提供便捷且经济的购物体验，拓展了消费者市场并激发了消费热情；美团和饿了么等餐饮服务平台不仅为人们提供了新的就业途径，也重塑了传统餐饮业的格局；滴滴出行、花小猪和高德打车等网约车应用在为司机提供灵活的工作时间和收入的同时，也提升了人员的流动性。特别地，鉴于旅游产品具有体验性、异地消费性和综合性的特点，在线旅游平台整合了酒店、景区、餐饮和交通等一站式服务，促进了在线旅游市场的繁荣。与传统的线下旅行社相比，携程、同程、飞猪、去哪儿旅行等在线旅游平台因其高效的资源整合能力、多样化的旅游产品选择和可靠的用户评价，正逐渐成为人们出行的首选。为了促进在线旅游市场的健康发展，《"十四五"文化和旅游发展规划》提出要推动在线旅游企业的产品创新，提升专业服务水平，同时规范在线旅游经营服务，对新兴业态如在线旅游实行包容审慎的监管。文化和旅游部发布的《国内旅游提升计划（2023—2025 年)》也强调各地要完善平台载体建设，实现科技赋能旅游，推动旅行社加快跨界融合和线上线下融合，积极融入地方和相关领域的数字化生态。

《"十四五"旅游业发展规划》标志着我国旅游业已迈入高质量发展的新阶段，旅游已成为小康社会人民追求美好生活的刚需。在大众旅游时代，旅游不仅是消费行为，更成为人们寻求幸福感、享受休闲和体验文化的重要途径（栾玲，2024）。从短途休假到长途旅行，从城市游览到自然探险，多样化的旅游产品满足了人们对生活品质和精神需求的追求。特别是在线旅游平台的兴起，对满足人们对美好生活的旅游需求起到了关键作用。首先，在线旅游平台通过整合交通、住宿、餐饮、游览等资源，为用户提供了便捷的一站式服务。其次，平台提供透明的价格信息，使得用户能够轻松比较不同平台和产品的价格，从而作出旅游决策。此外，平台的评分系统和用户评论功能，为潜在的在线旅游消费者提供了宝贵的信息支持，帮助他们了解目的地和旅游产品。近年来，在线旅游市场规模和用户数量均有显著增长。根据前瞻产业研究院的统计数据，2023 年我国在线旅游市场用户规模达到 4.56 亿人次，市场规模达到 11112.6 亿元人民币；预计从 2024 年到 2029 年，我国在线旅游市场规模将从 912.1 亿美元增长至 1854.5 亿美元。[①] 这一增长趋势不仅反映了在线旅游市场的蓬勃发展，也凸显了在线旅游平台在推动旅游业高质量发展中的重要作用。

然而，随着在线旅游平台竞争的日益激烈，一些企业为了争夺市场份额和追求经济利益，采取了不正当手段，导致消费者面临诸多困惑。例

---

① Mordor Intelligence. 中国在线旅游市场规模及份额分析增长趋势及预测（2024 – 2029）[EB/OL]. https：//www.mordorintelligence.com/zh – CN/industry-reports/online-travel-market-in-china.

如，存在虚假宣传、价格欺诈、大数据杀熟以及高额退改签费用等问题，这些都引发了消费者的价格困惑。有消费者在短视频平台看到"4 天 3 晚北京游仅需 750 元"的诱人广告，却发现实际行程与宣传严重不符，原本的什刹海景点被取消，取而代之的是玉器店和特产店等购物点。①　在同程旅行平台上，机票页面显示的价格为 469 元，但消费者最终支付了 562 元，除了 50 元的机建燃油费外，还额外支付了 43 元的优享礼包费用，而礼包的字体比机票原价小，且在支付过程中没有任何提示（卢思叶，2021）。同程还被曝光利用大数据对熟客进行价格歧视，同一航班的价格比其他人高出 1378 元。电子商务研究中心的"电子商务消费纠纷调解平台"用户投诉案例库显示，马蜂窝、同程旅游等平台的机票高额退票费问题突出，酒店订房等服务也存在类似问题。②

另外，实际服务与描述不符和订单退改难导致的产品困惑也不容忽视。消费者通过网页搜索报名低价游，却发现线上沟通的行程与实际行程严重不符，如第二天的什刹海行程被取消，第三天行程变成了前往某玉器店和参观黄帝城，最后才是游览八达岭长城③；根据《2019 年（上）中国电子商务用户体验与投诉监测报告》，旅游订单退改难成为在线旅游的热点投诉之一。再者，虚假点评与信息不实、信息泄露所导致的信息困惑也日益严重。调查显示，某旅游网站存在 7454 个抄袭账号，抄袭了 572 万条餐饮点评和 1221 万条酒店点评，占该网站总点评数的 85%。④　随着互联网的发展，个人信息泄露或被非法买卖的现象越来越普遍，在线旅游平台涉及大量用户个人信息，此类问题也较为突出。因此，在线旅游消费者在选择和购买相关旅游产品时不得不花费大量时间识别这些旅游信息，同时又

---

① 专"暑"说法：旅游篇 [EB/OL]. 北京市司法局，https：//sfj. beijing. gov. cn/sfj/sfdt/fzxc74/543382602/，2024 - 08 - 12.

② 李玥. 退款手续费 80%？黄金周在线旅游平台涉嫌霸王条款 [EB/OL]. https：//www. toutiao. com/article/6611026003365986830/？upstream_biz = doubao&source = m_redirect，2018 - 10 - 11.

③ 专"暑"说法：旅游篇 [EB/OL]. 北京市司法局，https：//sfj. beijing. gov. cn/sfj/sfdt/fzxc74/543382602/，2024 - 08 - 12.

④ 赵文强. 给钱就能写游记？揭开网络平台虚假繁荣背后的秘密… [EB/OL]. 河北网信网，http：//www. caheb. gov. cn/system/2018/10/30/011798728. shtml，2018 - 10 - 30.

不可避免地产生隐私信息泄露的担忧。由此可见，虽然在线旅游企业的蓬勃发展促进了在线旅游市场的繁荣，但其在发展过程中也给消费者带来了一系列价格、产品和信息等方面的困惑。这些困惑的存在使得消费者难以对产品产生清晰的认知（Lomax et al.，2015），不仅不利于在线旅游产品的推广和销售（涂红伟和郭功星，2018），甚至可能会激发游客的负面口碑行为（涂红伟和伍世代，2019）。因此，解决这些问题对于保护消费者权益、促进在线旅游市场的健康发展至关重要。

有鉴于此，面对当前在线旅游市场所呈现出的复杂多变实践格局，迫切需要聚焦在线旅游消费的复杂情境，细致剖析在线旅游消费者所面临的困惑，并对其概念内涵和理论研究成果进行系统梳理。通过对这些困惑的深入分析，能够揭示其背后的深层次原因，并预测这些困惑可能对消费者行为和市场动态产生的影响。这样的研究不仅能够帮助企业更精准地把握消费者的真实需求，从而对产品和服务进行针对性的优化，而且对于提高消费者的满意度和忠诚度也具有深远的意义。进一步而言，理解消费者的困惑并采取相应措施来解决这些问题，可以增强企业的市场竞争力，促进品牌形象的积极塑造。同时，这也能够为消费者提供更加透明、公正和便捷的旅游体验，从而在激烈的市场竞争中赢得消费者的信任和支持。因此，对在线旅游消费者困惑的研究不仅是一项学术任务，更是企业实现可持续发展的关键策略。通过这种多维度的分析和实践应用，以期在线旅游市场能够实现更加健康、有序的发展，为所有利益相关者创造更大的价值。

第二节 研究问题的提出

数字技术的应用为旅游业注入了新的动力，它不仅为传统旅游企业提供了拓展在线销售渠道的机会，也为旅游产品的精细化营销提供了便利。然而，面对海量的营销信息和消费者有限的认知能力，以及旅游资讯的同质化与消费者对个性化信息的渴望，还有虚假宣传的泛滥与消费者对真实可靠产品的坚持，这些矛盾和冲突不可避免地导致了在线旅游者产生过载困惑、相似困惑以及模糊困惑等消费者困惑（Lu et al.，2016）。特别是，与一般消费产品不同，在线旅游产品或服务具有时空分离、消费与生产同步，以及低频率与高单价等特点（Xu & Gursoy，2015），这使得旅游者在作出购买决策时往往需要依赖更多的信息来降低风险感知（Gursoy & McCleary，2004）。当信息量超过个体的认知能力时，在线旅游者便容易产生困惑的心理（Lu & Gursoy，2015）。鉴于此，国内外学者对在线旅游消费者困惑的内容、形式、过程、前因以及后效进行了深入研究，产生了一系列有价值的研究成果。尽管如此，现有研究在以下四个方面仍存在不足。

第一，对在线消费者困惑的形成机制的探讨尚显不足。现有研究对在线消费者困惑形成路径的探索主要聚焦以下四个层面：（1）信息视角。该视角下的研究认为信息属性，如信息过载（Mitchell et al.，2005），信息相似（Falkowski et al.，2014）和信息模糊（Scardamaglia & Daly，2016）。（2）产品视角。这一层面的研究关注产品属性与产品价格对消费者困惑的影响（Kruger & Vargas，2008；Arboleda & Alonsa，2015）。（3）环境视角。该类研究主要聚焦外部环境刺激因素与消费者困惑之间的关系，如购物环境中的音乐（Yalch & Spangenberg，1990）、颜色（Bellizzi et al.，1983）、灯光（Areni & Kim，1994）、气味（Mitchell et al.，1995）等。（4）个体视角。该视角下的研究发现无论是人口统计特征方面，如年龄、性别、受教育程度，还是不确定性的容忍度、认知风格、学习风格、决策风格、个体涉入度、情感、期望等心理特征都有可能导致消费者困惑（Shukla et al.，2010；Mitchell et al.，2015；Wobker et al.，2015；Coothoopermal & Chittoo，2017）。这些研究从多个角度识别了影响消费者困惑的关键因素，增进了学界对消费者困惑成因的理解。然而，现有研究多集中于外部因素和个体因素对消费者困惑的直接影响，对于这些因素如何相互作用及其内在机制的探讨尚不充分。这种局限性不仅限制了学术界对消费者困惑形成过程的深入理解，也使得旅游业从业者难以制定有效措施以减少在线旅游消费者的困惑。因此，本书将基于在线旅游消费者的实际情况，结合资源有限理论，深入分析信息超载与消费者困惑之间的中介机制及其作用的边界条件。

第二，对在线消费者困惑如何影响信任的机理尚缺乏深入的探讨。信任在旅游研究领域占据核心地位，被视为减少旅游冲突、实现合作共赢的关键（庞兆玲和孙九霞，2024）。特别是在在线旅游的背景下，由于旅游者与供应商之间缺乏面对面的互动，信任成为推动在线预订的决定性因素（Sparks et al.，2016；Tussyadiah & Park，2018）。然而，在旅游消费者搜寻旅游信息、预订产品、评价服务的过程中，他们经常面临信息的相似性、模糊性和过载问题（Lu & Gursoy，2015；涂红伟和郭功星，2018），加之旅游产品本身具有无形性、时间性和生产与消费的同步性等特性（Xu & Gursoy，2015），这些因素都可能导致消费者产生困惑（Lu et al.，2016）。关于消费者困惑与信任之间的关系，现有研究尚未形成一致的结论。沃尔什和米切尔（Walsh & Mitchell，2010）提出模糊困惑与信任之间存在负相关，而有的研究则发现两者之间并无明显的负相关关系（Tjiptono，2014）。更为关键的是，现有研究多集中于探讨消费者困惑对信任的直接影响，而对于消费者困惑如何通过中介变量影响信任行为的具体机制，还缺乏充分的理论解释和逻辑推理，这限制了其在企业营销实践中的应用。因此，本书将借助情绪评价理论，深入探讨消费者困惑对信任的直接影响、中介机制及其边界条件。

第三，关于在线消费者困惑与满意度之间的关系讨论尚待完善。在当前旅游者越来越多地通过网络搜索信息的背景下，现有的在线旅游消费者困惑研究主要集中于探讨困惑与放弃购买、延迟购买、寻求额外信息帮助和购买相似品牌等行为变量之间的直接效应（Matzler & Waiguny，2005；Lu & Gursoy，2015；Lu et al.，2016），而未能充分揭示在线旅游消费者困惑与满意度之间的内在联系，导致两者之间的逻辑关系尚不清晰。此外，现有研究对困惑与满意度的关系得出的结论存在较大分歧。沃尔什和米切尔（Walsh & Mitchell，2010）认为困惑会显著降低消费者满意度；而王和舒克拉（Wang & Shukla，2013）的研究发现，困惑通过增加评估成本和负面情感，反而正向影响消费者的决策满意度；有研究的实证分析则发现，由信息相似性和模糊性产生的困惑与满意度之间的关系并不显著（Tjiptono et al.，2014）。为了响应学者们对于深入探索消费者困惑及其心理反应关系中调节因素的呼吁，以便更准确地界定困惑影响的边界条件（涂红伟等，2016），本书将聚焦于在线旅游中的困惑问题，在动机性信息加工理论的基础上，本书将重点探讨消费者困惑对满意度的影响及其作用的边界条件，旨在为理解和解决在线旅游消费者困惑提供更深入的见解。

第四，对在线消费者困惑如何影响负面口碑的机制尚未给予足够的重视。过去的研究已经发现，困惑不仅会削弱消费者的购买决策，还可能激发他们采取对企业不利的行为，尤其是传播负面口碑（Mitchell et al.，2005）。这种行为因其自发性和随意性，对企业而言，不仅可能导致潜在顾客流失、利润下降，还会损害企业形象，影响其长期发展（Alexandrov et al.，2013）。因此，一些学者开始呼吁学术界进行实证研究，深入探讨消费者困惑对负面口碑传播行为的影响机制（涂红伟等，2016）。在现有研究中，仅有穆恩等（Moon et al.，2017）从"刺激—反应"视角探讨了消费者困惑与负面口碑之间的关系，并得出了与米切尔等（Mitchell et al.，2005）、卡萨博夫（Kasabov，2015）的理论假设不一致的结论。这种视角将消费者视为被动个体，较少考虑他们在面对困惑时的主动应对行为，使得消费者困惑与负面口碑之间的关系尚不明确。实际上，为了减轻困惑带来的不适，消费者往往会采取一些应对策略，如明确购买目标、重新评估选择等，而不是被动等待（Mitchell et al.，2005；Kasabov，2015；涂红伟和郭功星，2018）。因此，仅从"刺激—反应"视角探讨消费者困惑对负面口碑的影响，无法全面揭示负面口碑的产生过程，也使得实务界难以采取有效的管理措施来预防和治理消费者困惑。为了解决理论研究中存在的问题，本书拟从应对（Coping）视角出发，考察在线旅游消费者困惑对负面口碑的影响机制，以期为理解和管理消费者困惑提供更深入的见解。

总体而言，本书旨在深入探讨以下几个核心科学问题：

（1）消费者困惑的形成机制是什么？其中受到哪些边界条件的约束？

（2）消费者困惑是如何以及何时影响信任？

（3）消费者困惑与满意度之间的关系是怎样？其边界条件是什么？

（4）如何从应对视角来理解消费者困惑对负面口碑的作用机理？

通过系统地分析这些问题，本书力图为理解和解决在线旅游市场中消费者困惑提供新的视角和策略，以促进消费者体验的优化和行业实践的改进。

第三节　研究目标与意义

一、研究目标

本书在深入分析和总结现有研究成果的基础上，紧密结合在线旅游行业的实际发展情况，对在线旅游消费者困惑的各个方面进行了全面而系统的探讨。以下是本书旨在实现的四个核心目标。

第一，探究在线消费者困惑的形成机制。本书将突破传统研究的局限，不仅仅关注外部因素和个体因素对消费者困惑的直接影响，而是引入资源有限理论，通过实验室实验深入探讨认知负荷在信息超载与消费者困惑之间的中介作用。特别地，本书将重点研究产品类别如何调节信息超载与认知负荷之间的关系，为理解消费者困惑的形成提供新的视角。

第二，明晰在线消费者困惑对信任的效应机理。针对现有研究中对消费者困惑与信任关系的理论阐述不足，本书将应用情绪评价理论，探讨负面情绪如何中介消费者困惑与信任之间的关系。同时，本书将考察认知需求如何调节这种中介效应，从而为理解消费者信任行为提供更深层次的解释。

第三，完善在线消费者困惑与满意度的关系研究。鉴于现有研究中关于困惑与满意度关系的分歧，本书将基于动机性信息加工理论，聚焦在线旅游领域中的困惑问题，本书将重点研究认知需求如何界定消费者困惑与满意度之间的关系，以及应对策略如何影响这一关系，从而为满意度管理提供新的策略。

第四，探索在线消费者困惑对负面口碑的影响机制。与以往从"刺激—

反应"视角探讨消费者困惑对负面口碑影响的研究不同，本书将从应对视角出发，考察消极情绪如何中介消费者困惑与负面口碑之间的关系。同时，本书还将研究产品涉入度在上述关系中的调节效应，为理解消费者如何通过负面口碑表达困惑提供新的理论支持。

二、研究意义

《"十四五"旅游业发展规划》明确强调，优化旅游消费环境、拓展旅游消费领域、提升旅游消费服务质量是构建和完善大众旅游消费体系的关键环节。在这一宏观政策指引下，深入探讨在线消费者困惑的形成机制及其作用效应，不仅具有显著的学术研究价值，而且对于实践应用而言，也展现出广阔的前景和深远的意义。

（一）学术价值

本书的学术价值主要体现在以下三个方面。

第一，夯实了在线旅游消费者困惑的研究基础。相较于标准化的一般消费品，在线旅游产品或服务具有时空分离、消费与生产同步等特征（Xu & Gursoy，2015）。在线旅游消费者往往需要依赖更多的信息来降低风险感知和完成购买决策，因而更容易经历困惑体验（Gursoy & McCleary，2004）。基于这一旅游实际，本书采用"概念内涵—结构维度—影响因素—作用后效"的逻辑主线，先对在线旅游消费者困惑的概念内涵做了清晰的界定，然后系统梳理其结构维度，为后续旅游研究提供了工具性支持。同时，借助文献分析法，本书从信息层面、产品层面、购物环境层面以及个体层面多维度地系统归纳了消费者困惑的前置因素，并从消费者心理层面和行为层面两个视角综述了消费者困惑的结果变量。本书对消费者困惑的系统归纳与梳理为学者持续关注和深化在线旅游消费者困惑议题打下扎实基础，有助于推进在线旅游消费者困惑的研究演进。

第二，深化了在线旅游消费者困惑的理论研究。与以往基于现象导向的研究成果不同，本书基于资源有限理论、情绪评价理论、动机性信息加工理论和应对视角讨论困惑不仅揭示了在线旅游消费者困惑的形成机制，还系统地论证了在线旅游消费者困惑在降低消费者信任、阻碍消费者满意度以及形成负面口碑等方面的消极影响过程。由于缺乏坚实的理论支撑，现有关于消费者困惑的研究结论存在较多分歧（涂红伟等，2018）。本书借用心理学和管理学的理论进一步阐述了在线旅游消费者困惑的生成逻辑与影响机理，不仅丰富了在线旅游消费者困惑的理论研究基础，也为后续研究提供了一个可供借鉴和再探索的分析框架，从而推进了在线旅游消费者困惑的理论研究。

第三，促进在线旅游消费者困惑的体系构建。针对目前学界对消费者困惑研究结论较为零散的现状，本书在现有理论发展动态分析的基础上，从多个层面深度剖析，综合使用实验法和问卷调查等方法，不仅从信息超载视角厘清了在线旅游消费者困惑的形成过程，还实证检验了在线旅游消费者困惑对信任、满意度和负面口碑的影响作用，构建了一个涉及在线消费者困惑前因与后效的全过程模型。本书对在线旅游消费者困惑前因后效的探讨，不仅回答了"在线旅游消费者困惑如何产生"这一问题，也解释了在线旅游消费者困惑对消费者心理和消费者行为的负面作用，这有助于综合理解在线旅游消费者困惑的全貌，从而促进在线旅游消费者困惑的体系构建。

（二）实践应用前景

本书的实践应用前景如下：

首先，本书为增强在线旅游消费者的困惑应对能力提供了创新视角。鉴于个人认知能力、互联网使用熟练度、信息处理技巧及教育背景等因素在解决在线困惑中的关键作用，本书精心设计了包括在线培训课程、公共教育普及以及个性化推荐系统在内的多项实践策略，旨在全面提升在线旅游消费者在信息检索与筛选方面的能力。

其次，本书为优化在线旅游消费环境、减轻消费者困惑提出了新颖见解。研究显示，信息过载已成为在线旅游平台引发消费者困惑的主要因素。针对旅游产品的独特属性及在线旅游平台的实际发展状况，本书从信息分类的科学性、信息呈现的清晰度、页面设计的友好度以及人工客服的高效性等多个维度，系统总结了优化在线消费环境、改善页面布局与信息展示的具体措施，力求从根本上降低消费者的困惑感。

最后，本书为管理在线旅游消费者困惑提供了有力的实证支持。鉴于在线旅游消费环境及产品本身的复杂性和不确定性，消费者极易产生困惑情绪。本书聚焦于在线旅游消费者困惑的事后管理，通过精益服务策略、数据追踪分析、问卷反馈机制以及教育培训项目等多维度手段，有效应对并解决了消费者在购买决策过程中遇到的困惑问题，为相关管理实践提供了宝贵的参考依据。

第四节　研究方法与内容

一、研究方法

为了全面且深入地探究在线消费者困惑的形成机制及其广泛的影响效应，本书精心融合了定性研究与定量研究两大方法体系，以期获得更为丰富、准确且全面的研究成果。

（一）文献归纳法

文献归纳作为一种严谨而系统的文献分析手段，其核心在于通过对既有文献的深入概括、综合提炼，旨在揭示某一特定主题或问题的当前研究态势、未来发展趋势以及理论架构的基石。本书巧妙地将文献归纳法融入文献回顾与模型构建两大核心环节之中。在文献回顾层面，本书充分利用中国知网、Web of Science 等权威学术资源平台，广泛收集并细致梳理了与消费者困惑紧密相关的各类文献，不仅全面总结了前人的研究成果，而且在此基础上，深入剖析了在线消费者困惑理论的发展脉络与最新动态，进而精准地提炼出本书将要深入探究的核心议题。同时，在探究在线消费者困惑的形成机制及其后续影响的研究过程中，本书对国内外关于此领域的核心概念与基础理论进行了详尽的梳理与评述，不仅追溯了这些理论与概念的历史演进轨迹，更在此基础上，致力于构建一个逻辑严密、论证充分的在线消费者困惑形成与效应模型，以期为该领域的理论研究与实践应用提供新的视角与思路。

（二）问卷调查法

问卷调查作为一种广泛采用的研究工具，其流程严谨且系统，涵盖了从明确研究目标到最终撰写研究报告的多个关键环节。这一过程具体包括：确立研究目的、精心设计问卷内容、合理选择样本范围、有序实施调查活动、全面收集数据资料、深入分析数据特征，并最终汇总形成研究报告。在探究在线消费者困惑的影响效应这一研究领域内，本书采取了科学而细致的问卷设计与实施策略。具体而言，本书在构建问卷时，充分参考并借鉴了国内外权威学术期刊中已验证有效的成熟量表，以确保问卷内容的专业性和准确性。在此基础上，通过开展严谨的预测试环节，对问卷的清晰度、易懂性以及整体有效性进行了细致的检验。

（三）实验法

为了有效排除外生变量的干扰，并增强研究结论的内部效度，本书在深入探究在线消费者困惑的形成机制时，精心采用了实验室研究方法。在实验一的设置中，本书采用了组间设计的策略，通过为被试提供数量不同的旅游路线方案来实施控制。具体而言，高数量组接收3条旅游路线方案，而低数量组则仅接收1条方案。这一设计旨在检验信息超载的主效应，在实验一的基础上，实验二通过更换旅游目的地探究了认知负荷在信息超载影响在线旅游消费者困惑中的中介作用。通过两组实验设计，本书能够更为准确地捕捉和分析信息超载对在线消费者困惑产生的直接影响，以及这种影响是如何通过认知负荷这一中介变量进行传递的。实验三进一步引入了产品类别（体验品与搜索品）作为调节变量，旨在探索在线旅游消费者在面对信息超载时，其感知到的困惑程度是否会受到产品类别的影响，即探究信息超载对消费者困惑产生的边界条件。

(四) 数理统计分析方法

在数据分析的深入阶段，本书紧密追踪并采纳了国内外学术界的前沿与主流研究范式，精心构建了一套综合且全面的分析体系。本书灵活运用了描述性统计分析、相关分析、验证性因子分析、方差分析、层次回归分析、结构方程模型构建以及 Bootstrap 重采样技术等一系列先进方法，同时借助 SPSS、Mplus 等业界领先的统计软件工具，对收集到的数据进行了细致入微的计量分析。

二、研究内容

本书研究内容可以分为以下三个部分：（1）在线旅游消费者困惑的理论分析。该部分以消费者困惑的概念内涵为基础，界定了在线旅游消费者困惑，然后系统梳理了消费者困惑的测量工具，紧接着归纳和总结消费者困惑的影响因素和作用后效，在上述基础上识别出现有研究的不足，并提出在线旅游消费者困惑的四个关键问题，为本书后续内容的探讨奠定了基础。（2）在线旅游消费者困惑的形成机制。该部分基于资源有限理论，从信息超载视角切入，探讨了认知负荷与产品类别的中介作用与调节效应。（3）在线旅游消费者困惑的作用机理。该部分基于情绪评价理论、动机性信息加工理论和应对视角讨论困惑系统，论证了在线旅游消费者困惑在降低消费者信任、阻碍消费者满意度以及形成负面口碑等作用过程。

围绕上述研究内容，本书共分为七个章节（见图 1-1）。

第一章作为本书的导论部分，先从现实维度深刻剖析了在线旅游消费者困惑的重要性和亟待解决的必要性。鉴于当前理论研究的局限性，本章明确提炼出本书将要深入探索的科学议题。在此基础上，系统阐述了本书的研究目标、研究意义、所采用的研究方法以及详尽的研究内容，为后续章节的展开奠定了坚实的理论基础与导向。

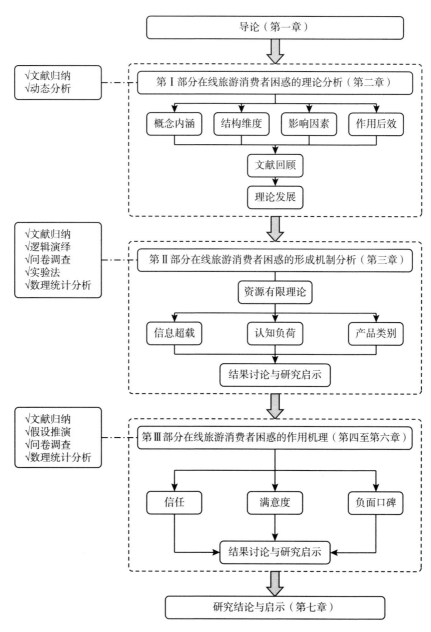

图 1-1　本书研究思路

　　第二章则专注于在线旅游消费者困惑的理论剖析。通过对既有文献的细致梳理，本章先清晰界定了在线旅游消费者困惑的概念范畴，并归纳总结了现有的测量工具。随后，从影响因素与作用后果两个层面，全面回顾并总结了现有的研究成果。在此基础上，深入剖析了当前研究的不足之处，并据此提出了本章将要深入探讨的四个核心问题，为本书后续内容的深入展开提供了重要的理论铺垫与方向引领。

　　第三章深入探究了在线旅游消费者困惑的形成机制。依托资源有限理论，通过精心设计的三场实验，揭示了信息超载对在线旅游消费者困惑产生的直接影响，以及认知负荷在这一过程中的中介作用。同时，考虑到在线旅游产品的独特性，本章还引入了产品类型作为调节变量，进一步探讨了其在信息超载诱发在线旅游消费者困惑过程中的边界条件。

　　第四章聚焦于在线旅游消费者困惑对信任的影响。基于情绪评价理论，本章深入分析了负面情绪在在线旅游消费者困惑降低消费者信任过程中的传递机制，并引入了认知需求作为调节变量，以探究在线旅游消费者困惑影响消极情绪的作用边界。通过对292份在线旅游消费者的调查数据进行分析，综合运用层次回归和Bootstrap等方法，对上述理论模型进行了实证检验与分析。

　　第五章则探讨了在线旅游消费者困惑对满意度的影响。基于动机性信息加工理论，本章引入了认知需求作为调节变量，深入考察了其在在线旅游消费者困惑与满意度之间关系中的调节作用，并讨论了应对策略在上述过程中的中介作用。通过对368位在线旅游消费者的调查，借助探索性因子分析、验证性因子分析以及层次回归等方法，验证了上述逻辑关系。

　　第六章致力于研究在线旅游消费者困惑对负面口碑的影响。借助情绪聚焦应对的分析框架，本章从消极情绪的视角出发，深入探讨了在线旅游消费者困惑对负面口碑的影响机制，以及产品涉入度在这一影响机制中的调节作用。通过对344份在线旅游消费者的调查问卷进行验证性因子分析、层次回归和简单斜率分析等方法，验证了所提出的理论模型。

　　第七章作为本书的总结与展望部分，先对全书的主要理论观点进行了全面梳理与总结。随后，从消费者、在线环境以及在线旅游企业三个层面，提出了减少和应对在线旅游消费者困惑的实践策略。最后，基于本书的研究局限，从结构维度、效应研究以及预防机制三个方面，对未来可能的研究方向进行了展望，以期为后续研究提供有益的参考与启示。

第二章　在线旅游消费者
困惑的理论分析

在线旅游消费者困惑长期以来一直是困扰在线旅游市场的一个核心难题与重大挑战，然而遗憾的是，学术界对这一领域尚缺乏系统而全面的梳理，这无疑阻碍了在线旅游消费者困惑理论研究的深入发展与实践管理的有效推进。通过细致梳理现有文献，本章先明确界定了在线旅游消费者困惑的概念范畴，进而归纳总结了当前关于消费者困惑的各种测量方法。在此基础上，本章从信息复杂性、产品特性、购物环境特征以及个体差异四个维度，全面剖析了导致消费者困惑的多元影响因素。随后，本章系统探讨了消费者困惑对消费者心理反应和消费者行为产生的多维度影响。通过这一深入的分析，本章不仅揭示了消费者困惑的广泛影响范围，还进一步理解了其背后的复杂机制。最后，本章基于理论发展的最新动态，深入分析了现有研究的不足之处，指出了未来研究需要关注的关键方向。这一分析不仅为后续章节的实证探讨提供了坚实的理论基础，也为学术界和业界在应对在线旅游消费者困惑方面提供了新的思路与启示。

第一节　消费者困惑的概念内涵

关于困惑的研究起始于品牌战略和商标保护领域，早期的学者较少关注消费者困惑的定义（Foxman et al. , 1992），相关文献主要致力于讨论品牌或商标外部的相似性是导致消费者产生品牌困惑的原因（Miaoulis & D'Amato，1978；Levy & Rook，1981）。福克斯曼等（Foxman et al. , 1990）

发现，即使是品牌或商标的外部刺激可以明确区分开来，消费者也仍然存在着困惑的可能性。为了更好地理解困惑这一概念，福克斯曼等（Foxman et al.，1992）从消费者品牌信息处理的角度，辨析了困惑与误解、不确定性、欺骗、侵权4个相关术语的差异，将消费者品牌困惑视为消费者在品牌认知推理过程所出现的错误，即消费者困惑是指由于多个品牌在外部刺激或其他因素上存在着相似性，消费者对相似品牌（不熟悉品牌）的属性和功能进行推理判断而产生的错误观点。随后，学者们意识到消费者困惑不仅发生在品牌之间，还存在于消费者对单个品牌产品的认知上。米切尔和帕帕瓦西利尤（Mitchell & Papavassiliou，1999）指出，当单个品牌下的产品数量及其附加信息越来越多时，这种由信息超载带来的消费者混淆认知也被称为"消费者品牌困惑"。上述两个定义虽然从困惑的不同来源定义了消费者困惑，但是均囿于品牌认知层面（例如，品牌识别），忽略了消费者在其他消费情境中也会发生困惑的事实（例如，由于信息缺乏而对某一特定产品的功能和属性产生的认知模糊），使得学者们所理解的消费者困惑实质上就是消费者品牌困惑。基于这一缺憾，后来的学者在定义消费者困惑的时候，将其外延扩大到一般性的产品。例如，特恩布尔等（Turnbull et al.，2000）的研究认为，消费者困惑是消费者在信息处理过程中，未能正确地理解来自多个方面的产品或服务信息，且这一概念也得到了部分学者的支持（Matzler & Waiguny，2005；Sachse et al.，2010；Wobker，2015）。该定义虽然从认知视角出发，将困惑理解为个体对外界模糊事物的认知结果，较好地解释了消费者困惑的认知来源，却忽略了对消费者心理状态的刻画。

困惑这一概念在本质上指的是个体在面对外部刺激时所产生的疑惑和不安的心理状态。因此，一些学者开始从心理层面探讨消费者困惑，将其视为一种心理状态或心理过程，其特征是消费者缺乏明确有序的思维和行为模式（Leek & Kun，2006）。同时，也有研究者认为消费者困惑是一种情感状态，这种情感状态源于外部环境的刺激超出了消费者的认知处理能力，导致他们在选择和处理外部信息时感到困难（Schweizer et al.，2006）。与认知视角的研究相似，心理情感视角下的研究也存在局限性，这是因为它主要从心理情感的角度来界定消费者困惑，而较少涉及消费者的认知结果（混淆）。例如，爱德华和萨哈德韦（Edward & Sahadev，2012）的研究进一步指出，消费者困惑是消费者处于信息相似、信息不清晰、信息不充分的环境中时所表现出来的不安心理状态；欧兹坎和托隆（Özkan & Tolon，2015）将消费者困惑定义为消费者在处理信息和评估复杂决策过程中的备选方案时所经历的消极认知心理过程。

事实上，米切尔等（Mitchell et al.，2005）以及加鲁和瓦格纳（Garaus & Wagner，2016）的研究均指出，消费者困惑是一个多维度的概念，其内涵应当从认知（cognition）、情感（affection）和意动（conation）三个维度来全面理解。沃尔什（Walsh，1999）是最早尝试将认知结果和心理情感综合起来定义消费者困惑的，他们认为消费者困惑是一种在购买决策准备阶段出现的心理状态，这种状态令人不安，并负面影响消费者信息处理和决策能力，可能导致消费者作出次优选择。卡萨博夫（Kasabov，2015）在研究中进一步扩展了沃尔什等（Walsh et al.，1991）的概念，提出消费者困惑是一种心理不适或行为上的不确定性，这种主观的消费体验会导致消费者在信息处理过程中出现判断失误，或对产品（服务）的消费表现出信心不足。这些研究为学界理解消费者困惑提供了更为丰富和立体的视角，强调了消费者困惑在认知、情感和行为意向上的复杂性。

由此可见，历经三十余载的演进，消费者品牌困惑这一概念已逐渐拓展其外延，同时其内涵亦在不断深化与丰富。在此基础上，本章综合考量认知与心理情感双重维度，并借鉴沃尔什等（1999）及卡萨博夫（2015）的学术见解，对在线消费者困惑进行了明确的界定。具体而言，在线消费者困惑是指在线消费者在虚拟消费环境中遭遇的一种疑惑与不安的心理状态。这种状态主要源于产品的高度相似性、信息的过度负载以及信息的模糊不清等因素。这些因素不仅增加了消费者在信息处理过程中的难度，还可能导致消费者作出错误的判断或次优的选择。通过这一界定，本章期望能够更全面地理解在线消费者困惑的本质，为后续的研究与实践提供有益的参考。

第二节　消费者困惑的结构维度

在明确了消费者困惑的概念之后，学术界对其构成的维度和测量方法进行了深入研究。早期研究主要从心理感知的角度出发，将消费者困惑细致地区分为实际困惑与感知困惑（Huffman & Kahn，1998）、总体困惑与部分困惑，以及有意识困惑与无意识困惑（Mitchell & Papavassiliou，1999）等不同类型。然而，这些研究并未进一步发展出具体的指标来区分和验证这些困惑维度。在消费者困惑量表的开发和设计方面，现有的文献主要基于施韦泽等（Schweizer et al.，2006）、沃尔什等（2007）以及加鲁斯和瓦格纳（Garaus & Wagner，2016）的研究。其中，施韦泽等（Schweizer et al.，2006）和沃尔什等（2007）的研究专注于从认知角度出发，设计量表以测量消费者困惑。而加鲁斯和瓦格纳（2016）的研究则在量表设计中综合考虑了消费者在外部零售环境影响下的主观心理体验。上述研究分别代表了两种不同的研究视角，为理解消费者困惑提供了多维度的测量工具。

尽管施韦泽等（2006）和沃尔什等（2007）都是从认知角度出发来开发量表，以探究消费者困惑的根源，但他们在认知内容的选择上有明显的不同，这导致了他们在测量内容上也存在显著差异。施韦泽等（2006）的研究侧重于消费者对外部环境信息的感知，他们借鉴环境心理学中的信息率（Information rate）概念来衡量环境中刺激的密集程度，以此作为衡量消费者困惑的一个方法。具体而言，施韦泽等（2006）在广泛回顾商店营销环境和营销管理的相关文献后，筛选出可能引发消费者困惑的外部因素。他们采用内容分析法对这些因素进行分类，并运用探索性因子分析和验证性因子分析，最终提炼出25个条目，涵盖多样性（3个题项）、新颖性（7个题项）、复杂性（3个题项）、矛盾性（3个题项）、舒适性（3个题项）、可靠性（6个题项）六个特征维度。这一量表较为全面地捕捉了商店营销环境刺激下的消费者困惑，但它主要局限于商店营销环境的范畴。该量表主要从外部环境刺激的结果来分析困惑的特征维度，而在设计过程中较少涉及消费者的情感因素。同时，由于测量技术较为复杂，这也限制了该量表的广泛应用和进一步发展。

沃尔什等（2007）从消费者对产品及产品信息的认知出发，开发出了消费者困惑倾向（consumer confusion proneness）量表。他们在设计问项的过程中，综合缪斯和达马托（Miaoulis & D'Amato，1978）、洛肯等（Loken et al.，1986）以及斯普特勒斯等（Sprotles et al.，1986）的研究成果，通过探索性因子分析和验证性因子分析，专门开发了9条目量表，从消费者的相似困惑（2个题项，如"由于许多产品之间存在相似性，我很难察觉到新产品"）、超载困惑（3个题项，如"大量的产品信息，使得我很难进行有效区分"）和模糊困惑（4个题项，如"当购买产品的时候，我很少感觉到信息是充分的"）三个维度来测量消费者困惑。其中，相似困惑是指消费者对不同产品在视觉上和功能上感知到的相似程度；超载困惑是指消费者在面对更多的产品信息和备选方案时，在有效比较和理解这些替代产品或方案方面所感知到的困难程度；模糊困惑是消费者在处理一些不清晰或模棱两可的产品信息时所感知到的困惑程度。事实上，在该量表开发出来之前，在线旅馆预订与消费者困惑研究中，已经将消费者困惑划分为相似困惑（5个题项）、超载困惑（4个题项）和不清晰困惑（3个题项）三个维度来研究在线消费者的困惑程度，且测量模型的拟合程度较好（Matzler & Waiguny，2005）。鉴于沃尔什等（2007）的研究是专门开发消费者困惑倾向量表的，学界对其关注度更高，相似困惑、模糊困惑、超载困惑三维度量表已成为近年来消费者困惑研究的主流测量工具，且具有较好的信效度（Sachse et al.，2010；Alarabi & Grönblad，2012；Wang & Shukla，2013；Tjiptono et al.，2014；Shiu，2015）。

专注于零售环境下消费者困惑研究的学者们在理论上强调，探讨零售环境下的消费者困惑时，必须同时考虑其认知、情感以及意动三个维度（Garaus & Wagner，2013；Garaus et al.，2015）。基于这一理论框架，加鲁斯和瓦格纳（2016）首次将零售商店消费者的主观感受纳入考量，通过一系列访谈和问卷调查，进行了六轮的数据收集工作。他们按照五个严谨的步骤（包括初始量表的构建、量表的净化与项目提纯、量表的复制与推广应用、聚合效度分析与指标不变性分析、量表的理论效度分析）进行研究，最终开发出一个包含 13 个项目的消费者困惑量表。该量表将消费者困惑细分为三个维度：情感困惑（例如：生气的、恼怒的、气馁的）、认知困惑（例如：有效率的、准确的、富有成效的、高效的）、意动困惑（例如：无助的、绝望的、令人困惑的、迷惑的、缺乏判断力的、过度紧张的)[①]。尽管这个三维度量表综合了认知和心理情感因素，提供了一个全面的视角来衡量消费者困惑，但由于它是在特定的零售商店环境中开发的，且是一个较新的三维度量表，其在其他环境或产品影响下的外部效度还需要进一步的实证研究来验证。这一量表的开发为消费者困惑的多维度研究提供了新的工具，也为未来的跨环境验证和应用奠定了基础。

此外，在实证分析领域，一些研究倾向于采用单一维度来评估消费者困惑，即选择消费者困惑的某一具体方面作为衡量标准。例如，沃布克等（Wobker et al.，2015）在探究食品行业的消费者困惑时，基于斯普罗尔斯和肯德尔（Sproles & Kendall，1986）的消费者决策风格量表，经过修订后提出了四个项目，但这些项目实际上主要聚焦于测量消费者的超载困惑维度。同样，有些学者选择不对消费者困惑进行细致的维度划分，而是直接采用总体困惑的概念进行测量。例如，欧赞和托隆（Özkan & Tolon，2015）在研究网络用户生成内容所带来的信息超载现象对消费者的影响时，就通过三个题项直接评估了在线消费者的总体困惑程度。这些研究表明，在测量消费者困惑时，研究者可以根据研究目的和具体情境的不同，选择不同的测量方法和侧重点。这种灵活性允许研究者针对特定的研究问题，采用更为精确和适合的评估工具，从而更有效地捕捉消费者困惑的特定方面。

[①] 在运用该量表进行实际测量的过程中，认知困惑维度采用反向计分的方式。该量表中的 13 个词汇所对应的英文分别为：情感维度（annoyed、irritated、unnerved），认知维度（efficient、careful、productive、high performance），意动维度（helpless、lost、awkward、baffled、weak、overstrained）。

第三节　消费者困惑的影响因素

从上面的消费者困惑概念内涵和结构维度梳理来看，近年来学术界在界定消费者困惑时，仍面临"其本质是认知结果的体现还是心理情感的反映"的争议，且维度划分的标准亦缺乏统一性。尽管存在这些争议，两种理论视角并没有在消费者困惑的研究领域内形成完全独立的研究路径，而是共同关注于探究消费者困惑的前置影响因素（前因变量）及其引发的后果（结果变量）。在回答"消费者困惑产生的原因"这一核心问题时，学者们从多个层面进行了广泛而深入的探索，积极挖掘导致消费者困惑的前置条件，取得了丰富的研究成果。综合这些研究成果，可以将影响消费者困惑的因素归纳为以下四个方面。

一、信息层面的因素

与产品或服务相关的信息不仅承担着说明和指导消费者的角色，还具备影响消费者决策、促使其作出特定选择的功能（Cohen，1999）。在众多影响消费者困惑的信息层面因素中，信息超载、信息模糊和信息冲突等信息属性尤其受到了学者们的广泛关注。这些信息属性通过不同的方式影响消费者的认知处理过程，进而可能导致消费者在决策时感到困惑。

首先，鉴于消费者处理信息的能力是有限的（Dhar & Simonson，2003），信息超载往往会引发决策难题（Oppewal & Koelemeijer，2005），而过多的选择同样可能引起消费者的困惑（Kasper et al.，2010）。在早期研究中，有学者通过设计一个3（品牌类型）×3（每个品牌对应的信息数量）的实验来探究信息超载与消费者困惑的关系，发现信息数量与消费者困惑之间存在显著的正相关（Jacoby et al.，1974）。一些学者将信息数量和信息质量视为信息超载的两个关键维度，并进一步分析了它们对消费者困惑的影响。研究发现，消费者困惑与信息的有效性呈正相关，而信息数量对消费者困惑的主效应并不显著（Özkan & Tolon，2015）。这表明，学术界对于信息数量与消费者困惑之间的关系尚未达成一致的结论，信息数量如何体现信息超载的问题仍需在未来的研究中进一步探讨和阐明。

其次，利克和库恩（Leek & Kun，2006）在中国本土电脑消费者中的调查研究显示，信息模糊和信息冲突也是导致消费者困惑的重要因素。舒克拉等（Shukla et al.，2010）在分析信息层面对消费者困惑的影响时也提出，消费者困惑往往源于无法有效处理大量信息、难以识别关键信息以及难以协调不同渠道间的信息冲突。他们的实证研究结果表明，信息超载、信息模糊和信息冲突能显著正向影响消费者困惑。具体来说，信息模糊涉及信息的不明确、不连贯或不准确（Wang & Shukla，2013）；而信息冲突则指不同渠道来源的信息存在自相矛盾的情况（Leek & Kun，2006）。阿卜杜拉等（Abdollahi et al.，2020）通过对 23 名出境游客的访谈，利用主题分析和定性比较方法，从信息过载、信息模糊和信息相似三个层面归纳出 23 个导致消费者在购买出境旅游产品时产生困惑的影响因素。尤其是，如果信息提供者向消费者提供过多、过相似或过模糊的信息，消费者就很难对所购买产品进行准确评估，从而产生困惑心理（Dharmasena & Jayathilaka，2021）。

除此之外，一些其他的信息属性也被证实能够引发消费者困惑，例如，信息多样性、信息新奇性、信息复杂性（Garaus et al.，2015），以及信息来源的可靠性和权威性等（仝毅伟，2023）。特别值得一提的是，仝毅伟（2023）以电商直播为研究对象，发现无论是企业主播还是网红主播的直播活动，都在一定程度上对在线消费者产生了负面影响，具体表现为增加了消费者的相似困惑、过载困惑和模糊困惑。这些研究成果不仅为研究团体理解信息属性如何影响消费者困惑提供了新的视角，而且进一步丰富了在线消费者困惑领域的知识体系。

二、产品层面的因素

产品相似性是消费者困惑产生的一个最直接的原因，相关文献主要集中在产品属性和产品价格两个方面。

其一，产品属性与消费者困惑。产品的有形属性相似会导致消费者困惑（Turnbull et al.，2000；Leek & Chansawakit，2006），如产品外观的相似性。同时，产品的无形属性也在消费者的认知评价中扮演着重要角色（Wakefield & Blodgett，1999），如，品牌形象会影响消费者对某一产品的感知方式（Mitchell et al.，2005）。也就是说，产品在有形属性和无形属性方面的相似性均可能导致消费者困惑。该理论判断在舒克拉等（Shukla et al.，2010）的实证研究中得到了证实，他们通过研究发现产品有形属性和无形属性的相似度均正向影响消费者困惑程度。正是由于产品属性相似性的存在，过多的产品选择也成为消费者困惑的影响因素之一（Mitchell & Papavassiliou，1999；Schweizer et al.，2006）。例如，相似性过高的食物环保标签和零食包装袋都会使消费者产生认知上的困惑（Arboleda & Alonsa，2015；Moon et al.，2017）。不仅如此，产品的复杂性也是导致消费者困惑的一个因素。利克和库恩（Leek & Kun，2006）在中国电脑市场的研究发现，产品技术复杂性是消费者困惑的主要来源。霍尔菲利普斯和沙（Hall‐Phillips & Shah，2017）在探讨美国消费者购买易腐食品的困惑问题时发现，易腐食品标签中多种临期标签格式、不同打包位置和标签类型会使得消费者难以理解与读懂这些食品的临期数据，进而产生模糊、复杂与矛盾等困惑。同时，对于在线旅游者而言，一些效果不佳的营销刺激，如复杂的网页布局与使用方式、不清晰的功能设计和迟缓的页面反馈等，也会增加他们的消费困惑（Sharma et al.，2023）。这些研究结果表明，产品属性中的相似性和复杂性特征是导致消费者困惑的重要因素，对消费者决策过程有着显著影响。

其二，产品价格与消费者困惑。消费者可能会因为价格数字本身的误导或缺乏充分的推理而对产品和服务的价格形成错误的印象（Turnbull et al.，2000），这种误解容易导致消费者困惑（Chauhan & Sagar，2021；Ermeç Sertoğlu & Kavak，2017）。这种困惑尤其在价格的百分比差异方面表现得较为明显，被称为百分比差异困惑（Kruger & Vargas，2008）。阿鲁尔·米什拉和希曼舒·米什拉（Arul Mishra & Himanshu Mishra，2011）的研究发现，在购买健康食品时，消费者更倾向于选择降价 20% 的商品而不是维持原价但赠送 20% 的商品，尽管对于理性消费者而言，前者的实际效用更大。凌喜欢和辛自强（2014）基于中国 186 名大学生的实验研究也表明，产品价格对消费者的这种百分比差异困惑有显著影响，特别是在价格较低时，这种困惑更为明显。此外，多种价格线和复杂的定价体系也可能诱发消费者的困惑（Xue et al.，2020；Bambauer–Sachse & Young，2024）。这些研究表明，产品价格的呈现方式和定价策略对消费者的认知和决策有着重要影响，不当的价格信息处理可能导致消费者困惑，进而影响其购买行为。因此，理解和减少由价格因素引起的消费者困惑对于提升消费者满意度和优化营销策略具有重要意义。

三、购物环境层面的因素

当购物环境提供的信息量过大，而消费者无法有效整合这些环境特征时，便可能发生消费者认知不匹配现象，这往往会导致消费者困惑的产生（Beverland et al.，2006）。早期研究已经表明，购物环境中的音乐（Yalch & Spangenberg，1990）、颜色（Bellizzi et al.，1983）、灯光（Areni & Kim，1994）、气味（Deborah，1995）等刺激因素对消费者的选择有显著影响，而施韦泽等（2006）也提出应综合考虑购物环境中的所有刺激来研究消费者困惑。遗憾的是，购物环境与消费者困惑之间的具体联系直到近年才开始有学者开始深入探讨。例如，加鲁斯等（Garaus et al.，2015）通过专家访谈，提炼出 16 个购物环境题项，并从室内设计、周边环境和社会因素三个维度分析了环境因素对消费者困惑的影响。研究发现，较低的室内高度、狭窄的人行走廊、超大店面、货架过高、复杂的视觉营销方式、过多的促销信息、过大的人流量等因素会导致较高水平的消费者困惑；而玻璃外观、快乐的背景音乐、自然光照、清晰的指示标志等因素则会减少消费者困惑。同时，修（Shiu，2015）通过促销活动、商店环境以及个体间的交流三个维度来测量消费者所面对的外部环境刺激，结果发现这些外部刺激因素正向影响相似困惑和过载困惑，而与模糊困惑不相关。此外，在活动赞助营销环境中，外部营销环境刺激与消费者困惑之间的关系较为明显（Sachse et al.，2010）。这些研究结果强调了购物环境中多种刺激因素对消费者困惑的重要作用，并为零售商提供了优化购物环境以减少消费者困惑的实践指导。通过改善店内布局、调整照明和音乐、简化促销信息等措施，零售商可以有效地降低消费者的认知负担，提升购物体验。

四、个体层面的因素

消费者困惑不仅受到信息、产品、购物环境等外部因素的影响，还与消费者自身有关（Mitchell et al.，2005），因此个体层面也是学者们积极关注的因素，主要涉及人口统计变量和心理特征变量两个方面。

在人口统计特征方面，年龄、性别、受教育程度等因素均被认为会影响消费者困惑，但这些研究尚未得到学者们的充分重视，所得出的结论大多还停留在理论分析阶段。例如，特恩布尔等（Turnbull et al.，2000）的研究表明，在科技产品领域，由于产品复杂性，女性比男性更易感到困惑；米切尔等（2005）提出，从经验积累的角度来看，年龄的增长可能会减少困惑，然而从处理复杂信息的能力来看，年龄的增长可能会增加困惑；赵正洋和赵红（2011）在综述中指出，较低的教育和智力水平更容易导致消费者困惑。沃布克等（2015）的实证分析发现，在食品领域，男性比女性展现出更高的困惑水平，且消费者困惑随年龄增长而增加。由此可见，仅凭现有文献的理解，还不足以清晰揭示人口统计学变量与消费者困惑之间的确切关系，人口统计变量对消费者困惑的影响可能依赖于具体的消费环境和情境。

在心理特征领域，米切尔等（2005）从理论上分析了多个可能影响消费者困惑的个体心理特征变量，包括不确定性的容忍度、认知风格、学习风格、决策风格、个体涉入度、情感和期望等，但这些分析主要停留在理论逻辑推演层面。近年来，实证研究开始揭示这些心理特征与消费者困惑之间的具体联系。例如，舒克拉等（2010）发现期望与消费者困惑正相关；欧赞和托隆（Özkan & Tolon，2015）发现用户创造内容的感知有用性与消费者困惑正相关；而涉入度、自我效能感以及信息处理能力（Özkan & Tolon，2015）、认知匹配度（Garaus et al.，2015）、网站感知可靠性（Matzler et al.，2011）以及旅游中的价格意识和需求认知（Lu et al.，2016）等变量与消费者困惑负相关。马茨勒等（Matzler et al.，2011）的实证研究还发现，个体所拥有的产品知识能负向影响消费者困惑。达马塞纳和贾亚提拉卡（Dharmasena & Jayathilaka，2021）的研究结果表明，消费者的互联网使用经验、模糊容忍程度、价格意识和认知需求等特征与困惑紧密相关。此外，随着新冠疫情的兴起和常态化管控，一些学者开始关注创伤后心理状态与消费心理行为之间的关系，并通过实证研究发现创伤会使消费者更容易感到困惑（Waites et al.，2023）。

通过上文的回顾可以发现，近年来关于消费者困惑影响因素的实证研究确实呈现出蓬勃发展的态势，并取得了一系列富有洞察力的结论。然而，从研究视角的深度与广度出发，不难发现当前文献最大的短板在于缺乏强有力的理论框架作为支撑。这一缺失直接导致了相关实证结论显得零散而不成体系，从而严重阻碍了消费者困惑理论体系的进一步成熟与完善。为了更直观地展现这一现状，表 2-1 对信息、产品、购物环境以及消费者个体这四个关键层面所涉及的影响因素进行了系统的归纳与总结。

表 2-1　　　　　　　　　　　**消费者困惑的影响因素**

影响因素层面		相关变量	代表性研究
信息	信息属性	信息超载、信息模糊、信息冲突	Jacoby et al.，1974；Shukla et al.，2010
	信息率	信息多样化、信息新奇性、信息复杂性、信息冲突	Garaus et al.，2015
产品	产品属性	产品有形属性相似、产品无形属性相似、产品复杂性属性	Shukla et al.，2014；Leek & Kun，2006
	产品价格	产品价格	Bambauer-Sachse & Young，2024；Xue et al.，2020

续表

影响因素层面		相关变量	代表性研究
购物环境	环境刺激	室内设计、周边环境、社会因素；促销活动、商店环境、个体间的交流；活动赞助	Garaus et al.，2015；Shui，2015；Sachse et al.，2010
消费者	人口统计特征	性别、年龄、受教育程度	Wobker et al.，2015；Mitchell，2005；Turnbull et al.，2000
	心理特征	期望、用户创造内容的感知有用性、涉入度、自我效能感、信息处理能力（产品知识）、网站感知可靠性、任职匹配度、价格意识、需求认知	Dharmasena & Jayathilaka，2021；Matzler et al.，2011；Özkan & Tolon，2015；Lu et al.，2016；Garaus et al.，2015

资料来源：根据相关文献整理。

第四节　消费者困惑的作用后效

从上文的回顾可以发现，当消费者不能有效处理来自外部环境的刺激时，他们就会变得疑惑和不安，这种困惑的心理状态不仅会导致消费者表现出不利于企业的心理和行为，还会影响他们后续的购买决策（Shukla et al.，2010；Lomax et al.，2015）。综合来看，现有关于消费者困惑的影响结果分为对消费者心理反应的影响和对消费者行为反应的影响两个方面。

一、消费者困惑对消费者心理的影响

该领域的研究主要聚焦于消费者困惑所引发的心理认知反应。在理论层面，米切尔等（2005）在其对消费者困惑的概念阐释和模型构建的定性研究中提出，消费者困惑不仅增加了消费者的认知负担和购物疲劳，还可能削弱消费者的兴趣、信任、满意度、忠诚度以及消费信心（Kurtulmuşoğlu & Atalay，2020；Kim，2024）。特别是随着困惑程度的加剧，消费者更可能经历挫败、失望、怨恨等负面情绪（Kasabov，2015）。此外，当消费者在众多相似产品中作出选择时，相似困惑还可能降低消费者的品牌偏好（Chernev，2003）。然而，关于消费者困惑与这些心理认知变量之间关系的实证研究相对匮乏，且已有的实证研究结果在验证消费者困惑对心理变量的影响时，不仅与上述理论论断不一致，彼此之间也缺乏一致性，这严重阻碍了学界对这一现象的深入理解。例如，沃尔什等（2007）的路径模型显示，相似困惑显著降低了消费者品牌忠诚度，而模糊困惑却正向促进了品牌忠诚度，超载困惑与品牌忠诚度则无显著关联。在阿拉拉比和格伦布拉德（Alarabi & Grönblad，2012）关于消费者困惑三维度对忠诚度影响的研究中，只有超载困惑的回归系数显著，其他两个维度的影响不显著。马茨勒等（Matzler et al.，2011）基于网络大规模定制的研究则发现，信息超载困惑、产品不清晰困惑以及过程不清晰困惑会显著降低消费者的满意度和信任度，这种负向关系也在沃尔什和米切尔（2010）、齐普特诺等（Tjiptono et al.，2014）以及穆恩等（Moon et al.，2017）的研究中得到了验证。而王和舒克拉（Wang & Shukla，2013）以决策信心、评估成本和负面情感为中介变量的研究却发现，消费者困惑通过评估成本和负面情感正向影响消费者决策满意度，这与当前学界的主流观点相悖。他们在解释这一发现时指出，决策满意度与消费满意度是两个不同的概念，前者关注的是选择过程，后者关注的是选择结果，而大量的信息和过多的产品选择有助于消费者作出更完善的决策，因此能够提高消费者的决策满意度（Wang & Shukla，2013）。

同时，现有文献对消费者困惑与其他心理变量之间的关系进行了实证分析，并从不同角度得出了一些有价值的结论。例如，加鲁斯等（Garaus et al.，2015）的研究表明，令人困惑的购物环境会限制购物目标的有效完成并引发负面情感，因此消费者困惑会降低功利型和享乐型购物者的感知价值，且任务动机导向会加强这种关系。此外，沃布克等（2015）针对食品行业消费者困惑现象，从消费者需求的角度进行研究，发现产品复杂性导致的决策困惑会激发消费者对价格稳定性、品牌来源、信息量、质量认证、购物流程简化、政府监管等方面的需求，同时消费者困惑与这些需求之间的关系受到信任的调节作用，高信任感的消费者会减弱这种关系强度。随着社交媒体营销的兴起，在线消费者每天都要面对海量的营销信息，不可避免地会产生信息困惑，而这种信息困惑还可能导致消费者的心理不适（Dang，2020）。

二、消费者困惑对消费者行为的影响

消费者困惑的存在，不仅会影响消费者的心理认知，还会促使消费者表现出一系列应对行为。现有的关于消费者困惑引发的行为反应的研究主要可以分为以下两个方面。

一方面，学者们致力于探讨消费者为了降低困惑而采取的应对策略。面对困惑引起的不安心理，消费者可能会采取多种应对措施，包括延迟购买、放弃购买、不采取行动、寻求额外信息、品牌转换、明确购买目标、减少选择范围、征求他人意见、委托他人购买、分享经验、重新考虑等（Drummond，2004；Xue et al.，2020；Guan et al.，2021；Shiu，2021；林炳坤和吕庆华，2022；祝玉浩和白建磊，2023）。针对这些降低困惑的策略，学者们选择相关变量作为消费者困惑的结果变量进行实证研究，主要集中在放弃购买、延迟购买、寻求额外信息这三个变量上。例如，欧赞和托隆（2015）发现，在用户创造内容丰富的网络环境中，信息超载引起的消费者困惑更可能导致消费者放弃购买；沃尔什等（Walsh et al.，2007）发现，消费者困惑的三个维度（相似困惑、超载困惑、模糊困惑）均会增加消费者决策延迟的可能性；卢等（Lu et al.，2016）在旅游消费者困惑研究中发现，超载困惑会促使游客继续寻找新信息以完成消费决策。然而，也有学者基于移动 App 的消费者困惑问题提出相反观点，认为当消费者难以区分不同品牌时，即使最终决策不准确，他们也倾向于快速作出决策（Alarabi & Grönblad，2012；Ghosh & Rao，2014）。此外，相似困惑和模糊困惑会减少决策延迟（Ghosh & Rao，2014；Bibi & Iqbal，2015；Cheng，2015），认知需求正向调节模糊困惑与购买决策延迟的关系，负向调节相似困惑与购买决策延迟的关系（Ghosh & Rao，2014）。

另一方面，学者们已经认识到消费者困惑可能给企业带来负面的社会影响，并在理论上将负面口碑传播视为消费者困惑的一个结果变量（Wei et al.，2022）。尽管如此，现有的实证研究在探讨消费者困惑与口碑传播之间的关系时，较少直接使用负面口碑传播量表进行深入探讨，直到近年才有所突破。例如，穆恩等（2017）的研究发现，在消费者困惑的三个维度（相似困惑、超载困惑、模糊困惑）中，只有超载困惑显著正向影响负面口碑传播行为，其他两个维度与负面口碑传播行为之间并无显著相关性。大多数研究并没有将口碑传播行为区分为负面和正面两类，而是直接将口碑传播行为作为结果变量。已有的实证研究表明，感受到模糊困惑和超载困惑的消费者更倾向于向他人寻求帮助，一旦他们获得了清晰的信息，就会利用这些新知识去帮助其他人，从而增加了口碑传播行为（Walsh & Mitchell，2010；Tjiptono et al.，2014；Ghosh & Rao，2014），并且认知需求在模糊困惑和超载困惑对口碑传播行为的影响中起到了正向调节作用（Ghosh & Rao，2014）。值得注意的是，沃尔什和米切尔等（2010）的研究意外地发现，相似困惑会显著减少口碑传播行为。有学者指出，这一相反结论的出现可能是因为该研究采用了营销专家量表来测量口碑传播行为（Ghosh & Rao，2014），营销专家更倾向于通过分享行为为信息搜索者提供价值，当他们无法在相似产品间作出区分和判断时，他们可能不愿意分享知识，以免误导追随者（Geissler & Edison，2005）。这些发现强调了在不同情境下消费者困惑与口碑传播行为之间关系的复杂性，并提示研究团队在理解和管理消费者困惑时需要考虑多种因素。

消费者困惑的影响是多维度的，它不仅触及心理层面，也扩展到行为层面。进一步结合前文对消费者困惑影响因素的深入探讨，本章可以识别出四个关键层面的因素：产品特性、信息质量、购物环境和个体差异，这些因素共同作用导致了消费者困惑。同时，消费者困惑也会反过来影响消费者的心理状态和行为选择，形成一个连续的作用链。基于现有的实证研究，本章构建了一个综合的消费者困惑模型，如图 2 - 1 所示，该模型中的所有变量及其相互关系均得到了相关实证研究的支持。这一模型不仅有助于学界更全面地理解消费者困惑的成因和后果，也为未来的研究提供了一个理论框架，有助于进一步探索消费者困惑的复杂动态。

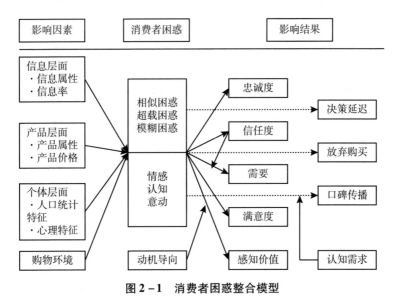

图 2 - 1 消费者困惑整合模型

资料来源：根据已有实证研究结果整理而得。

第五节 理论发展动态分析

学界对消费者困惑的关注由来已久，早期的学者主要集中在理论探讨，近十年来又涌现出了较多的实证研究，但国内涉及该领域的文献却乏善可陈。通过对消费者困惑相关研究成果的梳理不难发现，已有研究主要围绕消费者困惑的概念内涵、测量维度、消费者困惑的影响因素以及消费者困惑引发的心理和行为反应等方面展开。毋庸置疑，学者们作出的这些积极探索，无论在理论推进还是营销实践的指导上都具有重要意义。然而，正如本章在回顾中的一些评述所言，现有研究尚存在一些不足之处，尤其是实证研究结论较为零碎和分散，诸多问题还需要进一步的完善。基于前面的分析和梳理，研究团队认为未来至少可以从以下四个方面继续展开深入的探讨。

第一，探讨消费者困惑的形成机制。消费者困惑影响因素研究的视角单一性和相关实证结论的分散性，限制了现有研究对消费者困惑形成机制的深入揭示。尽管现有研究从信息、产品、环境和个体等多个层面识别出影响消费者困惑的关键因素，从而丰富了学界与业界对消费者困惑成因的理解，但这些研究主要集中于外部因素和个体因素对消费者困惑的直接影响，对于作用机制的探讨尚显不足。这种局限性不仅阻碍了学界对消费者困惑形成过程的深入认识，也使得实践者难以采取有效措施减少在线旅游消费者的困惑。信息超载作为一类关键的信息属性，其对消费者困惑的影响早已受到学者们的关注。雅各比等（Jacoby et al.，1974）的实验研究就发现信息数量的增加正向影响了消费者困惑，而卢和古尔索（Lu & Gursoy，2016）的实证研究也将信息超载视为消费者困惑的前置因素。然而，学界对于信息超载与消费者困惑之间作用机制的"黑箱"讨论甚少。实际上，由于个体认知资源和信息处理能力的限制（Sweller，1988），当消费者接收到超出其接受范围的信息刺激时，便会产生冗余效应，引发认知负荷（Mayer，2005；Destefano & Lefevre，2007），这些认知负担和情绪负荷进而导致消费者在认知与决策上的负面效应（Lomax et al.，2015）。因此，未来研究可以借助资源有限理论，从认知视角考察信息超载影响消费者困惑的过程机理，以期为理解和应对消费者困惑提供更深入的见解。

第二，考察在线消费者困惑对信任的效应机理。作为旅游研究中的一项核心议题，信任是减少旅游冲突与实现合作共赢的重要基石（庞兆玲和孙九霞，2024）。尤其是在在线旅游情景中，旅游者与旅游供应商的不在场互动使得信任成为促进在线预定的关键因素（Sparks et al.，2016；Tussyadiah & Park，2018）。与此同时，旅游消费者在查阅旅游信息、预订旅游产品、评价服务质量等过程中，由于在线旅游信息经常存在着相似、模糊以及超载等特征（Lu & Gursoy，2015；涂红伟和郭功星，2018），且所对应的产品又兼具无形性、时间性、生产与消费同步性等特殊属性（Xu & Gursoy，2015），难免产生困惑心理（Lu et al.，2016）。围绕消费者困惑与信任二者之间的关系，现有研究尚未得出统一的结论。例如，沃尔什和米切尔（2010）认为，模糊困惑与信任存在负向关系；而齐普特诺（Tjip-tono，2014）等的研究结论却认为，模糊困惑与信任之间不存在负向关系。因此，未来研究有必要进一步讨论消费者困惑对信任的主效应。不仅如此，由于以往研究仅考虑了消费者困惑对信任的直接影响，而由消费者困惑引发的消费者信任行为的传导机制，缺乏合理的理论基础解释和逻辑上的有效推导，难以有效地指导企业的营销实践。阿诺德（Arnold，1960）认为，个体对特定刺激事件的认知评价决定情绪反应。考虑到在线旅游消费情景中大量的相似信息、超载信息以及模糊不清的信息是消费者认知评价的主要对象，这种消极的评价结果会使得消费者负面情绪不断累计（Leek & Kun，2006），而非理性的负面情感又被认为是决定消费者心理与行为的重要因素（Ping，2013）。因此，未来的研究可以从情绪评价的视角探讨负面情绪在消费者困惑与信任关系中的中介作用及其边界条件，以更全面地理解消费者困惑如何影响信任，并为旅游企业提供更有效的营销策略。

第三，完善在线消费者困惑与满意度二者关系研究。在当今旅游者日益依赖网络搜索信息的时代背景下，现有的在线旅游消费者困惑研究主要集中于探讨困惑与放弃购买、延迟购买、寻求额外信息帮助以及购买相似品牌等行为变量之间的直接效应（Matzler & Waiguny，2005；Lu & Gursoy，2015；Lu et al.，2016），而未能充分揭示在线旅游消费者困惑与满意度之间的关系，导致两者之间的内在逻辑尚不明确。此外，现有关于困惑与满意度关系的研究结论存在较大分歧。沃尔什和米切尔（Walsh & Mitchell，2010）认为，困惑显著降低消费者满意度；而王和舒克拉（Wang & Shuk-la，2013）的研究发现，困惑通过评估成本和负面情感正向影响消费者的决策满意度；齐普特诺等（Tjiptono et al.，2014）的实证分析则发现，由信息相似性和模糊性产生的困惑与满意度之间的关系并不显著。根据动机性信息加工理论，个体对外部刺激的心理认知动机与信息加工行为紧密相关，会影响个体的态度和观点变化（McGuire，1968），且认知评价与心理反应的关系受到个性特质变量的影响（Lazarus & Folkman，1987）。在现有研究中，认知需求（need for cognition）通常被视为一个稳定的个性特质变量，指个体理解经验世界并使其合理化的倾向（Cohen et al.，1955）。高认知需求的消费者倾向于更积极地加工信息，他们拥有更丰富的经验和知识，更可能主动搜索和选择有利于消费决策的信息（Cacioppo et al.，1996；De Dreu & Carnevale，2003；徐洁和周宁，2010），因此他们可能将困惑视为在线消费决策中不可避免的一部分，并以更积极的态度面对。相反，低认知需求的在线旅游消费者依赖直觉和经验，难以有效处理在线渠道中的复杂认知任务，对信息的丰富性和多元化感到不适（Malhotra，1982），往往倾向于消极适应或凭借经验和直觉处理信息（Cacioppo et al.，1996）。因此，低认知需求的在线旅游者对信息的加工较为被动，无法作出合理的消费决策，增加了满意度下降的可能性。动机性信息加工理论的研究者还指出，在个体对信息刺激进行无意识加工后，将进入有意识的深度加工阶段，即个体应采取何种应对策略（信息加工方式）对外部信息进行加工整合（De Dreu et al.，2008），认知需求将对这一过程产生重要影响（徐洁和周宁，2010）。因此，未来的研究有必要从动机性信息加工视角来理解认知需求在消费者困惑与满意度之间的调节作用，并进一步深入考察应对策略在其中的中介作用。这将有助于更全面地理解消费者困惑如何影响满意度，并为旅游企业提供更有效的营销策略。

第四，揭示在线消费者困惑对负面口碑的影响机制。以往研究发现，困惑不仅会对消费者的购买决策产生负面影响，还会导致他们表现出不利于企业的行为，尤其是负面口碑行为（Mitchell et al.，2005）。由于这种行为具有较大的自主性和随意性，对企业而言，消费者表现出来的负面口碑行为不仅会减少潜在顾客，降低企业利润，还会损害企业形象，阻碍长远发展（Alexandrov et al.，2013）。因此，部分学者开始呼吁，学界应展开实证研究，深入探求消费者困惑对负面口碑传播行为的影响机理（涂红伟等，2016）。在现有研究中，仅有穆恩等（2017）从"刺激—反应"视角对消费者困惑与负面口碑之间的关系进行了探讨，并得出了与米切尔等（2005）、卡萨博夫（2015）的理论假设不一致的结论。究其原因，"刺激—反应"视角下的研究将消费者视为一个被动的个体，即个体的行为表现仅是外部环境刺激的结果，较少考虑他们在困惑情境中的应对行为，使得消费者困惑与负面口碑的关系尚不明确。事实上，为了降低困惑带来的不适感，消费者往往会采取一些诸如明晰购买目标、重新思考等应对策略（Mitchell et al.，2005；Kasabov，2015；涂红伟和郭功星，2018）。由此可见，消费者在困惑的情境中并不是"坐以待毙"，仅仅从"刺激—反应"视角下探讨消费者困惑对负面口碑的影响尚不足以完整地揭示负面口碑的产生过程，还使得实务界无法采取有效的管理措施来建立消费者困惑的预防与治理机制。应对研究中的认知交互作用理论指出，应激源的复杂性将会影响个体认知图式的构建，进而导致个体在应对过程的初级阶段（primary appraisal）产生不确定性的认知（Lazarus & Folkman，1984），而困惑便是其中的一种（Leek & Kun，2006）。同时，关于应对视角下的情绪研究表明，认知会导致消极情绪的出现，而消极情绪又会诱发相应的行为（Arnold，1960；Lazarus & Folkman，1987；Lazarus，1991）。因此，未来研究有必要从应对视角下探讨困惑对负面口碑影响的情绪机制及其约束条件。

从消费者困惑的发展动态可知，无论是消费者困惑的形成机制，还是消费者困惑对在线旅游消费者心理与行为的作用机理，都需要进一步的拓展与深化。基于此，本书不仅从信息超载视角出发探讨了消费者困惑的形成过程，还分析了消费者困惑与信任、满意度以及负面口碑之间的内在机制。

首先，消费者困惑的形成机理。针对消费者困惑的形成机理，本书将借鉴资源有限理论的核心观点，提出在线旅游的旅游者的认知资源具有有限性。当旅游者需要处理海量的旅游信息（即信息超载）时，他们会面临认知负荷的增加，进而引发消费者困惑。这一理论框架为理解消费者困惑的产生提供了有力的解释。其次，消费者困惑对信任的影响过程。关于消费者困惑对信任的影响过程，本书计划运用情绪评价理论来阐释。在外部刺激（即消费者困惑）的作用下，消费者的情绪评价（特别是负面情绪）及其随后的心理反应（如信任度的变化）将成为研究团队关注的焦点。这一理论视角可以更深入地探讨消费者困惑如何影响其对旅游服务或产品的信任态度。再次，对于消费者困惑与满意度之间的内部机制，本书将基于动机性信息加工的逻辑构念进行探讨。本书将消费者困惑视为一种特定的信息加工过程，而满意度则是这一认知加工过程后的结果反应。同时，考虑到认知需要与应对策略在个体信息加工过程中的重要作用，本书将进一步探讨这些个体差异与信息加工方式如何影响消费者困惑与满意度之间的关系，以及它们之间的边界条件和中介机制。最后，关于消费者困惑对负面口碑的作用路径，本书将依据应对研究中的认知交互作用理论进行阐述。研究团队认为，当消费者在应对旅游信息刺激时，可能会产生不确定性的认知，这种认知会进一步引发消极情绪，并最终诱发相应的行为反应（如发布负面口碑）。这一理论框架可以更全面地理解消费者困惑如何影响负面口碑的产生及其情绪机制。

第六节　本章小结

　　本章深入剖析了消费者困惑的研究现状与发展动态，具体从概念内涵、结构维度、影响因素以及作用后效四个方面进行了系统的梳理与总结。在此基础上，本章进一步指出了当前消费者困惑研究需要进一步完善的地方。

　　首先，在概念内涵方面，本章分别从认知视角和心理情感视角对消费者困惑进行了详尽的梳理。本章沿用了沃尔什（1999）和卡萨博夫（2015）的概念框架，并结合在线旅游的具体情境，将在线消费者困惑定义为：在线消费者在网络消费环境中产生的一种疑惑和不安的心理状态。这种状态主要源自产品相似性、信息超载和信息模糊等复杂因素，并可能导致消费者在处理信息时出现判断失误或作出非最优选择。同时，本章还系统地梳理了消费者困惑的结构维度和测量方法，为后续实证研究提供了有力的工具支持。

　　其次，在影响因素方面，本章全面归纳和总结了影响消费者困惑的前因变量和结果变量。一方面，本章从信息、产品、购物环境以及消费者个体四个关键层面，深入探讨了导致消费者困惑的前置因素，为理解在线旅游消费者困惑的形成过程提供了有益启示。另一方面，本章还从消费者心理反应和行为反应两个维度，系统归纳了消费者困惑对消费者和企业产生的多维影响，为揭示消费者困惑与消费者心理及行为之间的复杂关系奠定了坚实基础。

最后，在理论发展动态分析方面，本章对消费者困惑领域的研究进展进行了深入剖析，并明确指出当前研究存在的四大不足。具体而言，一是在线消费者困惑的形成机制尚待深入探究；二是对在线消费者困惑对信任的效应机理考察不够全面；三是在线消费者困惑与满意度之间的关系讨论尚不完善；四是对在线消费者困惑对负面口碑的影响机制缺乏足够的重视。针对这些不足，本章为后续实证研究的开展提供了明确的逻辑起点和研究方向。

第三章 在线旅游消费者困惑的
形成机制分析

　　作为一种普遍存在的负面心理状态，消费者困惑不仅会降低消费者的满意度，还会激发其负面情绪。更为严重的是，这种困惑可能导致消费者推迟或取消购买计划，削弱他们对品牌的忠诚度，甚至引发负面口碑等不利行为。鉴于此，深入探究在线旅游消费者困惑的形成机制，对于在线旅游企业的管理实践具有举足轻重的意义。本章基于资源有限理论，从信息超载这一影响因素出发，对在线旅游消费者困惑的生成机制进行了细致考察，旨在为在线旅游企业优化信息管理、提升消费者体验提供科学依据和策略建议。

第一节 引　　言

　　消费者困惑是指消费者在购买决策准备阶段，由于未能正确理解来自多个方面的产品或服务信息而表现出来的一种疑惑、不知所措的心理状态（Mitchell et al.，1999）。这种状态不仅会导致消费者产生失败感、失望、怨恨等消极情绪（Kasabov，2015），还可能导致消费者采取减少忠诚、延迟购买、放弃购买和负面口碑传播等不利于企业发展的行为（Mitchell et al.，2005）。在在线旅游市场中，由于旅游产品的特殊性，如体验性、高单价、低频率、无形性等特征（刘春等，2023），消费者在作出旅游决策时需要处理大量信息。然而，海量的旅游产品信息与消费者有限的认知加工能力之间的冲突，使得在线旅游者在选择旅游产品时更容易感受到困惑。因此，如何有效传递旅游产品信息和减少在线旅游消费者困惑，成为当前在线旅游企业营销中的一个重要议题。

现有研究主要从消费心理和消费行为两个维度探讨了消费者困惑的影响效应。少数学者从外部因素和个体因素两个视角归纳了消费者困惑的成因，包括产品相似性（Shukla et al.，2010）、购物环境因素（Shiu，2015）、个体心理特征变量（Özkan & Tolon，2015）、信息属性（Shukla et al.，2010）等。这些研究虽然关注了不同因素对消费者困惑的直接影响，但未能深入揭示这些因素的作用机制，导致旅游企业难以制定有效的策略来预防和减少消费者困惑。近年来，有学者指出信息超载是诱发消费者困惑的关键前置变量（Özkan & Tolon，2015；Lu & Gursoy，2016；祝玉浩和白建磊，2023）。作为一类关键的信息属性，信息超载描述了人们在工作或学习中接收到的具有潜在价值且可被获取的相关信息数量过多的情况（周玲，2001），与超载困惑密切相关。尽管相关研究考察了信息超载与消费者困惑的主效应（例如，Jacoby et al.，1974），但尚未揭示二者之间的作用机制。实际上，个体的认知资源和信息处理能力是有限的（Sweller，1988）。一旦消费者接收到的信息刺激超出其接受范围，就会产生冗余效应，引发认知负荷（Mayer，2005；Destefano & Lefevre，2007），而这些认知负担又会造成消费者认知与决策的负面效应（Lomax et al.，2015）。由此可见，信息超载可能通过增强消费者认知负荷来影响旅游消费者困惑。遗憾的是，现有研究尚未将认知负荷纳入信息超载与消费者困惑关系的研究框架中，使得信息超载诱发消费者困惑的过程机制尚不明确。因此，未来的研究需要进一步探讨这一机制，以便为在线旅游企业提供更有针对性的策略建议。

为了回应上述问题，本章引入了资源有限理论来探讨信息超载对消费者困惑的作用机制。本章的研究假设是，旅游消费者在接受和处理旅游产品信息时存在能力限制，当他们面对过量的产品信息时，可能会遭遇认知负荷，进而引发消费者困惑。此外，根据资源有限理论，信息数量对个体认知负荷和心理反应的影响不仅取决于信息量本身，还受到信息特征的影响。在线旅游环境中，旅游者通常需要在两类旅游产品之间作出选择：一类是以景区、酒店和旅游线路为代表的体验型产品；另一类是以机票和车票为代表的搜索型产品。基于资源有限理论，本章的研究不仅分析了认知负荷在信息超载与消费者困惑之间的中介作用，还考虑了产品类别作为调节变量，以探究信息超载对认知负荷的作用边界。通过这种多维度的分析，本章旨在揭示信息超载如何通过认知负荷影响消费者困惑，并探讨不同旅游产品类型在这一过程中的作用差异。

第二节　理论基础与文献回顾

一、资源有限理论

资源有限理论，也被称作有限容量理论或资源分配理论，探讨的是个体心理资源的总量和这些资源的分配方式。这个理论特别关注人们在认知活动，如思考和解决问题时，所动用的注意力和心理资源。该理论最初由美国心理学家丹尼尔·卡尼曼提出，资源有限理论已经成为认知心理学中一个基础且重要的理论，它解释了人们如何在面对多任务时分配有限的心理资源，并指出这种分配如何影响认知效率和效果。资源有限理论明确指出，每个人在进行认知活动时，无论是单一任务还是多任务并行，都需要消耗一定量的心理资源。尽管人们有能力同时处理多个任务，并且能够在这些任务之间共享心理资源，但每个人可利用的心理资源总是有限的。当任务所需的资源量超过了个体所拥有的心理资源总量时，就可能发生认知超负荷。这种超负荷状态会降低个体处理信息的效率和效果，使得认知任务难以为继（彭聃龄，2004）。简而言之，这一理论强调了在面对认知负荷时，个体如何分配有限的心理资源，以及这种分配如何影响他们的认知表现和任务完成能力。

资源有限理论的研究着重从认知资源的有限性和分配机制两个维度进行探讨，重点关注了个体内在控制、工作记忆、认知资源和认知负荷等心理或认知要素。研究认知资源分配机制的学者们认为，在个体面临认知资源限制的情况下，认知负荷的产生会显著影响个体的认知过程，进而影响个体如何有效分配其有限的认知资源（张丽华等，2010）。基于认知资源有限性的理论研究表明，为了提高信息处理的效率，个体会在大脑中构建代表特定信息元素的图式，并自动形成规则以应对相似的外部刺激，减少对认知资源的占用（孙崇勇，2012）。这种图式的构建不仅有助于信息在长时记忆中的存储和组织，还能降低工作记忆的负担（Kirschner，2002）。随着个体认知图式的逐步形成，对相关信息的处理变得更加自动化，从而释放出更多认知资源，以应对理解和解决复杂问题的任务（Kirschner，2002；Paas et al.，2004）。

斯威勒（Sweller，1988）同样强调，当个体接收的信息量超出其记忆容量时，会引发认知负荷，并在此基础上提出了认知负荷理论。具体来说，个体在进行学习、决策等认知加工活动时，都会消耗一定量的认知资源。特别是当这些活动所需消耗的资源超出个体所具备的认知资源总量时，便会导致认知资源分配不足，进而引发认知负荷过载（Sweller，1988）。认知负荷通常被视为消费者困惑的一个关键近端变量（Ghosh & Rao，2014）。在此之后，资源有限理论的相关研究受到认知心理学界的广泛关注，并逐渐成为主流心理学理论，在多个领域得到应用和实践。

二、在线旅游中的消费者困惑

在线旅游消费是指通过互联网平台进行的与旅游相关的各种消费活动，它涵盖了从旅游信息查询、行程规划、预订服务到旅行中的导航、娱乐、餐饮推荐等多个环节。这一消费模式以其便捷性、多样性和高性价比，迅速成为现代旅游消费的主流方式。与传统的旅游消费方式相比，在线旅游消费具有显著的优势。消费者只需轻点鼠标或滑动手机屏幕，就能轻松获取全球各地的旅游信息，包括景点介绍、交通方式、住宿条件、餐饮推荐等，省去了消费者大量查询和比较的时间。同时，在线平台上的旅游产品种类繁多，价格透明，消费者可以根据自己的需求和预算，自由选择适合的旅游方案。在线预订服务是在线旅游消费的核心。无论是机票、火车票、酒店住宿，还是景区门票、租车服务等，消费者都可以在相应的在线平台上进行预订。这些平台通常提供安全的支付系统，确保消费者的资金安全。而且，通过在线预订，消费者往往能享受到比线下预订更为优惠的价格和更多的服务选项。此外，随着移动互联网的普及，消费者可以随时随地通过手机进行在线旅游消费，无论是查询信息、预订服务，还是导航、支付等，都能轻松完成。这种便捷性极大地提升了消费者的旅游体验。总之，在线旅游消费以其便捷、多样、高性价比的特点，满足了现代消费者对于高效、个性化旅游体验的需求，成为旅游消费的新趋势。

尽管如此，相较于传统且高度标准化的工业消费品市场，旅游产品与服务因其固有的非标准化特性及消费环境的多样性，对消费者的前期准备提出了更高要求。旅游消费者在出行筹备阶段，需投入更多时间与精力进行信息收集、决策制定及行程规划（Lu & Gursoy，2015）。特别是针对首次造访特定目的地的游客，他们在缺乏亲身体验的情况下，高度依赖于官方渠道的信息发布及亲友的口头推荐，这在一定程度上加剧了其面临的不确定性风险。在旅游产品选购过程中，旅游消费者不仅面临经济损失的潜在风险，还承载着不可忽视的情感风险（Gursoy & McCleary，2004）。一次不愉快的旅行经历，可能会对其心理状态及情感体验造成深远的负面影响，从而引发消费者对旅游服务的信任危机。为了有效降低这些风险，在线旅游消费者倾向于利用互联网资源，进行广泛且深入的信息搜索（Chen & Gursoy，2001；Xiang & Law，2013），以期在众多选项中找到最适合自己的旅游产品。然而，信息过载与复杂性问题也随之浮现，这在一定程度上增加了消费者的决策难度与困惑感（Lu & Gursoy，2015）。鉴于在线旅游市场的快速增长及其在行业中的重要地位，如何有效识别并解决在线旅游消费者的困惑，已成为推动该市场持续健康发展的关键议题。

三、信息超载

（一）信息超载的概念

信息超载这一概念，最初由周玲（2001）提出，用以描述个体在工作或学习环境中面临的潜在有用信息量超出其处理能力的情况。埃普勒尔和门杰斯（Eppler & Mengis，2004）则进一步细化，将信息过载定义为信息量超过个人处理能力，进而导致决策功能受损的状态。尽管学术界对于信息超载的确切定义尚未达成共识，但普遍认同的是，当个体接收到大量相关且潜在有用的信息时，其使用信息的效率会受到显著阻碍（Bawden & Robinson，2009）。从情感维度出发，希克等（Schick et al.，1990）将信息超载描述为当信息量超出个人接收和处理能力时，所引发的个体厌烦和心理焦虑状态。然而，这一定义并未明确指出导致个人处理能力受限的具体信息属性，从而留下了进一步探讨的空间。综合上述观点，本章采纳并发展了周玲（2001）对信息超载的理解，将其定义为个体接收的潜在有价值信息量超出其处理能力的现象。这一定义不仅强调了信息超载对个体认知能力的挑战，还突出了其对个体情感状态的负面影响。

（二）信息超载的测量

从上述关于信息超载定义的研究中，可以清晰地洞察到，个体信息处理能力的界限已成为评估其信息超载程度的一个核心且客观的标尺。鉴于直接测量个体的信息处理能力颇具挑战性，一些研究转而采用信息数量、信息质量以及可用时间等客观维度作为评估的替代指标，其中，信息数量与质量尤为关键（Özkan & Tolon，2015）。吕里（Lurie，2004）对消费者在信息过载环境下决策行为的研究中发现，个体的感知信息超载程度可通过考察替代产品数量、产品信息的属性及属性数量来大致评估。

信息超载是消费者在接受与处理信息的选择过程中产生的一种现象。现有研究一般从主观感受和客观行为两个方面反映信息超载的内涵。由于个体的信息处理能力、认知方式与学习风格存在一定差异，个体对既定数量的信息刺激所感知到信息超载的程度各有不同（Milord et al.，1977），因而根据被试的客观表现来检验个体是否产生信息超载以及信息超载的程度并不妥当。基于这一情况，有学者呼吁使用自我报告的方式来评估个体信息超载的主观感受。例如，米洛尔等（Milord et al.，1977）认为，信息超载的"必要条件"是个体是否感到超载，而并非个体是否需要处理多少数量的信息。又如，马尔霍特拉（Malhotra，1982）采取自我报告、满意度测量、决策修正以及主观状态等方法综合测量了消费者信息超载情况，并取得了较好的效果。类似地，雅各比等（Jacoby et al.，1974）发现，个体对自我报告的消费者困惑能够客观地反映出个体所感知到的信息超载程度。

（三）影响信息超载的相关变量

雅各布等（Jacobs et al.，1997）在实证研究中指出，影响信息超载的各类因素很多。后续学者们也在持续探索消费者信息超载的前因变量。综合来看，关于信息超载的影响因素主要可以分为以下几个方面。

1. 个体层面的因素

以往研究发现，个体认知风格或认知差异可能会导致信息超载。马尔霍特拉（Malhotra，1982）的实证研究证实了在相同的信息刺激条件下，认知复杂的个体所产生信息超载的概率明显低于认知简单的个体，认知复杂的个体具有更多的认知资源应对他们所面临的信息环境（Schroder et al.，1971）。个体对不确定性的容忍度也会影响信息超载的产生（Mitchell et al.，2005）。再者，掌握相关信息或知识的个体可以减少消费者在信息搜寻过程中的认知不确定性，由此降低了信息超载产生的概率（李书宁，2005）。此外，相较于年轻人，老年群体更容易被一些资讯"淹没"（王艺璇等，2023）。

过往的研究已经揭示，个体的认知风格或认知差异可能成为信息超载现象的重要诱因。例如，马尔霍特拉（Malhotra，1982）的实证研究表明，在相同的信息刺激条件下，认知复杂度较高的个体相较于认知简单的个体，其遭遇信息超载的概率显著降低。这一发现与施罗德等（Schroder et al.，1971）的观点相呼应，即认知复杂的个体拥有更多的认知资源来有效应对他们所处的信息环境。进一步地，个体对不确定性的容忍程度也被视为影响信息超载的关键因素（Mitchell et al.，2005）。具体而言，那些能够容忍较高不确定性的个体，在面对信息时可能更为从容，从而减少了信息超载的风险。不仅如此，掌握相关信息或知识的个体能够在信息搜寻过程中减少认知上的不确定性，这有助于降低他们遭遇信息超载风险的可能性（李书宁，2005）。此外，年龄差异也在信息超载现象中扮演了重要角色。研究表明，相较于年轻人，老年群体在面对海量资讯时更容易被信息所"淹没"（王艺璇等，2023）。这一发现强调了不同年龄群体在信息处理能力上的差异，以及这些差异如何影响他们对信息超载的感知和应对。

2. 信息层面的因素

产品信息属性的差异同样是引发个体信息超载现象的一个关键因素。以实际生活中的情境为例，购买房屋和地产往往伴随着大量的信息搜寻和处理工作（Malhotra，1982），这是因为这类决策涉及的信息量大、属性复杂且影响深远。相比之下，诸如洗衣粉、米饭（Jacoby et al. ，1974）以及花生酱（Scammon，1977）等日常消费品，消费者在处理其产品信息及其替代品信息时，所需投入的精力和时间则相对较少。这一对比凸显了不同产品信息属性的差异如何显著影响个体的信息处理负担。在购买高价值、高复杂度的产品（如房产）时，消费者不得不面对海量的信息，从而更容易陷入信息超载的困境。而在选购日常快消品时，由于产品信息相对简洁明了，消费者能更为轻松地作出决策，避免了信息超载的风险。

3. 其他因素

除了信息属性这一关键影响因素外，学者们在信息超载的研究中还发现了决策时间压力对消费者信息超载及决策结果的显著影响（Bettman，1977）。随着研究的不断深入，信息的离散程度，即信息在内容分布上的不一致性，也逐渐成为一个备受关注的因素。李江天等（2008）通过实证研究证实，信息的离散程度显著地影响了消费者的感知信息超载水平。值得注意的是，在后续的研究中，学者们进一步发现，除了直接效应外，部分影响因素之间还存在复杂的交互作用。例如，在时间压力的作用下，信息分布的一致性越低，个体感知到的信息超载程度反而越低（李江天等，2008）。这一发现可能揭示了消费者在面对时间压力时的一种信息过滤机制：个体倾向于直接忽视或过滤掉复杂的信息，以减少认知负荷，从而降低信息超载的风险。这种信息过滤策略可能受到消费者个体信息处理能力、认知风格以及决策目标的共同调节。在时间紧迫的情况下，消费者可能更倾向于采取简化的信息处理策略，以快速作出决策，从而避免信息超载带来的负面影响。因此，了解并识别这些影响因素及其交互作用，对于指导消费者在信息过载环境中作出有效决策具有重要意义。

（四） 信息超载的影响结果

经历大量信息处理工作后，个体若遭遇信息超载，会产生认知不确定性，这种不确定性进而会削弱消费者决策的准确性。欧赞和托隆（2015）的研究通过实证分析，利用信息数量、信息质量、信息处理能力和可用时间这四个维度来表征信息超载，并探讨了其与消费者困惑之间的关系。他们的研究发现，信息超载显著加剧了消费者困惑，最终导致消费者放弃购买决策。此外，过量的信息数量和参差不齐的信息质量作为负面刺激信息，极大地降低了决策的合理性和有效性。高信息超载感知会降低消费分析和选择信息的速度（Edmunds & Morris，2000），尤其是当个体投入大量时间进行信息收集和评估时，他们会感受到强烈的时间压力，这不仅影响决策过程，还可能降低自我效能和工作投入（王法硕，2020；李凯等，2022）。与此同时，在信息超载情境下，消费者还可能会忽视重要信息（Edmunds & Morris，2000），同时削弱其处理信息的能力（Gao et al.，2010）。例如，车敬上等（2019）从信息加工消耗的认知资源、有限注意力理论和有限工作记忆资源三个角度，深入解释了信息超载损害决策的原因与机制。他们指出，信息超载不仅会降低决策质量、延长决策时间，还会对个体与群体决策造成损害，减弱决策满意度，甚至可能引发慢性压力，对消费者的身心健康产生负面影响。

随着互联网技术的飞速发展，消费者越来越倾向于通过电子商务平台获取产品信息和进行消费活动（Gurau，2008）。然而，信息超载现象的出现，很可能引发消费者的一系列负面反应，如放弃购买、延迟决策和渠道转换等，这些行为无疑会对企业造成不必要的损失（徐瑞朝和曾一昕，2017）。因此，如何有效管理信息，避免消费者陷入信息超载的困境，已成为企业和电子商务平台亟待解决的问题。

四、认知负荷

（一） 认知负荷的概念

以往的研究对认知负荷的概念内涵进行了多角度的深入探索。最初，斯威勒（1988）将认知负荷定义为在特定作业时间内，施加于个体认知系统的心理活动总量。随后，库珀（Cooper，1990）进一步细化这一概念，将其特指为在特定作业时间内，施加于个体工作记忆的心理活动总量；而帕斯和范梅里恩伯尔（Paas & Van Merrienboer，1994）则提出了认知负荷的多维度构成观，认为它是执行具体任务时个体认知系统所承受的负荷。此外，基罗加等（Quiroga et al.，2004）从学习活动的角度出发，将认知负荷界定为为促进学习而投入的认知资源量。综合以上定义，本章将认知负荷界定为：个体在认知过程与决策任务中，为加工必要信息所耗费认知资源的总和。这一界定既涵盖了认知负荷的时间维度（特定作业时间），也强调了其作为认知系统负荷的本质，以及与学习活动和任务执行之间的紧密联系。

（二）认知负荷的分类

学者们对认知负荷的分类主要聚焦于三个核心方面：内在认知负荷（intrinsic cognitive load，ICL）、外在认知负荷（extraneous cognitive load，ECL）以及相关认知负荷（germane cognitive load，GCL）。这三者共同构成了个体的认知负荷总量（total amount of cognitive load，TCL）（Paas et al.，2004）。这一分类框架有助于更细致地理解和分析个体在处理信息和学习过程中的认知负担情况。

内在认知负荷主要受两个核心因素的影响：信息刺激的复杂性和个体先前的经验知识水平（Sweller et al.，1998）。信息刺激的复杂性，本质上反映了大脑中信息知识之间交互活动的密集程度，它与信息的数量以及认知图式的构建紧密相关。当个体面对的信息刺激与大脑中已储存的图式之间缺乏直接或紧密的联系时，工作记忆就需要额外努力来构建新的认知图式，这一过程中，个体往往会感受到较高的内在认知负荷。值得注意的是，即使是面对相同的信息刺激，不同个体所感知到的难度也会有所不同，这主要归因于个体间先前知识与经验水平的差异。如果信息刺激能够与个体的先前知识经验形成良好的关联或匹配，那么这将有助于降低个体的认知负荷水平；反之，如果信息刺激与先前知识经验关联较弱或存在冲突，那么个体的认知负荷水平就会相应提高。因此，了解并优化信息刺激与个体认知图式之间的匹配程度，以及提升个体的先前知识与经验水平，对于减轻内在认知负荷具有重要意义。

外在认知负荷，又称无效认知负荷，其根源在于个体所接收的刺激材料的组织结构与呈现形式。一旦这些材料的组织或呈现方式未能恰当地配合个体的认知图式，反而对其产生干扰，个体便会承受额外的认知压力。此外，内在负荷与外在负荷之间存在着密切的相互作用。斯威勒（2005）的研究揭示了一个重要现象：信息的复杂性可能会引发冗余效应，这不仅增加了内在认知负荷，还可能导致学习效率的显著下滑。因此，优化刺激材料的组织结构与呈现方式，以最小化外在认知负荷，同时考虑信息的复杂性对内在负荷的影响，对于提升个体的学习效率至关重要。

相关认知负荷，也被视为有效认知负荷，它涉及个体在认知过程中将剩余资源投入信息的提取、加工与重组活动中（Sweller，1994）。这一负荷类型所利用的工作记忆资源，主要用于搜寻信息、构建认知图式以及实现认知过程的自动化，这些活动对于提升个体的认知效果具有积极作用。相关认知负荷的水平，实际上取决于个体的总认知负荷以及内在认知负荷和外在认知负荷的高低（Paas et al.，2004）。

通过对认知负荷进行分类研究，本章发现任务难度与信息复杂度是构成个体外在认知负荷的主要外部驱动力。此外，个体特征构成了影响认知负荷的内部要素，涵盖了个体的认知能力、认知风格以及认知资源的有限性等。大脑在解码新输入的信息时，会触发记忆中相关图式的激活，而个体对信息的熟悉程度则对其在界面信息处理上的抽象能力、信息重组能力以及推理与决策能力产生深远影响。鉴于个体的认知资源总量是有限的，这三种认知负荷在完成同一任务时呈现出一种动态平衡，即一种负荷的增加往往伴随着其他负荷的减少。因此，在设计和实施学习任务时，需要精心调配各种认知负荷的比例，以确保个体能够将有限的认知资源最有效地利用于信息的提取、加工与重组，从而优化认知效果和学习成效。

（三）认知负荷的测量

对于认知负荷的测量，大多采用以下三种测量方法。

1. 主观测量法

主观测量法是一种依赖于被试自我报告其主观感知、心理努力程度、任务难度以及时间压力等感受的研究方法（Schnotz & Kurschner，2007）。在衡量认知负荷时，主观评价量表通常采用7点或9点量表的形式，其中，帕斯等（Paas et al.，1994）开发的9点自我评定量表在学术研究中占据了主导地位。帕斯等（Paas et al.，1994）设计的认知负荷自评量表（the cognitive load subjective ratings scale）涵盖了心理努力和任务难度两大核心维度。被试需基于自身感受，在1~9的范围内选择一个数字，以量化其投入的心理努力程度和感知到的材料难度。数字越大，意味着被试感受到的困难程度越高。研究数据表明，该量表具有较高的信度和效度，能够较为精确地反映被试的认知负荷水平（Pengelley et al.，2023），因此在认知负荷评估领域得到了广泛应用。

2. 生理测量法

生理测量法依赖于被试在执行任务期间所展现的生理反应来量化个体的认知负荷水平。其核心理念在于，认知负荷的强度能够激发个体的生理响应，这些响应可以通过一系列生理指标来观测，例如大脑活动（诸如诱发电位）、心脏活动（如心率变化）以及眼部活动（如眨眼频率）。然而，值得注意的是，认知负荷与这些生理指标之间的联系并非直接且绝对，而是呈现出一种间接性。此外，这些生理指标还可能受到环境因素、情绪波动等多重外部条件的干扰（Whelan，2007），从而增加了结果解读的复杂性。鉴于该方法的测量流程相对烦琐，且在实际操作中可能面临诸多挑战，其在实际研究中的应用频率相对较低。尽管它提供了一种从生理层面评估认知负荷的途径，但在应用时需谨慎考虑其局限性，并结合具体研究情境进行综合评估。

3. 任务绩效测量法

任务绩效测量法是一种直接且客观的评估手段，旨在通过观测被试在完成规定任务时的表现来量化其认知负荷。该方法主要分为单任务测量和双任务测量两种形式。在单任务测量中，被试在接收单项学习刺激材料后需回答相关的测量问卷，评估指标通常包括任务错误率、准确率以及完成速度等；而双任务测量则要求被试在同时执行主任务和次任务的情况下，通过两项任务的成绩来综合判断其认知负荷的强度。任务绩效测量法的理论基础在于，人的工作记忆信息加工能力虽有限，但能够灵活地在不同任务间进行分配（Mayer et al.，1999）。已有研究证实，通过观察个体在测量任务中的反应来评估认知负荷是一种相对有效的方法（龚德英，2009）。然而，值得注意的是，由于被试所使用的任务材料性质可能存在差异，这可能导致绩效指标在横向比较时面临一定困难（孙崇勇，2012）。因此，在应用任务绩效测量法时，需充分考虑任务材料的特性，并结合具体研究目的进行合理解读和比较。

（四） 认知负荷的相关研究

早期的研究主要聚焦于认知负荷对中小学生工作记忆疲劳及教学效果等教育领域的影响。然而，随着时间的推移，越来越多的学者开始深入探讨学习者个体特征与认知负荷之间的复杂关系。由于个体特征的差异性，认知负荷所产生的影响也呈现出多样性。相较于知识水平较低的学习者，高知识水平者在面对认知负荷时，往往能够将其转化为一种积极的推动力，而非负担。张冬梅等（2016）的实证研究揭示了高先备知识者在接受冗余教学信息时，所产生的额外认知负荷能够触发知识反转效应，这种超负荷的教学方式与学习者先备知识的失衡，反而激发了他们更多的心理努力。同时，艾丽欣等（2017）的研究发现，在高认知负荷条件下，个体的注意功能会显著降低，但认知负荷也在一定程度上调节着焦虑对执行控制功能的影响，并且能够提高个体的警觉功能和执行控制功能的效率。同时，在工作任务中，认知负荷对个体的绩效水平与决策表现具有显著影响。王元元等（2012）针对知识型员工的绩效研究指出，认知负荷在组织氛围与员工绩效之间起到了部分中介作用，且这种中介作用受到人格变量的调节。在营销领域，消费者的网购决策同样受到认知负荷的深刻影响。代祺和张中奎（2016）的研究发现，认知负荷完全中介了网站复杂度对消费者购买意愿的影响。

近年来，学者们开始关注认知负荷与个体记忆之间的相互作用。最新的研究成果表明，认知负荷会分散个体的注意力（许双星等，2024）、削弱个体的前瞻记忆（毕蓉等，2019；陈幼贞等，2022）以及情绪记忆的积极效应（孙小然等，2019）。除了关注认知负荷的负面效应外，也有学者致力于从信息层面识别影响认知负荷的前置因素。查先进等（2020）和谭旸、袁勤俭（2019）的研究就涉及了 AR 技术的应用（张玥和姚璐静，2023）、个性化推荐（陈梅梅和周雪莲，2022）、认知需求（王崇梁等，2019）以及背景音乐（皮忠玲等，2024）等多个方面。这些研究为更全面地理解认知负荷提供了丰富的视角和深入的洞察。

五、产品类别

（一）产品的概念内涵

在营销学学者的深入探索中，产品的定义广泛而多元，它囊括了观念、实体物品与无形服务这三大支柱性要素。从市场经济的宏观视角出发，产品的核心在于其满足市场需求的能力，被消费者所接纳、使用，并满足其特定的需求或欲望。这一概念超越了传统的有形与无形界限，不仅涵盖了实物商品，也包括了服务、组织、思想观念及其各种精妙组合（Philip Kotler et al.，2022）。现代营销理论的泰斗菲利普·科特勒进一步阐释，产品应当视为一种能够响应消费者需求，通过交换过程实现其内在价值的广泛范畴，其范畴延伸至所有具备价值的服务、组织形态、技术创新乃至深层思想观念，只要消费者愿意为获取这些满足而支付相应的代价，它们均可纳入产品的范畴之内。

具体到本章探讨的旅游产品，梅特利克和米德尔顿（Medlik & Middleton，1973）的开创性见解将旅游产品视为游客在旅行过程中体验的一系列丰富活动与服务集群，这之中不仅包含了目的地的自然景点、旅游设施、品牌形象、价格体系以及交通便利性五大核心元素，更蕴含了从规划行程到旅途结束后的深刻记忆与情感共鸣。从宏观维度来看，旅游产品是一个全方位的概念，它覆盖了从旅行筹备的初步阶段直至旅行结束后的反思时刻，整个过程中所带给游客的综合体验与心理满足；而从微观层面观察，旅游产品也可以精细地指向某一具体的旅游项目或某一类别的旅游产品（吴晋峰，2014），这种对旅游产品概念的深刻剖析，为更全面地理解其本质与市场运作机制提供了有力的支撑。

（二）产品类别的分类

1. 按照消费者购买习惯划分

依据消费者的购买习性，产品可被明确区分为便利品与选购品两大类别。便利品，正如其名，是指那些消费者能够轻松便捷地从邻近商店即时购得，且购买频次较高的商品，这类商品广泛涵盖了日常生活中的各类必需品。与之形成鲜明对比的是选购品，这类产品需要消费者投入相当的时间与精力，进行价格信息的收集、质量的评估以及款式的挑选等一系列细致入微的比较与抉择，是消费者在购买时会进行深思熟虑与精心挑选的产品类别。

2. 按照消费者关注度划分

鉴于消费者对各类产品的关注程度存在显著差异，产品可以相应地划分为低关注度产品与高关注度产品两大类别（安颖，2008）。对于低关注度产品，消费者首要考量的并非产品的详细信息，而是更为关注周边是否有可购买的渠道或地点。这类产品往往在购买决策中占据次要地位，消费者倾向于快速作出选择以满足即时需求。相反，在面对高关注度产品时，消费者会预先投入大量时间收集产品的相关信息，包括但不限于价格、质量、性能及用户评价等，并进行细致的比较分析。他们对此类产品表现出高度的重视，力求在充分了解的基础上作出最为满意的购买决策。

3. 按照产品信息特征

依据达比和卡尔尼（Darby & Karni，1973）的理论框架，产品依据消费者对其特性认知的难易程度及方式，可被科学地划分为搜索型产品（search products）、体验型产品（experience products）及信任型产品（credence products）三大类别。搜索型产品，指的是在消费者实施购买行为及实际使用之前，其主要属性与价值即可通过预先的信息搜索被充分揭示与感知的产品。此类产品的关键特征易于量化与比较，消费者能够基于详尽的信息收集，在购买决策前，对产品品质形成较为准确的预判。体验型产品则呈现出截然不同的特性，即消费者难以仅凭前期信息搜索全面把握其真实价值。这类产品的价值评估高度依赖于消费者个人的实际体验或他人的经验分享。因此，消费者的购买决策往往是在产品体验之后或基于他人的口碑反馈作出的，体现了较强的后验性。至于信任型产品，它们通常表现为无形服务或复杂投资产品，如法律服务、金融投资及教育服务等。这类产品的特性复杂且难以直观评估，即便消费者在使用后的一段时间内，亦难以对其质量或效果作出精确判断。消费者对这类产品的需求认知可能较为模糊，且购买后对其进行价值确认极具挑战性。在此情境下，消费者的信任度及对专业建议的依赖成为决定购买行为的关键因素。

4. 其他分类方法

基于消费产品的多种属性，产品的分类体系得以进一步丰富和完善。除了已知的分类维度外，依据触觉体验的差异，产品可被细分为高触觉产品与低触觉产品两大类别。高触觉产品侧重于实体质感、触感及其所带来的使用感受，诸如高端纺织品、精致艺术品等，这些产品的品质与价值往往需通过消费者的直接触摸来充分感知。反之，低触觉产品则更侧重于功能性和实用性，触觉体验并非消费者评估其质量的首要因素，如电子产品、日常消费品等。同时，根据产品存在形式的差异，还可将产品划分为无形产品与有形产品。无形产品主要指那些无法直接观察或触摸的服务和体验，如金融服务、咨询服务、教育服务等，其价值主要体现在满足消费者的精神需求或提升生活质量上。有形产品则是可直观感知的实体商品，如衣物、食品、电子产品等，其质量和性能通常可通过直接的感官体验进行评估。进一步地，根据风险程度的不同，产品还可被划分为高风险产品与低风险产品。高风险产品通常涉及较大的经济投入、健康风险或潜在损失，如金融投资产品、高风险医疗设备等，消费者在购买时需承担较高风险，因此往往更加谨慎，并倾向于寻求专业意见或进行深入调研。低风险产品则可能涉及较小的经济投入或健康风险，如日常消费品、低风险金融产品等，消费者在购买时可能更加关注性价比或便利性。

第三节 研究假设与模型构建

互联网技术的崛起，深刻重塑了企业产品与服务的营销生态。众多企业纷纷转向线上营销与推广策略，特别是在旅游营销领域，这一趋势不仅催生了繁荣的在线旅游市场，同时也伴随着一系列挑战。其中，尤为突出的是，在海量产品信息泛滥的背景下，消费者能否有效捕捉到在线企业的营销推广信息，以及如何有效缓解由此产生的消费者困惑问题。鉴于此，本章研究将立足于资源有限理论，创新性地引入"认知负荷"与"产品类别"两大构念，旨在深入探究信息超载现象对消费者困惑心理机制的影响，并明确其作用边界。通过这一研究，以期能为在线旅游市场的健康发展提供理论支撑与实践指导。

一、研究假设

（一）信息超载对消费者困惑的主效应

随着互联网技术的迅猛发展，消费者通过互联网接收到的信息在结构与数量上均实现了前所未有的激增。一方面，互联网为消费者提供了前所未有的便利，使他们能够轻松获取更多、更优质的产品信息；另一方面，网络产品信息的纷繁复杂也带来了显著的挑战，消费者往往需要在众多产品信息中进行比较与筛选，这一过程极易引发烦躁、厌烦及焦虑等负面情绪，进而可能导致负面的购物体验。作为消费者决策的重要依据，产品信息数量的过度增加会对消费者的决策质量产生不利影响（Meyer et al.，1997）。根据资源有限理论，个体的认知与决策过程高度依赖于大脑中直接存储的相关信息，而个体的记忆结构（即图式）和注意资源均存在限制。当消费者面对海量的产品信息时，他们不得不处理并整合这些复杂的信息，这一过程会消耗大量的认知资源。因此，随着产品信息数量的增加，消费者可能会感受到巨大的决策压力，进而出现决策质量与消费体验下滑的现象。这一认知规律生动地揭示了在线消费者在面临信息超载时，其认知与心理状态如何发生复杂变化的过程。

资源有限理论指出，人类的记忆与注意资源均存在固有的局限性。当个体接收到的信息刺激超出了其记忆容量时，便会形成认知负荷（丁道群等，2009）。该理论进一步阐明，信息的超载将导致个体的信息处理能力超出其阈值，从而引发一系列不良的心理反应和行为决策偏差，其中消费者困惑即为一种显著表现。在在线旅游消费场景中，消费者往往在人机交互界面中接收过多的产品信息，这不仅使他们面临巨大的决策压力，难以作出最优选择，甚至可能引发负面的心理情绪——困惑（Leek & Kun，2006）。鉴于旅游产品的特殊性，消费者更倾向于广泛收集产品信息以制订出行计划。然而，当面对海量的产品信息时，他们作出合理选择的难度显著增加（Shankar et al.，2006）。若个体认知系统在短时间内承受过高的工作负荷，其认知与注意资源将被大量消耗，这会导致消费者在处理信息时感到力不从心。在这种情况下，过量的旅游信息极有可能加重在线旅游消费者的认知负担（Turnbull et al.，2000；Ghosh & Rao，2014；Garaus et al.，2015）。这种认知困扰在决策压力下会进一步激化，引发消费者产生焦虑、挫败感和压力等负面情绪（Turnbull et al.，2000；Mitchell et al.，2005），从而增加了消费者感知困惑的可能性。实际上，卡斯帕等（Kasper et al.，2010）在荷兰手机市场的案例研究中已经证实，信息超载确实会导致消费者困惑。基于上述讨论，本章提出如下假设：

H3-1：信息超载对在线旅游消费者困惑有着正向影响作用。

（二）认知负荷的中介作用

最早由斯威勒（Sweller，1988）提出的认知负荷概念，指的是在特定作业时段内，个体认知系统所需处理的心理活动总量。这一负荷受到信息属性（涵盖数量、质量及分布特征）的深刻影响。根据资源有限理论，个体的认知资源及其信息处理能力均存在上限，且资源的使用效率与之紧密相关。在认知负荷的形成过程中，个体常因信息属性及其他情境因素的干扰而感到困扰，其中，信息数量尤为显著（Renkl & Sweller，2004）。在在线消费环境中，产品信息构成了消费者认知活动的主要处理对象。相关研究发现，当信息属性趋于复杂时，个体面临认知负荷的风险显著增加。信息超载现象使得在线消费者难以应对超出其信息处理能力的额外信息，这不仅诱发了焦虑与紧张情绪，还为外在认知负荷的产生创造了条件（Destefano & Lefevre，2007）。此外，旅游产品信息的繁多与在线消费者对旅游目的地知识的匮乏，共同促进了内在认知负荷的形成。在制定出游决策时，在线消费者需要对多项旅游产品进行信息搜索与对比，这一过程要求他们耗费一定的认知资源来构建和生成新的认知图式，从而在一定程度上增加了诱发认知负荷的可能性。当消费者接收的信息刺激超出其处理能力范围时，便会产生冗余效应（Mayer，2005），这种效应不仅削弱了个体的认知能力，还降低了其接收与处理信息的能力。据此，本章提出假设：

H3-2：信息超载对消费者认知负荷存在正向影响。

与此同时，在线消费者在复杂检索环境中所面临的认知负荷，也是引发消费者困惑的关键因素之一。在认知负荷结构模型中，心理负荷作为一个重要维度（Paas et al.，1994），紧密关联着情绪要素。当在线旅游消费者遭遇产品信息超载所引发的认知负荷时，他们往往难以有效理解产品特性，进而可能做出次优决策。更为严重的是，这种认知负荷还会引发烦躁、不安等负面情绪体验，从而极大地增加了消费者困惑产生的风险。情绪认知评价理论进一步指出，个体对特定刺激的认知评价，对其情绪反应具有决定性影响。因此，当在线旅游消费者承受信息超载所带来的认知负荷时，他们很可能产生负面的情绪反应。在实际的搜索任务与认知活动中，用户行为并非单向进行，而是循环往复、涉及多重交互的复杂过程，包括感觉、记忆、知觉、思维等多个层面。这一过程相较于一般的认知活动，更容易导致脑力疲劳及心理、情绪负荷的累积（李晶，2015）。更为重要的是，消费者困惑的主要根源在于，大众媒介所传递的各类信息难以被有效整合。复杂的、冗余的信息刺激不仅加剧了消费者的认知负担（Ghosh & Rao，2014；Lomax et al.，2015），还使得他们在处理这些信息时感到力不从心，进而陷入困惑之中。因此，本章提出假设：

H3－3：认知负荷对消费者困惑存在正向影响。

综上所述，本章在资源有限理论的坚实基础上，推导出一个重要结论：在信息超载的背景下，消费者所经历的困惑心理状态，很可能是经由认知负荷这一中介环节而得以传导的。具体而言，当信息量超出个体处理能力，导致认知负荷增加时，这种负荷的累积往往会进一步加剧消费者的困惑感。因此，本章提出假设：

H3－4：信息超载通过认知负荷的中介作用对消费者困惑起影响作用。

（三）产品类别的调节作用

在在线消费领域，产品通常根据其信息特征被明确区分为搜索型产品与体验型产品两大类（张茉和陈毅文，2006）。搜索型产品，如手机、电脑等（Darby & Karni，1973），允许消费者在购买前通过详尽的信息获取，充分了解其质量、价值等关键特性。相比之下，体验型产品，如美容、健身服务等（Nelson，1974），其产品体验对购买决策的影响更为显著。这类产品的真实价值往往只有在消费者亲身体验后才能得以揭示。研究表明，在针对不同类型产品做出购买决策时，消费者的行为模式会展现出明显的差异性（Klein，1998）。与搜索型产品不同，消费者在选购体验型产品时，需要参考更多样化的信息，并投入更多的时间进行考量。这一现象在电子商务环境中尤为突出（Klein，1998），因为在线购物平台虽然提供了丰富的产品信息，但对于体验型产品而言，消费者仍然难以仅凭线上信息做出全面准确的判断，从而增加了信息搜索与决策过程的复杂性。

过往研究表明，消费者在选购搜索型产品与体验型产品时，所感知的风险程度存在显著差异，且体验型产品所感知的风险显著高于搜索型产品（Girard，2002）。在线旅游领域同样涉及这两类产品。其中，交通产品（如车票、机票）作为典型的搜索型旅游产品，消费者仅需通过线上简单的搜索便能充分了解其价值。与旅游目的地、设施、服务等无形且偏向体验的产品相比，搜索型旅游产品在购买前较少引发金融风险与情感风险（Gursoy & McCleary，2004）。然而，对于旅游体验品而言，其信息特征往往导致消费者承受更高的认知负荷（Pantoja et al.，2016）。具体来说，当消费者在线购买旅游体验品时，出于对旅游产品价值的不确定性及潜在风险，他们会积极寻求更多的相关信息（Lu et al.，2016）。这一过程不仅需要消费者投入更多的认知资源来处理信息，还增加了产生认知负荷的可能性。此外，购买旅游体验品时，消费者面临更多不确定因素，这在信息处理过程中更容易引发负面情绪，如沮丧、失望和烦闷等。特别是在时间紧迫的情况下，处理复杂信息成为消费者的一大挑战，进一步加剧了认知负荷的产生。相比之下，对于旅游搜索品，由于消费者在购买前已对产品属性有所了解，他们可以依据经验信息做出决策判断。这种基于经验的决策方式有助于减少信息超载对认知负荷的影响，使得消费者在处理搜索型旅游产品信息时相对轻松。基于此，本章提出假设：

H3 - 5：产品类别在信息超载对认知负荷的影响中存在调节作用。相较于旅游搜索品，旅游体验品将会强化信息超载与认知负荷之间的关系。

二、模型构建

在深入总结和归纳信息超载与消费者困惑等相关理论概念的基础上，不难发现，当前学术界对于消费者困惑的形成机制尚缺乏清晰的认识，这无疑阻碍了学界对信息超载这一关键信息特征如何影响消费者困惑的深入理解。为了深入探究消费者困惑的形成机制，并有效预防在线消费者困惑的产生，本章将研究焦点锁定在在线旅游的信息搜索环节，将信息超载视为引发消费者困惑的外部刺激因素，并从认知负荷的视角出发，深入剖析信息超载对消费者困惑的影响路径。资源有限理论的相关研究表明，个体所接收的信息刺激越复杂，产生认知负荷的概率就越高（Sweller et al.，1998）；而认知负荷的过度累积不仅会削弱个体信息处理的效率，还可能对消费者的购买意愿产生负面影响（代祺和张中奎，2016）。鉴于此，在探讨信息超载与消费者困惑的关系时，本章借鉴代祺等（2016）的研究成果，将认知负荷作为连接信息超载与消费者困惑的关键中介变量。此外，考虑到在线旅游情境中旅游产品的独特信息属性，本章还将从旅游产品类别（即体验品与搜索品）的角度出发，深入分析信息超载、认知负荷与消费者困惑之间关系的强度差异。具体而言，本章旨在探讨不同类型旅游产品在信息超载情境下对消费者认知负荷及困惑感的不同影响。

　　总的来说，本章不仅致力于揭示信息超载对消费者困惑的中介影响机制，还进一步构建了有调节的中介效应模型，以全面解析在线旅游信息搜索过程中消费者困惑的形成与演变。具体的研究框架如图 3-1 所示，该框架为深入探索和理解在线旅游中的信息超载和在线旅游消费者困惑的关系提供了坚实的理论基础和清晰的研究路径。

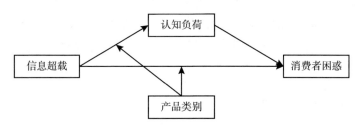

图 3-1　信息超载对消费者困惑的影响机制模型

第四节　研 究 设 计

　　本节主要包含实验准备、变量测量与预测试三个方面的内容。实验准备包含被试选取、实验设计与材料准备、实验程序确定等内容；变量测量主要包含信息超载等变量的测度；预测试包括对信息超载与产品类别的操纵与检验。

一、实验准备

（一）被试选取

　　预实验和实验一招募同质化较高的大学生群体作为研究被试，旨在验证实验材料的有效性以及信息超载对在线旅游消费者困惑的主效应。实验二通过见数平台，在排除在校大学生基础上招募在线被试，旨在检验认知负荷在信息超载影响在线旅游消费者困惑之间的中介作用。实验三再次通过见数平台开展了在线实验，目的在于探讨产品类别的调节作用以及检验主效应和中介效应的稳健性。

（二）实验设计

本章设计了两组随机对照实验，其中产品类别和信息超载均作为被试间变量，旨在严谨地验证研究假设。实验参与者被随机且均等地分配至六个不同的小组，每组所接收的信息特征均独具特色：在实验一与实验二中，参与者被分为高信息数量组和低信息数量组；而在实验三中，高信息数量组进一步细分为体验品组和搜索品组，低信息数量组同样被细分为体验品组和搜索品组。这样的设计确保了每组被试所接触的信息量和产品类型各不相同，为深入分析提供了坚实的基础。

（三）实验材料准备

为确保实验刺激材料的中立性，避免被试因个人偏好影响实验结果，本章在正式实验前进行了周密的前测步骤，旨在验证实验材料的无偏性。具体步骤如下所示。

第一步，为了准确模拟在线旅游消费者在选择旅游产品时的真实决策环境，研究团队参考了携程旅行网上发布的关于福州前往丽江的热门推荐线路，设计了 3 条产品路线。为了避免价格差异的干扰，研究团队排除了那些价格差异超过 20% 的线路产品。本章实验材料中的旅游路线产品均源自上述自由行路线，主要涵盖了目的地的景点门票、酒店住宿等核心内容，部分产品还包含了机票、车票等交通服务。此外，为了提高实验的场景真实性，研究团队在景点行程安排和酒店选择等部分放置相应的配图。这样的设计旨在模拟真实的在线旅游消费场景，为被试提供一个全面、真实的旅游产品选择环境。通过这样的准备，确保了实验材料既具有代表性，又能够充分反映旅游产品的多样性和复杂性。

第二步，为了精准界定在线旅游消费者在面临信息超载时的阈值，本章参考了沙迪什和林德斯科普夫（Shadish & Rindskopf, 2007）以及胡家镜（2014）的研究成果，在实验中设定了一个特定的时间压力状态值——

10分钟。这一设定旨在模拟消费者在有限时间内快速浏览并做出决策的真实场景。在预实验中，本章进一步操控了信息数量的变量，以探究不同信息负载对消费者决策的影响。具体而言，在低信息数量条件下，被试在10分钟的时间压力下仅需浏览1条产品路线；而在高信息数量条件下，被试则需浏览3条产品路线。

（四）实验程序

实验的具体实施流程如下所示。

（1）被试筛选：为避免熟悉度带来的可能干扰，研究团队通过一道筛选问题（"您是否前往过丽江或为云南籍学生"）来选择尚未去过丽江旅游目的地的非云南籍学生。

（2）实验指导与任务要求：向被试详细宣读实验导语，并清晰说明实验的注意事项。随后，要求各组被试独立阅读实验材料，并在规定时间内以书面形式表达自己对某一旅游产品的购买意愿，同时附上选择该产品的理由。

（3）实验激励：为鼓励被试积极参与并认真对待实验，研究团队为每位被试准备了一份小礼品作为报酬。

（4）数据收集与实验结束：在规定的实验时间内，回收所有被试完成的问卷及实验材料，标志着实验的正式结束。

本实验的核心目的在于深入探究在一定时间压力下，在线旅游消费者在面对信息数量过多（即信息超载）时，其困惑程度的变化，以及这种变化在不同产品类别（如体验品与搜索品）中对消费者认知负荷及困惑感受的影响差异。此实验中重点操纵并测量的变量包括信息超载和产品类别，而需要测量的主要变量则涵盖信息超载的程度、消费者的认知负荷水平以及他们的困惑感受。

二、变量测量

（一）信息超载

从对信息超载定义的深入研究中可以确定，个体信息处理能力的极限已成为评估信息超载程度的关键客观标尺。鉴于对个体信息处理能力的直接测量颇具挑战性，众多研究转而采用信息数量、信息质量及可用时间等可量化的客观指标，其中，信息数量与信息质量尤为关键，它们在很大程度上能够诠释信息超载的现象（Özkan & Tolon，2015）。卢里（Lurie，2004）在其关于消费者在过量信息环境中决策行为的研究中早已指出，个体的感知信息超载可以通过产品替代品的数量、产品信息属性的分布以及信息的总量等指标进行有效衡量。鉴于本章聚焦于在线旅游的场景，研究团队为被试提供了特定的实验材料（即旅游路线产品），并确保除了信息数量上的差异外，材料的内容结构、属性等信息均保持一致。因此，本章主要依据信息数量的维度来测量消费者的信息超载状态。

感知信息超载的测量参考了米切尔与沃尔什（2005）以及刘蕾（2015）选择过载测量量表，并结合本章的研究目的进行了适当的调整。具体的测量题项包括："我认为以上材料为我提供了过多的产品信息""在以上材料中，我认为我需要了解的产品信息容量过大""在以上材料中，我认为我需要了解的产品信息数量过多"。这些题项以 Likert 7 分量表的形式呈现，其中，1~7 分别代表"完全不同意""不同意""比较不同意""中立""比较同意""同意""完全同意"。这样的设计旨在全面、准确地捕捉被试在面临不同信息量时的感知超载状态。

（二）认知负荷

认知负荷的测量通常涵盖任务绩效测量法、生理测量法与主观测量法三种主要途径。生理测量法依赖于被试的生理反应来评估认知负荷的程度，但这些生理指标往往易受其他外部因素的干扰，从而难以精确反映个体的认知负荷状态。例如，惠兰（Whelan，2007）的研究利用 FMRI 技术监测被试的大脑活动，试图通过脑功能定位来阐释认知负荷的产生机制。然而，由于大脑活动的动态性和区域差异性，这种方法在测量认知负荷时存在一定的局限性。任务绩效测量法则因实验任务的不同而难以制定统一的标准，这限制了其跨研究的通用性和准确性。鉴于此，本章选择了主观测量法来评估被试的认知负荷。该方法通过让被试回顾实验过程中的认知与决策经历，来表达他们对任务难度和心理负荷的主观感受。具体而言，本章采用了帕斯（Paas，1994）提出的自我评定量表，该量表包含两个核心问题："在刚才的任务中，你投入了多少心理努力？"和"你认为刚才的任务难度如何？"这两个问题通过 Likert 7 分量表进行评分，其中，1 代表非常容易，4 代表中等难度，7 则代表非常困难。这种方法可以更直接地了解被试在实验过程中的认知负荷感受。

（三）在线旅游消费者困惑

在线旅游消费者困惑指的是在信息处理过程中，由于未能准确理解来自多方面的关于在线旅游产品或服务的信息，在线旅游消费者所体验到的一种心理不适感。针对这一现象，本章采纳了加劳斯和瓦格纳（Garaus & Wagner，2016）所开发的消费者困惑量表，并特别选取了其中的意动困惑维度进行深入研究。该维度涵盖了六个描述心理状态的词汇，具体包括：无助的、绝望的、令人困惑的、迷惑的、缺乏判断力的、紧张的。为了量化消费者的这种困惑程度，本章采用了 Likert 7 分量表进行评分。在这个评分体系中，1 代表"完全不同意"，意味着被试者并不认为自己处于该描述的心理状态；4 代表"中立"，表明被试者对该心理状态持中立态度；而 7 则代表"完全同意"，意味着被试者完全认同自己处于该描述的心理状态。通过这样的设计，研究者能够更准确地衡量在线旅游消费者在处理信息时所经历的困惑感受。

三、预测试

在着手进行正式实验之前，本章先进行了一项关键性的预备工作——对信息超载的操纵方式进行了预测试。这一步骤旨在验证信息数量的变化是否能有效触发消费者的信息超载感知，并进一步探究信息数量的具体界限，即达到何种程度的信息量会让消费者感受到信息超载。与此同时，为了在实验设计中精准地区分旅游产品中的体验品与搜索品，本章还针对这一变量展开了另一项预测试。这一举措对于确保实验对象能够准确理解和区分这两种不同类型的旅游产品至关重要，从而有助于后续实验中准确测量和分析它们对消费者认知及行为的影响。

（一）信息超载的操纵与检验

1. 数据收集

为确认在线旅游消费者产生信息超载时所需的信息数量，本章在预研究阶段专门准备了信息刺激材料。这些材料在内容上除数量不同外，其余属性均保持一致。具体而言，为高数量组提供了包含旅游路线、酒店选择及机票车票等详细信息的三套旅行方案，而低数量组则仅获得包含相同产品信息但数量上仅有一套方案的旅行方案。同时，为确保实验的紧迫感，两组被试均需在 10 分钟内完成选择。实验流程严格遵循了先前设计的方案，向被试透露其近期有前往云南丽江旅行的计划，并要求他们在给定的材料中选择心仪的旅游产品。在信息接收与处理完毕后，被试需填写一份关于感知信息超载的问卷，以评估其信息处理过程中的负担感受。在预实验阶段，共收集了 106 份问卷。经过严格筛选，剔除了 8 份因填写不完整而被视为无效的问卷，最终有效回收了 98 份问卷。参与预实验的被试中，平均年龄为 21.19 岁，研究生占比 22.4%，本科生占比 77.6%，性别分布方面，男性占 38.8%，女性占 61.2%，确保了样本的多样性和代表性。

2. 数据分析

控制性检验。独立样本 t 检验的分析结果显示，被试对丽江的喜爱程度在高信息数量组与低信息数量组之间不存在显著的差别（$M_{高数量组} = 5.04$，$SD = 1.02$，$M_{低数量组} = 5.29$，$SD = 1.26$，$t_{(96)} = 1.06$，ns；$d = 0.21$）。

信息超载（IO）的独立样本 t 检验，如表 3 – 1 所示，高信息数量组的信息超载均值均远大于低信息数量组且结果是显著的（$M_{高数量组} = 5.78$，$SD = 0.82$，$M_{低数量组} = 4.46$，$SD = 1.13$，$t_{(87.68)} = 6.59$，$p < 0.001$；$d = 1.33$），这表明对信息超载这一变量的操纵是成功的。

表 3 – 1 操纵性检验的分析结果

检验变量	组别	样本数	均值	标准差	t 值	d
IO	高信息数量组	49	5.78	0.82	6.59 ***	1.33
	低信息数量组	49	4.46	1.13		

注：$N = 98$；*** $p < 0.001$。

（二）对于产品类别的具体划分

本章依据信息特征对旅游产品进行了分类探讨。鉴于旅游产品不属于信任型产品的类别，本章将焦点集中在了搜索型产品与体验型产品这两类旅游产品上。根据之前对搜索型产品与体验型产品的界定，可以明确地将在线车票预订、机票预订等归类为搜索型产品，而在线酒店预订、旅行目的地及路线产品的选择等则属于体验型产品的范畴。鉴于这些产品都是旅行者出行过程中不可或缺的组成部分，特此选取了这些产品作为本章实验的主要材料，以期进行深入研究。

1. 数据收集

为了选取合适的在线旅游产品作为实验的刺激材料（即体验品与搜索品），本章进行了一项前测，并成功地从 90 名调查者处回收了问卷数据。这些调查对象主要由各专业的本科生和研究生构成，其中男性占比 47.8%（43 人），女性占比 52.2%（47 人）。在前测实施过程中，研究团队参照了克里希南等（Krishnan et al.，2001）的研究方法。首先，确保所有被试充分理解了搜索品和体验品的概念。其次，向被试展示了一系列旅游产品（涵盖目的地、酒店、车票、机票、路线产品等），并要求他们根据自己的理解和先前的购物经验来评估这些产品的质量或服务。为此，采用了 Likert 5 级量表来记录被试的评价结果，其中，1～5 分别代表"非常不容易、不太容易、不好说、比较容易、非常容易"。基于这些统计结果，研究团队对搜索型产品和体验型产品进行了分类。此外，研究还要求被试根据自己的购物经验来判断购买或使用后部分产品的价值，并填写了关于这 5 项产品的相关题项。同样地，采用了 Likert 5 级量表来记录被试的评价。

遵循克里希南等（Krishnan et al.，2001）的建议，研究团队将那些消费者在购买前与购买后都能较为容易判断其价值的产品归类为搜索型产品；相反，将那些在购买前难以判断其价值，但购买后较容易判断的产品归类为体验型产品。通过这种方式，成功地筛选出了适合作为实验刺激材料的在线旅游产品。

2. 数据分析

根据表3-2所呈现的统计数据分析，网上机票和车票预订在购买前的均值分别为3.93和3.84，这两个数值不仅高于旅游目的地、酒店以及路线产品这三类旅游产品购买前的均值，而且也超出了所有旅游产品购买前的均值（3.10）。相反，旅游目的地、路线产品以及酒店在购买前的均值相对较低，分别为2.71、2.32和2.69，均低于五类产品购买前的总体均值（3.10）。然而，在购买产品并进行体验之后，这三类产品的均值均有显著提升，分别达到了3.61、3.51和3.58。基于上述数据分析结果，本章可以得出以下结论：车票与机票相较于其他三类旅游产品更偏向于搜索型产品，因为消费者在购买前就能较为容易地判断其质量或服务，而无须过多的实际体验。相反，旅游目的地、酒店以及路线产品则更偏向于体验型产品，因为消费者在购买前难以准确判断其质量或服务，需要在实际购买或体验后才能作出更为准确的评价。这一结论为后续的实验研究提供了有力的数据支撑。

表3-2 描述性统计分析结果

检验变量	均值	标准差	均值	标准差
	购买前	购买前	购买后	购买后
旅游目的地	2.71	1.06	3.61	1.13
酒店	2.69	1.09	3.58	1.10
路线产品	2.32	1.08	3.51	1.13
车票	3.84	0.92	3.92	0.85
机票	3.93	0.90	3.83	0.93

为了验证上述分类的准确性，本章采用了配对样本t检验的方法，深入探究了五类旅游产品在购买前与购买后对产品价值感知的均值变化。结果如表3-3所示，旅游目的地、酒店、路线产品这三类产品在购买前后的得分差异呈现出显著的统计学意义。具体而言，消费者在购买并体验这些产品后，对其感知价值发生了明显的变化。相比之下，车票与机票在购买

前后的感知价值差异并未表现出显著的统计学意义，表明购买前后的评价具有较高的一致性。基于上述分析结果，本章将旅游目的地、酒店与路线产品归类为旅游产品中的体验型产品，而将车票与机票视为搜索型产品，这一分类方法具有充分的合理性。

表 3 - 3　　　　　　　　　　配对样本 t 检验结果（购买前后）

检验变量	均值	标准差	标准误	t 值	p 值
旅游目的地	- 0.90	1.43	0.15	- 5.97	0.00
酒店	- 0.89	1.49	0.16	- 5.67	0.00
路线产品	- 1.19	1.48	0.16	- 7.64	0.00
车票	- 0.08	1.15	0.12	- 0.64	ns
机票	0.10	1.21	0.13	0.78	ns

（三）其他相关变量的操控

首先，在控制个体差异方面，实验对象特意选择了与旅游管理专业无关的其他专业在校学生，以减少个体先备知识对实验结果的潜在影响。同时，所有参与者均通过随机分配的方式进入不同实验组，确保各组之间的独立性，从而营造一个无干扰的实验环境。在实验开始前，通过询问参与者是否曾游览过云南或是否为云南籍生源，排除了那些已有云南旅游经历或籍贯的学生，以降低个体先前旅游经验对实验结果的干扰。其次，在实验材料的选择上，研究者精心设计，力求减少因认知和个人喜好差异而对结果产生的影响。通过这种方式，实验旨在提供一个标准化的环境，使所有参与者都能在相似的条件下进行评估。最后，尽管实验采用了情景模拟的方法，但研究者强调参与者应将此次消费行为视作现实中的购买决策，并详细指导参与者在浏览产品材料后如何作出选择。这一步骤旨在激励参与者认真浏览相关产品信息，并认真填写随后的调查问卷。为了进一步鼓励参与者的积极参与，研究者还提供了小礼品作为激励，以确保问卷填写的质量和实验数据的可靠性。

第五节 实 验 一

实验一的主要目标是验证信息超载对在线旅游消费者困惑所产生的直接影响，即主效应。基于预测试研究的发现，作者巧妙地设计了两种不同数量的实验刺激材料，以精准操控信息超载的程度，并将这些材料分别呈现给两组被试。随后，对回收的问卷数据进行了系统的分析，这一过程涵盖了操控检验、信效度分析、共同方法偏差分析以及主效应检验等多个关键步骤。

一、被试情况

本章所选取的在线旅游消费者样本主要集中在大学生群体，这一选择主要基于两点原因。首先，大学生是在线旅游市场中的一个重要消费群体，他们通常拥有较多的自由时间，适合作为研究对象。《2023 年 Z 世代在线旅游洞察报告》显示，Z 世代（涵盖称"95 后""00 后"）人群已逐渐成为未来消费领域的主导力量，贡献了 40% 的消费规模。其次，研究特意选取了某高校汉语言文学相关专业的大学生作为被试，以期通过专业背景的相似性来减少被试间的个体差异。在开始实验前，研究团队使用 G * Power 3.1 计算所需的样本数量。参考以往研究的参数设置（Faul et al.，2009；Su et al.，2024），当选择单因素方差分析时，设定组数为 2，效应量（f）为 0.4，统计效度选择 0.8，所需最低样本数量为 52。在实验一中，共有 160 名被试被随机分配到两个独立的小组。实验结束后，收集到了 158 份问卷，经过筛选，剔除了 8 份因存在漏填选项或连续 5 道题目选择同一答案而被视为无效的问卷，最终保留了 150 份有效问卷，这表明本节实验收集的数据具有较好的统计检验力。这 150 份有效问卷的样本特征如下：男性被试 59 人，占比 39.3%，女性被试 91 人，占比 60.7%，年龄范围都在 18 至 30 岁之间，且所有被试的平均每月生活费均未超过 3000元。这样的样本构成不仅反映了大学生群体的基本特征，也为后续的数据分析和实验结果的解释提供了重要的背景信息。需要额外说明的是，无效问卷的剔除标准是基于问卷填写的完整性和真实性考量。具体而言，任何存在漏填选项或连续多道题目选择相同答案的问卷，都可能因缺乏必要的多样性和深度而影响到数据分析的准确性，因此被视为无效并予以剔除。

二、实验材料

旅游路线是在线旅游领域中的一项基础旅游产品，它构成了在线消费者进行搜索与比较决策的重要内容，这一点在胡家镜（2015）的研究中得到了验证。鉴于各大旅行网站上关于同一旅游目的地与景点的路线产品数量众多，往往达到十几条甚至几十条，且每条路线中都包含了丰富的住宿产品选择，消费者在面对如此繁多的选项时，很容易陷入信息超载的困境。因此，本实验特意选取了旅游路线产品作为核心的实验材料，确定了云南（丽江）作为本次实验的旅游出行目的地。实验所用的材料则聚焦于前往云南（丽江）主要旅游景区的旅游路线产品，这些产品不仅涵盖了出行和住宿两大方面，还详细列出了旅游目的地的主要景点、酒店选择、机票车票选项以及具体的日程安排。在实验设计方面，研究团队充分参考了上一节前测部分的内容，以确保实验材料的有效性和实验流程的合理性。

三、实验设计

实验一运用了组间设计的方法，其中，信息超载被设定为需要精确控制的自变量。为了实现这一控制，实验通过向被试展示不同数量的旅游路线方案来进行操作：高数量组接收 3 条旅游路线方案，而低数量组则仅接收 1 条方案。在此实验框架下，主要测量的因变量是在线旅游消费者的困惑程度。

四、变量控制

根据前测实验的结果，研究人员发现，在相同的时间压力（10 分钟）

条件下，被试在浏览 3 条旅游产品路线时感知到的信息超载程度，显著高于仅浏览 1 条旅游产品路线时的感知。这一发现为实验一的设计提供了关键依据。因而在实验一中，被试被分为两个组别：低信息数量组和高信息数量组。低信息数量组的被试在 10 分钟的时间限制内，仅需浏览并评估 1 条旅游路线产品；而高信息数量组的被试则需在相同的时间窗口内，浏览并评估 3 条旅游路线产品。关于其他相关变量的控制，研究团队已在上一节的实验设计中进行了详尽的说明，并确保了实验条件的标准化，以减少外部干扰因素对实验结果的影响。

五、实验程序

（1）被试被随机分配至两个组别，并分别在两间独立的教室中完成实验。

（2）实验采用情景模拟的方法，要求被试在节假日即将来临之际，从所提供的旅游产品中选出他们认为最合适的一项。在实验指导语宣读完毕后，被试会收到一份相应的实验刺激材料。他们被要求在阅读完材料后，选出自己所倾向的旅游产品并阐述选择的原因，随后还需填写相关的问卷。

（3）在实验数据收集工作完成后，研究团队对部分信息残缺或明显存在错误的问卷进行了剔除。对于剩余的问卷，研究团队使用 SPSS 27.0 软件进行了深入的数据分析。

六、操纵检验

控制性检验。独立样本 t 检验的分析结果显示，被试对云南的喜爱程度在高信息数量组与低信息数量组之间不存在显著的差别（$M_{高数量组}$ = 5.34，$SD = 1.06$，$M_{低数量组} = 5.51$，$SD = 1.12$，$t_{(148)} = 0.90$，ns；$d = 0.15$）。

信息超载的独立样本 t 检验，如表 3－4 所示，高信息数量组的信息超载均值均远大于低信息数量组且结果是显著的（$M_{高数量组} = 5.86$，$SD = 0.79$，$M_{低数量组} = 3.34$，$SD = 1.40$，$t_{(116.89)} = 13.52$，$p < 0.001$；$d = 2.21$），

这表明对信息超载这一变量的操纵是成功的。

表3-4   实验一操纵性检验分析结果

检验变量	组别	样本数	均值	标准差	t 值
IO	高信息数量组	75	5.86	0.79	13.52 ***
	低信息数量组	75	3.34	1.40	

注：$N = 150$；$*** p < 0.001$。

七、研究结果

（一）信度检验

量表信度检验是评估测量工具所得结果稳定性和一致性的关键过程，它涵盖内部信度和外部信度两个方面。其中，内部信度也被称为内部一致性信度（或内部一致性系数），专注于衡量用于测量同一概念的多项指标之间的一致性水平。为实现这一评估，Cronbach's α 系数法被广泛采用，其中较高的 α 值通常意味着更高的信度。按照学术界的普遍标准，当 Cronbach's α 值大于 0.7 时，量表被视为具有较高的可靠性（O'Hair et al.，1988）。

在本研究中，针对各个潜变量进行了 Cronbach's α 系数的分析。具体而言：信息超载量表包含三个题项，分别是"我认为以上材料为我提供了过多的产品信息""在以上材料中，我认为我所需要了解的产品信息容量过大""在以上材料中，我认为我所需要了解的产品信息数量过多"。该量表的 Cronbach's α 系数为 0.95，显示出极高的内部一致性。消费者困惑量表的 Cronbach's α 系数为 0.90，也表现出了良好的内部一致性。综上所述，所有变量的 Cronbach's α 系数均超过了 0.7 的阈值，这表明本研究中观测的变量具有良好的内部一致性，为后续的数据分析和结论推导提供了坚实的基础。

（二）效度检验

量表的效度是衡量测量工具能否准确反映所需测量事物特性的关键指

标，它主要包括校标效度、结构效度以及内容效度等指标。在结构效度中，区别效度和收敛效度是两个重要的组成部分。收敛效度的一个常用评估标准是量表的因子平均差异抽取量（AVE），当 AVE 大于 0.5 时，通常认为量表具有较好的收敛效度。基于 Mplus 软件的验证性因子分析结果显示出以下重要信息（见表 3-5）：所有变量的测量问项在各自所属变量上的标准化因子载荷均超过了 0.5 的阈值，并且都达到了显著性水平；各变量的组合信度（CR）也均超过了 0.7 的可接受标准；同时，平均提取方差值（AVE）也都大于 0.5 的可接受标准。这些结果表明，各个变量都展现出了良好的聚合效度。此外，测量模型的拟合指数为 $\chi^2 = 33.31$，$df = 26$，$\chi^2/df = 1.28$，$CFI = 0.99$，$TLI = 0.99$，$SRMR = 0.03$，$RMSEA = 0.04$，表明本章模型具有较好的拟合度，且变量之间具有较好的区分效度。

表 3-5　　　　　　　　　　实验一验证性因子分析结果

检验变量	测量问项	标准化因子载荷	组合信度（CR）	平均提取方差值（AVE）
信息超载	IO_1	0.92 ***	0.95	0.87
	IO_2	0.95 ***		
	IO_3	0.93 ***		
消费者困惑	CC_1	0.83 ***	0.91	0.62
	CC_2	0.77 ***		
	CC_3	0.75 ***		
	CC_4	0.77 ***		
	CC_5	0.79 ***		
	CC_6	0.80 ***		

注：*** $p < 0.001$。

（三）主效应检验

本章采用单因素方差分析的方法，深入探究了信息超载对在线旅游消费者困惑所产生的影响。分析结果如表 3-6 所示：信息超载对在线旅游消费者困惑的主效应呈现出显著性。具体而言，相对于低信息数量组的被试来说，高信息数量组被试的消费者困惑感知也明显高于前者（$M_{高信息数量组}$ = 5.88 > $M_{低信息数量组}$ = 3.29，$SD_{高信息数量组}$ = 0.50，$SD_{低信息数量组}$ = 0.53；$F(1, 149)$ = 936.95，$p < 0.001$，$\eta^2 = 0.86$）。因此，本章 H3 – 1 得到支持。

表 3 – 6　　　　　　　　实验一单因素方差分析结果

检验变量	信息量	均值	标准差	F 值	p 值
消费者困惑	高信息数量组	5.88	0.50	936.95	0.000
	低信息数量组	3.29	0.53		

为了更精确地验证 H3 – 1 的假设结果，本章采取了线性回归分析方法，将信息超载设定为自变量，消费者困惑作为结果变量进行考察。分析结果发现，信息超载与消费者困惑之间存在显著的正向影响（$\beta = 0.93$，$p < 0.001$），即主效应显著。同时，F 值为 936.95（$p < 0.001$），ΔF 为 936.95，R^2 为 0.86，ΔR^2 为 0.86，进一步说明，信息超载对在线旅游消费者困惑具有较好的解释程度，且回归方程具有一定的稳定性。

八、结果讨论

实验一的现场实验结果发现，信息超载对消费者困惑具有显著的主效应。相较于低信息数量，高信息数量更容易诱发在线旅游消费者困惑。然而，大学生只是在线旅游消费者群体中的一类特殊群体。基于大学生样本所得的研究结论具有一定局限性，不能代表旅游消费者的整体情况。因此，下个实验将基于更广泛的消费者群体，验证信息超载影响消费者困惑的稳健性以及探讨该关系背后的形成机制。

第六节　实　验　二

实验二引入了认知负荷作为中介变量，目的是探究信息超载影响消费者困惑的作用机理。借助见数平台，作者巧妙地设计了两种不同数量的实验刺激材料，并将这些材料分别呈现给两组被试。随后，对回收的问卷数据进行了系统的分析，这一过程涵盖了操控检验、信效度分析、共同方法偏差分析以及主效应检验等多个关键步骤。

一、被试情况

依托专业的在线实验数据收集平台——见数，实验二随机将被试分配至实验组（高信息数量组）与对照组（低信息数量组），并通过见数的样本筛选服务指定 IP 为福州的被试。在开始实验前，研究团队使用 G * Power 3.1 计算所需的样本数量。参考以往研究的参数设置（Faul et al.，2009；Su et al.，2024），当选择单因素方差分析时，设定组数为 2，效应量（f）为 0.4，统计效度选择 0.8，所需最低样本数量是 52。实验二通过见数平台共招募了 210 名在线被试，这表明本节实验收集的数据具有较好的统计检验力。样本的描述性统计分析表明，女性样本 118 人，占比 56.2%；年龄在 19 ~ 30 岁的占比 26.2%，在 31 ~ 40 岁的占比 41.9%，40 岁以上的占比 31.9%；高中及以下的占比 13.8%，大专或本科占比 77.6%，硕士及以上占比 8.6%。

二、实验材料

与实验一一致，实验二特意选取了旅游路线产品作为核心的实验材料，确定了北京作为本次实验的旅游出行目的地。如附录一所示，实验所用的材料则聚焦于前往北京主要旅游景区的旅游路线产品，这些产品不仅涵盖了出行和住宿两大方面，还详细列出了旅游目的地的主要景点、酒店选择、机票车票选项以及具体的日程安排。

三、实验设计

实验一运用了组间设计的方法，其中信息超载被设定为需要精确控制的自变量。为了实现这一控制，实验通过向被试展示不同数量的旅游路线方案来进行操作：高数量组接收 3 条旅游路线方案，而低数量组则仅接收 1 条方案。在此实验框架下，主要测量的因变量有两个：在线旅游消费者的困惑程度以及他们的认知负荷。困惑程度用于评估被试在面对大量信息时难以作出决策或理解信息的难易程度；认知负荷则用于衡量被试在处理这些信息时所承受的心理负担和努力。

四、变量控制

根据前测实验的结果，研究人员发现，在相同的时间压力（10 分钟）条件下，被试在浏览 3 条旅游产品路线时感知到的信息超载程度，显著高于仅浏览 1 条旅游产品路线时的感知。这一发现为实验一的设计提供了关键依据。因而在实验一中，被试被分为两个组别：低信息超载组和高信息超载组。低信息超载组的被试在 10 分钟的时间限制内，仅需浏览并评估 1 条旅游路线产品；而高信息超载组的被试则需在相同的时间窗口内，浏览并评估 3 条旅游路线产品。关于其他相关变量的控制，研究团队已在上一节的实验设计中进行了详尽的说明，并确保了实验条件的标准化，以减少外部干扰因素对实验结果的影响。

五、实验程序

（1）通过见数的随机模块，被试被随机分配至高低信息数量两个组。

（2）实验采用情景模拟的方法，要求被试在节假日即将来临之际，从所提供的旅游产品中选出他们认为最合适的一项。阅读完实验指导语之后，被试才会收到一份相应的实验刺激材料。他们被要求在阅读完材料后，选出自己所倾向的旅游产品并阐述选择的原因，随后还需填写相关的问卷。

（3）在实验数据收集工作完成后，研究团队对部分信息残缺或明显存在错误的问卷进行了剔除。对于剩余的问卷，研究团队使用 SPSS 27.0 软件进行了深入的数据分析。

六、信息超载操控检验

控制性检验。独立样本 t 检验的分析结果显示，被试对北京的喜爱程度在高信息数量组与低信息数量组之间不存在显著的差别（$M_{高数量组}$ = 5.90，$SD = 0.83$，$M_{低数量组} = 6.09$，$SD = 0.83$，$t_{(208)} = 1.66$，ns；$d = 0.23$）。

信息超载的操纵性检验结果显示（见表 3-7），高信息数量组的感知信息超载程度（$M_{高数量组}$ = 5.64，$SD = 0.69$，$t_{(181.57)} = 31.65$，$p < 0.001$，$d = 4.37$）显著高于低信息数量组（$M_{低数量组}$ = 3.06，$SD = 0.46$）。这一显著差异表明，实验二在信息超载这一变量的操控上是成功的，有效地实现了预期的实验设计目标。

表 3-7　　　　　　　　实验二操纵性检验分析结果

检验变量	组别	样本数	均值	标准差	t 值
IO	高信息数量组	105	5.64	0.69	31.65***
	低信息数量组	105	3.06	0.46	

注：$N = 163$；$***p < 0.001$。

七、研究结果

（一）信度检验

各潜变量的 Cronbach's α 值分析结果显示，信息超载的 Cronbach's α 系数为 0.89，认知负荷的 Cronbach's α 系数为 0.93，而消费者困惑量表的 Cronbach's α 系数则高达 0.88。根据这些 Cronbach's α 系数，可以判断所有量表的信度系数均超过了 0.7 的阈值，充分证明了本次实验所使用的量表具有良好的内部一致性，确保了数据的高可靠性和稳定性。

（二）效度检验

本章采用验证性因子分析（CFA）对量表的效度进行了严格检验，利用 Mplus 软件得出了详细检验结果。从表 3-8 可以看出，所有的变量测量问项在所属变量上的标准化因子载荷均在 0.6 以上，并且都达到显著，各变量的组合信度均大于 0.7 的可接受标准，平均提取方差值（AVE）均大于 0.5 的可接受标准，表明各变量具有较好的聚合效度。而且，测量模型的拟合指数为 $\chi^2 = 50.38$，$df = 41$，$\chi^2/df = 1.23$，$CFI = 0.99$，$TLI = 0.99$，$SRMR = 0.02$，$RMSEA = 0.03$，各个拟合指标均达到测量标准，表明本章模型具有较好的拟合度，且说明本章各变量之间具有较好的区分度。

表 3-8　　　　　　　　　　实验二验证性因子分析结果

变量	测量问项	标准化因子载荷	组合信度（CR）	平均提取方差值（AVE）
信息超载	IO_1	0.83 ***	0.89	0.72
	IO_2	0.86 ***		
	IO_3	0.86 ***		
认知负荷	CL_1	0.96 ***	0.92	0.85
	CL_2	0.88 ***		
消费者困惑	CC_1	0.87 ***	0.88	0.55
	CC_2	0.73 ***		
	CC_3	0.73 ***		
	CC_4	0.71 ***		
	CC_5	0.63 ***		
	CC_6	0.74 ***		

注：*** $p < 0.001$。

（三）主效应检验

本章采用单因素方差分析的方法，深入探究了信息超载对在线旅游消费者困惑所产生的影响。分析结果如表 3-9 所示：信息超载对在线旅游消费者困惑的主效应呈现出显著性。具体而言，相对于低信息数量组的被试来说，高信息数量组被试的消费者困惑感知也明显高于前者（$M_{高信息数量组} = 5.25 > M_{低信息数量组} = 2.72$，$SD_{高信息数量组} = 0.59$，$SD_{低信息数量组} = 0.52$；$F(1, 208) = 1091.05$，$p < 0.001$，$\eta^2 = 0.84$）。因此，本章 H3 – 1 得到支持。

表 3 – 9 实验二单因素方差分析结果

检验变量	信息量	均值	标准差	F 值	p 值
消费者困惑	高信息数量组	5.25	0.59	1091.05	0.000
	低信息数量组	2.72	0.52		

为了更精确地验证 H3 – 1 的假设结果，本章采取了线性回归分析方法，将信息超载设定为自变量，消费者困惑作为结果变量进行考察。分析结果表明，当未将认知负荷纳入中介变量时，信息超载与消费者困惑之间展现出了显著的正向关联。具体来说，信息超载与消费者困惑之间存在显著的正向影响（$\beta = 0.92$，$p < 0.001$），即主效应显著。同时，F 值为 1091.05（$p < 0.001$），ΔF 为 1091.05，R^2 为 0.84，ΔR^2 为 0.84，进一步说明，信息超载对在线旅游消费者困惑具有较好的解释程度，且回归方程具有一定稳定性。

（四）中介效应检验

参考已有文献（Hayes et al.，2011；Hayes，2013），本章研究将借助 SPSS PROCESS 插件（Model 4）对认知负荷的中介效应进行自助法（Bootstrap）检验。特别地，在引入中介变量认知负荷之后，信息超载对消费者困惑仍然具有显著的正向预测作用（$\beta = 0.99$，$p < 0.001$，95% $CI =$ [0.88，1.10]）。同时，认知负荷在信息超载与在线旅游消费者困惑关系中的间接效应值为 1.54，且在 95% 的偏差置信区间为（1.36，1.73），不包含 0。因而，认知负荷在信息超载与在线旅游消费者困惑之间存在着部分中介作用，这很好地支持了本章的假设 H3 – 2。

八、结果讨论

实验二的结果显示，信息超载对消费者困惑具有显著的主效应，并且认知负荷在这一影响过程中起到了中介作用。具体而言，当产品信息数量较多时，消费者更可能承受较大的认知负荷，从而引发更高程度的消费者困惑；相反，在产品信息数量较少的情况下，消费者的认知负荷相对较轻，因此消费者困惑程度也相对较低。根据资源有限理论，个体在处理信息过程中所投入的心理努力和认知资源越多，所承受的认知负荷也越重。由于个体处理信息的能力在短期内是有限的，一旦接收到的信息量过多或面临时间压力，人们便会感到困惑（Bettman，1979）。

资源有限理论为信息超载通过认知负荷影响消费者困惑提供了理论基础，但这种影响是否存在边界条件尚待探究。为了回答这一问题，实验二将进一步探讨信息超载效应的边界条件。鉴于本研究背景为在线旅游市场，接下来的研究将基于在线旅游产品的信息属性，探讨产品类型的调节作用。莱文等（Levin et al.，2003）指出，消费者对不同产品有不同的偏好，且有研究表明，在购买体验品时，消费者相较于搜索品会花费更多时间获取信息和制定决策（Bei et al.，2004）。因此，信息超载对认知负荷的影响是否会因产品类型的不同而有所差异？实验三在验证信息超载主效应的同时，将重点关注不同旅游产品类型（体验品与搜索品）下信息超载对认知负荷影响的差异。通过这一研究，可以更深入地理解在线旅游市场中信息超载的作用效应，以及产品类型如何调节这一影响。

第七节　实　验　三

实验三引入了产品类别（体验品与搜索品）作为调节变量，目的是探究信息超载对消费者困惑影响的边界条件。实验先根据信息数量的多少来操纵信息超载，并通过展示不同类型的旅游产品来区分产品类别。在完成实验并回收问卷后，研究者对回收实验回收问卷进行操控检验、信效度分析、共同方法偏差分析与主效应检验、中介效应检验以及调节效应检验。

一、被试情况

依托专业的在线实验数据收集平台——见数，实验三随机将被试分配至实验组（高信息数量组）与对照组（低信息数量组），并通过见数的样本筛选服务指定 IP 为福州的被试。在开始实验前，研究团队使用 G ∗ Power 3.1 计算所需的样本数量。参考以往研究的参数设置（Faul et al., 2009; Su et al., 2024），当选择双因素方差分析时，设定组数为 4，效应量（f）为 0.4，统计效度选择 0.8，所需最低样本数量为 111。实验三通过见数平台共招募了 220 名在线被试，这表明本节实验收集的数据具有较好的统计检验力。样本的描述性统计分析表明，女性样本 126 人，占比 57.3%；样本的平均年龄为 32.04 岁；高中及以下的被试占比 22.3%，大专或本科占比 68.2%，硕士及以上占比 9.5%。

二、实验材料

在实验三的准备阶段，基于前测的结果，研究者将旅游路线与酒店定义为体验品，而机票和车票则被视为搜索品。为了构建实验所需的材料，研究者首先从携程旅行网上精心筛选了福州到西安的旅游线路，共计 34 条。为了实验的公正性和有效性，研究者剔除了价格差异超过 20% 的线路产品，最终保留了描述详尽、内容丰富的 22 条旅游路线。这些旅游路线均配备了精美的图片和详细的文字介绍，涵盖了目的地的各个景点以及每日的行程安排。对于酒店部分，研究者根据每日的行程安排，为实验参与者选择了 4 家酒店。这些酒店均提供标间服务，且价格差异被严格控制在 20% 以内。酒店的展示材料包含了详尽的基础设施、酒店特色等说明性文字，以及酒店内外环境的精美图片，以便实验参与者能够全面了解酒店的情况。同样地，在机票和车票（作为可达性产品）材料的准备上，研究者也遵循了类似的筛选原则。他们以西安为旅游目的地，在携程旅行网上筛选了航班和铁路出行方案。经过筛选，研究者排除了价格差异过大的选项，最终确定了14个航班（包括直达、中转和经停）和10条铁路出行方案。

三、实验设计

实验三采用了"2（信息超载：高信息数量组×低信息数量组）×2（产品类别：体验品×搜索品）"的组间实验设计框架。基于这四种不同的实验情境，参与者被均衡地分配到四个实验小组中。在本实验中，信息超载被设定为自变量，产品类别则作为调节变量，而认知负荷与消费者困惑则被确定为因变量，用于衡量实验效果。

四、实验程序

（1）各组被试将随机分别阅读包含不同数量级的旅游路线、酒店选择、机票及车票等信息的实验材料，以确保实验环境的独立性和数据的准确性。

（2）实验三运用了情景模拟的方法，引导被试设想在节假日前夕挑选最适合自己的旅游产品。在清晰宣读实验指导语后，每位被试会收到一份量身定制的实验刺激材料。他们需先根据阅读材料选出心仪的产品并阐述选择理由，随后再细致填写相关问卷，以此模拟真实消费决策过程。

（3）完成问卷收集后，实验人员进行了细致的审核工作，严格剔除了部分不符合要求或存在明显错误的问卷，以确保后续数据分析的准确性和可靠性。

五、信息超载操控检验

控制性检验。独立样本 t 检验的分析结果显示，被试对西安的喜爱程度在高信息数量组与低信息数量组之间不存在显著的差别（$M_{高数量组} = 5.81$，$SD = 1.05$，$M_{低数量组} = 5.56$，$SD = 1.04$，$t_{(218)} = 1.75$，ns，$d = 0.24$）。

信息超载的操纵性检验结果显示（见表 3 - 10），高信息数量组的感知信息超载程度（$M_{高数量组} = 5.28$，$SD = 0.68$，$t_{(194.14)} = 17.86$，$p < 0.001$，$d = 2.41$）显著高于低信息数量组（$M_{低数量组} = 3.26$，$SD = 0.98$）。这一显著差异表明，实验三在信息超载这一变量的操控上是成功的，有效地实现了预期的实验设计目标。

表 3 - 10 实验三操纵性检验分析结果

检验变量	组别	样本数	均值	标准差	t 值
IO	高信息数量组	110	5.28	0.68	17.86 ***
	低信息数量组	110	3.26	0.98	

注：$N = 220$；*** $p < 0.001$。

六、研究结果

（一）信度检验

各潜变量的 Cronbach's α 值分析结果显示，信息超载的 Cronbach's α 系数为 0.87，认知负荷的 Cronbach's α 系数为 0.85，而消费者困惑量表的 Cronbach's α 系数则高达 0.89。根据这些 Cronbach's α 系数，可以判断所有量表的信度系数均超过了 0.7 的阈值，充分证明了本次实验所使用的量表具有良好的内部一致性，确保了数据的高可靠性和稳定性。

（二）效度检验

本章采用验证性因子分析（*CFA*）对量表的效度进行了严格检验，利用 Mplus 软件得出了详细检验结果。从表 3 - 11 可以看出，所有的变量测量问项在所属变量上的标准化因子载荷均在 0.6 以上，并且都达到显著，各变量的组合信度均大于 0.7 的可接受标准，平均提取方差值（*AVE*）均大于 0.5 的可接受标准，表明各变量具有较好的聚合效度。而且，测量模型的拟合指数为 $\chi^2 = 61.12$，$df = 41$，$\chi^2/df = 1.49$，$CFI = 0.99$，$TLI = 0.98$，$SRMR = 0.04$，$RMSEA = 0.05$，各个拟合指标均达到测量标准，表明本章模型具有较好的拟合度，且说明本章各变量之间具有较好的区分度。

表 3 – 11   实验三验证性因子分析结果

检验变量	测量问项	标准化因子载荷	组合信度（CR）	平均提取方差值（AVE）
信息超载	IO_1	0.67 ***	0.88	0.71
	IO_2	0.94 ***		
	IO_3	0.88 ***		
认知负荷	CL_1	0.87 ***	0.85	0.74
	CL_2	0.85 ***		
消费者困惑	CC_1	0.63 ***	0.89	0.57
	CC_2	0.76 ***		
	CC_3	0.75 ***		
	CC_4	0.75 ***		
	CC_5	0.74 ***		
	CC_6	0.88 ***		

注：*** $p < 0.001$。

（三）主效应检验

本章采用单因素方差分析的方法，深入探究了信息超载对在线旅游消费者困惑所产生的影响。分析结果如表 3 – 12 所示：信息超载对在线旅游消费者困惑的主效应呈现出显著性。具体而言，相对于低信息数量组的被试来说，高信息数量组被试的消费者困惑感知也明显高于前者（$M_{高信息数量组}$ = 5.14 > $M_{低信息数量组}$ = 4.11，$SD_{高信息数量组}$ = 0.88，$SD_{低信息数量组}$ = 0.98；$F(1, 218)$ = 67.45，$p < 0.001$，η^2 = 0.24）。因此，本章 H3 – 1 得到支持。

表 3 – 12   实验三单因素方差分析结果

检验变量	信息量	均值	标准差	F 值	p 值
消费者困惑	高信息数量组	5.14	0.88	67.45	0.000
	低信息数量组	4.11	0.98		

为了更精确地验证 H3 - 1 的假设结果，本章采取了线性回归分析方法，将信息超载设定为自变量，消费者困惑作为结果变量进行考察。分析结果表明，当未将认知负荷纳入中介变量时，信息超载与消费者困惑之间展现出了显著的正向关联。具体来说，信息超载与消费者困惑之间存在显著的正向影响（$\beta = 0.49$，$p < 0.001$），即主效应显著。同时，F 值为 67.45（$p < 0.001$），ΔF 为 67.45，R^2 为 0.24，ΔR^2 为 0.24，进一步说明，信息超载对在线旅游消费者困惑具有较高的解释程度，且回归方程具有一定稳定性。

（四）中介效应检验

参考已有文献（Hayes et al.，2011；Hayes，2013），本章研究将借助 SPSS PROCESS 插件（Model 4）对认知负荷的中介效应进行自助法（Bootstrap）检验。特别地，在引入中介变量认知负荷之后，信息超载对消费者困惑仍然具有显著的正向预测作用（$\beta = 0.74$，$p < 0.001$，95% $CI = [0.57，0.91]$）。同时，认知负荷在信息超载与在线旅游消费者困惑关系中的间接效应值为 0.29，且 95% 的偏差置信区间为（0.10，0.53），不包含 0。因而，认知负荷在信息超载与在线旅游消费者困惑之间存在着部分中介作用，这很好地支持了本章的假设 H3 - 2。

（五）调节效应检验

对于产品类别调节作用的检验，本章借鉴温忠麟等（2005）的建议，当自变量和调节变量都是类别变量时，进行有交互作用的方差分析。若自变量和调节变量的交互作用显著，则证明调节作用存在。因此，以认知负荷为因变量，"2（信息超载：高信息数量 vs 低信息数量）×2（产品类别：体验品 vs 搜索品）"的 ANOVA 分析结果显示，信息超载与产品类别对认知负荷具有显著的交互作用（$F(3，216) = 15.44$，$p < 0.001$）。如图 3 - 2 所示，当购买体验品时，信息超载更容易诱发在线旅游者的认知负荷（$M_{高信息数量组} = 6.33 > M_{低信息数量组} = 5.28$，$SD_{高信息数量组} = 0.46$，$SD_{低信息数量组} = 0.58$；$F(1，108) = 108.24$，$p < 0.001$，$\eta^2 = 0.50$）。当挑选搜索品时，信

息超载高低对认知负荷没有显著的差异（$M_{高信息数量组}=3.55$，$SD_{高信息数量组}=1.13$，$M_{低信息数量组}=3.38$，$SD_{低信息数量组}=0.88$；$F(1，108)=0.98$，ns，$\eta^2=0.01$）。

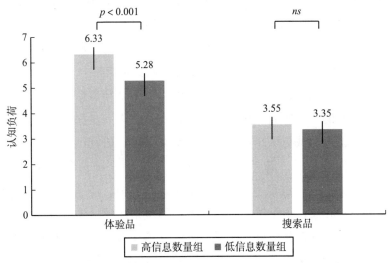

图 3 - 2　产品类型在信息超载与认知负荷之间的调节效应

注：误差为标准差。

随后以信息超载为自变量，消费者困惑为因变量，旅游产品类型为调节变量，认知负荷为中介变量进行了有调节的中介模型检验。参考已有文献（Hayes et al.，2011；Hayes，2013），本章研究将借助 SPSS PROCESS 插件（Model 7），将自助法（bootstrap）样本数设置为 5000，验证认知负荷被调节的中介效应。结果显示，调节中介作用指数为 0.40，在 95% 置信区间不包含 0，为 [0.22，0.56]。具体来说，当购买旅游体验品时，认知负荷在信息超载与在线旅游消费者困惑关系间的间接效应值较高（$\beta=0.49$，$95\%\,CI=$ [0.38，0.63]）。相反，当旅游产品为搜索品时，认知负荷在信息超载与在线旅游消费者困惑关系间的中介效应不显著（$\beta=0.09$，$95\%\,CI=$ [-0.08，0.31]）。

七、结果讨论

实验三进一步巩固了一个核心论点：信息超载确实通过加剧认知负荷

来显著影响消费者的困惑程度，且在此过程中，产品类别起到了至关重要的调节作用。具体而言，当消费者在选择体验品时，信息超载对认知负荷产生的负面影响尤为突出，进而大幅增加了消费者的困惑感。然而，对于搜索品而言，信息超载对认知负荷的负面影响则相对减弱，使得消费者即便面对海量信息，也能较为轻松地作出决策，从而有效降低了困惑感。至此，本章提出的所有研究假设均得到了充分的实证支持。

基于资源有限理论，实验二已经明确验证了认知负荷在信息超载与消费者困惑之间的中介效应。在此基础上，实验三进一步深入探索了产品类别如何调节信息超载与认知负荷之间的复杂关系。研究结果显示，在线消费者在挑选体验品时，需要投入更多的心理资源来筛选和获取所需信息（张荣，2006）。这一过程不仅显著增加了认知负荷，还进一步加剧了消费者的困惑感。相反，由于搜索品具有独特的搜索属性，消费者能够较为轻松地获取有价值的产品信息，即便是在信息量庞大的网络环境中，也能迅速做出明智的购买决策，从而有效减轻了认知负荷并降低了困惑感。

第八节　结论与反思

一、理论启示

以往关于消费者困惑的研究大多聚焦于其引发的负面后果，而对于消费者困惑产生的内在机制则鲜有深入探讨。特别是在在线旅游领域，鉴于旅游产品的独特性质，消费者在制定出游决策时，为降低感知风险，往往会进行广泛的信息搜索（Xiang & Law，2013）。这一行为模式使得在线旅游者更容易陷入困惑之中。本章通过两项实验，验证了信息超载对消费者困惑的主效应，从而丰富了在线旅游消费者困惑前因研究的理论体系。

在以往探讨消费者困惑前因的研究中，研究者们大多从个体、产品及环境三个层面综合考察影响因素，但对于这些因素如何具体作用于消费者困惑的"黑箱"机制,却未能给予足够的重视。本章的研究表明,信息超载会显著影响认知负荷,这一发现与李金波(2009)等人的研究结论相契合,即被试在处理复杂信息时容易产生认知负荷,而认知负荷的累积又会进一步加剧消费者困惑。在本章的两项实验研究中,认知负荷的中介作用均得到了充分的验证,这不仅深化了学界与业界对消费者困惑形成机制的理解,也为后续研究提供了新的视角。

此外,本章的实验研究还揭示了产品类别在信息超载影响消费者困惑过程中的调节作用。具体而言,与搜索品相比,消费者在检索与决策体验品时,信息超载对消费者困惑的影响更为显著。这是因为消费者在选择体验品时,会感知到更高的决策风险与重要性,因此更愿意投入心理努力以获取相关信息,从而增加了认知负荷与消费者困惑产生的可能性。无论是体验品(如旅游路线和酒店预订)还是搜索品(如机票和车票),都是在线旅游者决策过程中的重要考量对象。本章从旅游产品的信息属性出发,深入剖析了不同产品类别下信息超载对认知负荷与消费者困惑的影响差异,不仅丰富了旅游产品类型的相关研究,也为管理实践提供了有益的参考与借鉴,有助于企业减轻消费者的认知负荷与困惑,提升用户体验。

二、管理启示

首先,本章研究明确指出,信息超载对消费者困惑具有显著的正向推动作用。鉴于此,管理者需精心规划营销信息策略,确保信息传递的目标明确、逻辑清晰,同时维护信息的连贯性和准确性。在线旅游企业在制定旅游产品营销策略时,应建立严格的审核机制,以保障推广信息的真实性和准确性,避免任何虚假或误导性内容的出现。例如,根据《在线旅游经营服务管理暂行规定》,在线旅游企业需要对提供服务的个人或机构的资质进行审核,确保他们拥有合法的经营许可和资质,应以显著方式区分标记自营业务和平台内经营者开展的业务,对上传至平台的信息内容进行全面审核,确保信息的真实性和准确性,保障旅游者的正当评价权,不得擅自屏蔽、删除旅游者对其产品和服务的评价。此外，借助大数据技术，企业可以深入了解旅游消费者的行为和偏好，进而利用大数据与人工智能技术进行个性化信息推送，提升营销效率。例如，应用大数据和人工智能技术，构建个性化推荐平台，根据用户的历史行为、搜索习惯等数据，进行跨业务线的个性化推荐，应用机器学习算法，使用庞大的在线旅游数据库来预测酒店和航班的最低价格，并为用户提供个性化的建议，使用人工智能平台处理并分析顾客反馈调查、顾客评价和在线投票的数据，并根据分析结果设计出更好的解决方案来满足顾客需求。同时，对旅游产品营销团队进行信息管理培训，强化其信息处理与传递能力，并定期评估营销效果，根据消费者反馈灵活调整信息策略，以有效避免信息过载的问题。例如，旅游产品经理需要协助市场研究和分析，识别潜在客户群，支持旅游新产品和服务开发。通过深入了解市场和客户，可以避免向客户推送不相关或过量的信息。根据市场反馈和消费者的反应，调整营销活动的频次和时间，避免给消费者带来干扰使其厌烦。如果发现用户对某一类型的营销信息反应不佳，可以减少这类信息的推送，或者改变推送方式，以提升旅游者的满意度。

其次，认知负荷作为一个核心概念，连接信息超载与消费者困惑之间的关系。这一中介因素的发现不仅表明了个体信息处理能力的局限性，还强调了信息环境复杂性对消费者决策过程的影响。因此，在线旅游企业在制定并执行日常营销推广策略时，必须审慎考虑如何有效降低消费者的认知负荷，以促进信息的有效吸收与利用。具体而言，信息的简洁性与清晰度是在线旅游企业提升用户体验的关键。针对特定的消费群体，如大学生，企业应采取更加直接、更加具有吸引力的品牌主张，如"比出真低价"，这不仅凸显了产品的性价比优势，还通过简洁有力的口号迅速抓住目标顾客群的注意力，便于他们在海量信息中快速定位并记住品牌核心价值。此外，企业需构建一套层次分明、重点突出的信息传播体系，依据消费者需求提供定制化的信息层次，利用视觉设计（如字体大小、颜色对比）强化关键信息的识别度，如在节假日（如中秋节）推出"中秋团圆季"主题活动，通过整合经典酒店月饼与"住宿+玩乐""住宿+

月饼"等多元化旅游套餐，直观展示优惠信息，促进消费者的快速决策。进一步地，企业内部的人力资源管理同样对降低消费者认知负荷至关重要。通过强化员工的信息处理能力、沟通技巧以及旅游专业知识培训，企业能够从根本上提升服务质量和信息传达效率，如建立云学堂企业培训平台，不仅可以为员工提供灵活的学习时间和空间，还可以通过混合式培训模式（结合线上理论学习与线下实操演练）深化学习效果，确保员工能够在实际服务中准确、高效地传递信息，进一步减少消费者的困惑与不满，增强品牌忠诚度。

最后，本章研究发现在线旅游消费者在面对体验品与搜索品时，信息超载效应存在差异且其对消费者心理困惑存在影响。相较于标准化的旅游搜索品（如机票、车票等），个性化与情感投入更高的旅游体验品（如旅游路线规划、酒店预订等）更容易导致消费者面临信息超载的问题，进而引发心理上的困惑与决策上的迟缓。针对这一发现，在线旅游企业在推广体验型产品时，需采取更为精炼且高效的信息传达策略，以减轻消费者的认知负荷。一种创新的实践方法是开发线上数字化体验产品，借助虚拟现实（VR）技术，为用户提供沉浸式的预览体验，这种方法不仅能够极大地减少对传统文字和图片信息的依赖，降低信息超载的风险，还能通过直观的感官体验增强产品的吸引力，促进消费者的购买意愿；而对于搜索型产品的推广，企业则应注重提升产品信息的全面性和深度，同时优化信息的呈现方式，以帮助消费者快速精准地找到符合其需求的信息，具体做法包括通过科学的分类系统展示产品信息，使得消费者能够轻松筛选出有用信息，有效减少无关信息的干扰，从而加速决策过程。此外，将不同类型的搜索品信息进行智能化的组合与推荐，也是满足消费者多样化需求、提升购物体验的重要策略。更进一步地，为了确保信息传递的高效性与精准性，在线旅游企业可以构建包括专属会员顾问、7×24小时专业客服在内的全方位客户服务体系。这一体系不仅强调信息的全面性（"全"）、响应速度（"快"）、多样性（"多"）、专业性（"专"），还注重消费者权益的保护（"保"），形成了一套完善的客户服务框架，为提升用户满意度与忠诚度奠定了坚实的基础。

三、研究反思

本章基于认知心理学中的资源有限理论，借助三场实验探索了在线旅游情景下信息超载对消费者困惑的影响机制及其边界条件。虽然本章内容丰富了学界对消费者困惑如何产生这一问题的认知，但仍存在一些不足。

第一，本章在资源有限理论基础上引入产品类别探索了信息超载对消费者困惑的作用边界，而信息超载与消费者困惑的关系也可能受到其他因素的影响，如信息呈现方式、在线购物经验（Özkan & Tolon，2015）等个体特征的因素。因此，未来研究可探讨其他可能因素在信息超载与消费者困惑之间的边界作用，以期更好地预防与规避消费者困惑。

第二，在探讨消费者困惑的形成机制过程中，本章引入认知负荷作为中介变量，将消费者视为被动接受和处理信息的个体，而忽视了消费者作为独立个体的个体特征。实际上，个体的认知风格、认知需求（Lu et al.，2016）等都会对其认知负荷和消费者困惑产生一定影响。这表明，在面对负面情景时，消费者并不总是消极应对，有可能会以积极的方式应对这些困难或挑战。因此，未来研究可以从积极应对的视角来剖析信息超载对消费者困惑的中间机制。

第三，参照李信和陈毅文（2016）的方法，本章将旅游产品分为体验型产品与搜索型产品两类，以此揭示产品类型的调节效应。根据不同角度产品的分类方式，产品类型还可以进一步地被划分为低关注度产品与高关注度产品（安颖，2008）、享乐型产品与功能型产品（Chung et al.，2023）等。按照不同产品分类标准探讨信息超载对消费者困惑的影响差异是未来值得研究的一个方向。

第九节　本章小结

在线旅游领域的高度专业化和产品间的相似性极大地提升了消费者困

惑的风险。然而，当前的研究大多聚焦于消费者困惑所带来的后果，而对于其形成机制则鲜有探讨。因此，本章致力于揭示信息超载影响消费者困惑的内在机理及其作用边界，旨在明确在线旅游者困惑的形成过程，并为在线旅游企业在营销和推广活动中有效减少消费者困惑提供实践指导。具体而言，本章基于认知心理学的资源有限理论，聚焦于过量产品信息与消费者有限认知资源之间的冲突，通过引入认知负荷和产品类型两个核心变量，深入探索了信息超载对消费者困惑产生影响的过程机制及其限制条件。

为了验证相关假设，本章采用实验方法，通过模拟不同信息数量（高信息数量与低信息数量）和不同旅游产品（体验型产品与搜索型产品）的情境，来模拟信息超载和产品类型的实际影响。实验结果支持了以下结论：（1）信息超载对消费者困惑具有显著的正向影响，即信息过载程度越高，消费者困惑的可能性越大；（2）认知负荷在信息超载与消费者困惑之间起到了显著的中介作用，表明信息超载通过增加消费者的认知负担，进而引发困惑；（3）产品类型在信息超载对消费者困惑的影响中起到了调节作用。具体而言，相较于搜索型产品，消费者在选择体验型产品时更容易感受到信息超载，从而更容易陷入困惑。这些结论不仅丰富了消费者困惑前因研究的理论体系，也为在线旅游企业提供了宝贵的实践启示，帮助企业采取有效的策略来预防和减少消费者困惑的产生，从而提升用户体验和满意度。

第四章　在线旅游消费者困惑对信任的影响

"立木为信""一诺千金"等历史悠久的典故，无不彰显出信任在人际交往中的作用。在旅游这一特定情境中，信任更是扮演了至关重要的角色，它如同一股强大的驱动力，推动着旅游者的消费行为。特别是在2023年轰动一时的"进淄赶烤"旅游热潮中，消费者信任无疑成为引爆旅游流量、激发行为意愿的核心要素。鉴于此，本章以情绪评价理论为基石，紧密围绕在线消费者困惑这一核心议题，深入剖析困惑状态如何对消费者信任产生作用的具体机制。通过这一研究，本章期望能够更全面地理解在线旅游情境下消费者困惑与信任之间的复杂关系，为旅游行业的服务优化与策略制定提供有力的理论支撑。

第一节　引　言

在"互联网＋旅游"的政策背景以及人民对美好生活需要日益增加的消费现实下，旅游门户网站和旅游移动电子商务平台成为消费者完成购买决策的重要渠道（Xiang & Gretzel，2010）。毋庸置疑，在线旅游（online tourism）在满足旅游消费者查阅旅游信息、预订旅游产品、评价服务质量等需求方面提供了便利。然而，由于在线旅游信息经常存在着相似、模糊以及超载等特征（Lu & Gursoy，2015；涂红伟和郭功星，2018），且所对应的产品又兼具无形性、时间性、生产与消费同步性等特殊属性（Xu & Gursoy，2015）。因而，相比于其他行业，消费者往往要花费更多的认知资源来解读这些"似是而非"的旅游营销信息，以此降低感知风险（Gursoy & Mccleary，2004）。一旦个体的认知能力难以清晰理解产品或服务信息和有效应对外部不确定性的环境，就会表现出困惑的心理（Mitchell et al.，2005），进而影响消费者后续的购买决策（Lu & Gursoy，2015），并表现出指向企业的各种心理和行为（Shukla et al.，2010）。因此，伴随着旅游信息化的快速发展，消费者困惑是近年来在线旅游领域中一个亟须重视的现象（Lu et al.，2016）。

消费者困惑（consumer confusion）是消费者在信息搜索过程中的一种主观消费体验，通常表现为心理不适和行为不确定性两个方面（Kasabov，2015），也即消费者在购买决策准备阶段所产生的疑惑不安和不知所措的心理状态（涂红伟等，2016）。在影响结果方面，大多数学者在米切尔等（Mitchell et al.，2005）消费者困惑理论模型框架的指导下，对消费者困惑可能存在的一些负面效应展开实证研究，并发现消费者困惑不仅会对满意度、消极情绪以及忠诚度产生显著的负面影响，还会导致消费者表现出不利于企业的负面口碑行为（Walsh et al.，2007；Walsh & Mitchell，2010；Tjiptono et al.，2014；Moon et al.，2017），以及个体的消费决策行为（Lu et al.，2016）。不过，对于消费者困惑与信任之间的关系并没有统一的结论。例如，沃尔什和米切尔（Walsh & Mitchell，2010）在三维度消费困惑对信任实证研究的结论认为，模糊困惑与信任存在负向关系；而齐普特诺（Tjiptono，2014）等人的研究结论却认为模糊困惑与信任之间不存在负向关系。与此同时，互联网已经成为消费者进行信息搜索的主要渠道，由此引发的消费者困惑的情况日益凸显，而随着困惑的增加，消费者会降低自信心和对企业的信任度（Edward & Sahadev，2012）。依据沙卡尔等（Shankar et al.，2002）的定义，信任是个人认为他人或组织会按照诚实的、善意的、有能力的、可预见的方式行事的信念。由于这种信念以对产品提供商的意愿和行为的有利预期为前提，以顾客对组织的积极认知和正面价值判断为基础，这在一定程度上降低了顾客与企业之间的不确定性关系（Casalo et al.，2008）。因此，如何促进消费者信任成为旅游在线交易最主要的目的之一。然而，现有研究囿于消费者困惑对信任的直接影响，而由消费者困惑引发的消费者信任行为的传导机制，缺乏合理的理论基础解释和逻辑上的有效推导，难以有效地指导企业的营销实践。针对这一现实状况，学界开始呼吁对消费者困惑与其心理反应关系中的调节和中介机制进行进一步的探讨，从而更好地解释消费者困惑的影响后效（涂红伟等，2016）。

为此，本章通过情绪评价理论（emotion appraisal theory），探讨在线旅游消费者困惑对信任的影响机制。阿诺德（Arnold，1960）认为，个体对特定刺激事件的认知评价决定情绪反应。在在线旅游消费情景中，大量的相似信息、超载信息以及模糊不清的信息，成为影响消费者情绪的重要来源之一，并为其认知评价提供了对象，这种评价的结果将引起旅游消费者的心理变化，导致他们偏离正常的功能状态，其中的一种表现便是困惑，而随着困惑的增加，负面的情绪将不断积累（Leek & Kun，2006）。这种情绪（情感）作为一种非理性的因素，同样对消费者的行为发挥着强有力的影响，进而诱发后续决策和行动（Ping，2013）。循此逻辑，本章认为因消费者困惑所产生的负面情绪（negative emotion，NE）可能是影响消费者信任的一个重要因素，有助于解释消费者困惑对消费者信任的影响关系。同时，由于个体认知和处理产品信息的能力存在差异，困惑带来的负面影响也会有较大的不同（涂红伟和郭功星，2018）。因而，本章在情绪评价理论的基础上，引入认知需求（need for cognition，NFC）作为调节变量，进一步解释消费者困惑对负面情绪的作用边界。图4-1为本章的研究框架。

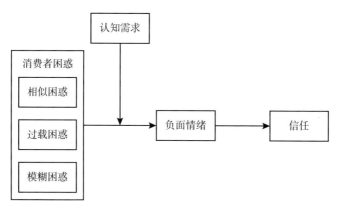

图4-1　研究框架

第二节　理论基础与文献回顾

一、情绪评价理论

在总结前人关于情绪研究成果的基础上，阿诺德（Arnold）于 1960 年提出情绪评价理论。情绪评价理论将情绪的产生视为一种过程，而不是一种状态；认为情绪由四种成分组成：评价成分、动机成分、躯体成分、主观感受成分，且这四种情绪是连续的。评价成分是指评价环境刺激及自身与环境刺激的相互关系；动机成分是指行动倾向或其他形式的行动准备；躯体成分是指外部的生理反应；主观感受成分是指主观的经验或感觉（Moors et al.，2013）。情绪认知评价理论认为评价成分在其中处于核心地位，即评价成分通过影响其他成分而引发不同的情绪，且决定着其他成分的强度（Lazarus，1991）。由此可见，情绪评价理论强调人们对相同的外界刺激做出的情绪反应取决于他们是如何解释或者评价外界刺激（Siemer & Mauss，2007），且强调只有通过评价过程才能产生特定的情绪（孟昭兰，1985）。也就是说，外界刺激不是情绪产生的原因，而对外界刺激的评价才能决定人们情绪反应的性质和强度。对于人们如何理解外界刺激，情绪评价理论认为其是通过认知过程，并认为其是外界刺激和情绪产生之间必要的中间环节（孟昭兰，1985）。认知过程依据外界刺激对个体的意义对刺激进行筛选，筛选后的信息经过评价引起的生理反应会加强或者削弱情绪本身。具体而言，个体一旦感知到外界刺激，就会自动地做出"它对于自身是好是坏的评价"，进而会产生一种与刺激事件有关的情绪感受（乔建中，2008）。由此可见，认知评价过程是情绪产生的决定因素。随后，拉撒路（Lazarus，1991）在其发展的情绪评价理论中将阿诺德（Arnold）的理论扩展为初次评价（primary appraisal）和再评价（secondary appraisal）过程。初次评价是个体确认刺激事件对自身的意义及利害程度；再评价是个体在对刺激事件更多有意义的认知基础上对自身反应的评价，即"是接近还是远离刺激事件"（Gasper & Bramesfeld，2006）。整个评价过程是综合性过程，包括筛选信息、认知评价、交替活动以及对自身身体反应的反馈和对最终评价结果的感知。因此，拉撒路（Lazarus，1991）认为，情绪的发生是一个复杂的过程，个体所体验到的情绪是通过对情境刺激的评价得到的，并且指出情绪体验受情境因素和个体心理结构因素的影响。由于个体在信仰、人格特性、态度、文化等方面的不同，即使在面对相同的环境刺激时，个体所产生的情绪体验也会大相径庭（孟昭兰，1985）。因此，情绪评价理论为分析不同个体面对相同刺激事件产生何种情绪体验提供了理论基础。

在解释情绪如何影响行为的研究中，阿诺德（Arnold）认为，情绪引发行为是通过影响个体需求实现的，并且指出引发行为的需求是个体通过有意识地、审慎地评价，认为对自身有好处或者应该立刻回避的需求（Gasper & Bramesfeld，2006）。个体经历数次这种评价过程，并且考虑刺激事件的不同方面和实施行为的不同方式，最终选择形成动机的需求，进而由这个动机引发行为（Arnold，1971）。为了更具体地阐述情绪引发行为的过程，阿诺德（Arnold，1971）构建了一个"行动序列"理论模型阐释情绪与动机的关系。模型的理论假设是：人类都是"实干家（doers）"，他们天生被激励去对环境刺激做出行动反应。这种行动反应过程通过一系列行为，表现为行动序列，即"认知（perceive）—评价（appraise）—产生情绪（emote）—需求（want）—思考（think）—行动（act）"。具体来说，当人们感知到外界刺激时，他们就会评价这个刺激，这个评价会产生情绪反应；情绪反应又会引发行动的需要；需求并不是偶然的，而是人们经过思考决定实现哪些需要；这些被选择的需要构成动机，驱动人们做出相应的行为反应（Gasper & Bramesfeld，2006）。由此可见，情绪评价理论不仅关注情绪是如何产生的，而且具有解释情绪如何影响和决定个体行为反应的作用。

情绪评价理论起源于心理学，作为解释和理解个体情绪体验的主要理论（Ellsworth & Scherer，2002），有学者将其引入市场营销领域，探讨消

费者情绪的前因变量及对购后行为的影响（McColl – Kennedy & Sparks，
2003；Johnson & Stewart，2005；Watson & Spence，2007；等等）。在质性
研究中，例如，杜贝和梅农（Dubé & Menon，2000）构建多维框架模型解
释认知评价、消费者情绪和满意度三者之间的关系。沃森和斯宾塞（Wat-
son & Spence，2007）将评价、消费情绪和购后评估（如满意度、行为意
向）联系起来，构建一个综合的消费者行为理论模型。在实证研究中，尼
尔（Nyer，1997）首次将情绪评价理论应用于分析消费情绪在消费行为的
重要作用。结果表明，情绪在认知评价和口碑传播之间具有中介效应。索
西亚（Soscia，2007）则进一步确定针对特定刺激的认知评价将会引起具
体的情绪，进而可以预测消费者的口碑传播行为、重购意愿和抱怨行为。
达拉卡斯（Dalakas，2006）则实证研究了消费者在接受餐厅服务中对不同
事件的评价是如何影响他们情绪反应的性质和程度。

　　基于上述讨论，情绪评价理论为深入理解"消费者困惑如何触发负面
情绪"以及"负面情绪如何进一步驱动消费者行为"提供了坚实的理论框
架。因此，本章将情绪认知评价理论作为核心理论基础，旨在全面剖析在
线旅游消费者的困惑传导机制及其所带来的负面效应。这一探讨不仅聚焦
于在线旅游消费者困惑如何转化为负面情绪的过程，而且深入阐述了这些
负面情绪如何进一步影响消费者的购后行为。

二、负面情绪

（一）负面情绪的概念

　　情绪（emotion）是一个极为复杂的心理学概念。在消费者情绪研究的
历史中，学者们普遍参考心理学中的情绪理论，但对于消费者在体验过程
中的情绪反应，却鲜有明确的定义。直到威斯布鲁克和奥利弗（Westbrook &
Oliver，1991）提出消极情绪的概念，他们将其定义为消费者在使用产品或
经历消费过程中所体验到的一系列特定情绪反应。尽管这一定义为消费情
绪提供了明确的界定，但对于消费情绪的深层内涵和分类并未进行深入探

讨，导致学者们在研究消费者情绪时依然依赖于心理学中的情绪分类。在消费者负面情绪的研究中，多数学者参考了沃森和特勒根（Watson & Tellegen，1985）提出的"积极－消极"情感模型（positive and negative affect，PANA），该模型认为积极情感（positive affect，PA）和消极情感（negative affect，NA）是两个完全对立的基本维度，具有强烈的负相关性。消极情感被描述为一种包含悲痛和不愉快体验的主观维度，涵盖了一系列令人不快的情绪状态，如愤怒、羞愧、厌恶、内疚、恐惧和紧张等（Watson et al.，1988）。基于此模型，学者们根据研究需求选择适合的负面情绪进行探讨。易和鲍姆加特纳（Yi & Baumgartner，2004）将消费者负面情绪细分为愤怒（anger）、失望（disappointment）、后悔（regret）和担忧（worry）四种情绪。愤怒是由于他人行为导致的过错而产生的负面情绪；失望是事件结果未达预期而产生的负面情绪；后悔是在消费过程中，由于选择了不如其他可选产品而导致的负面情绪；担忧是对不希望发生的事件的忧虑。

基于本章的研究目的，研究团队采纳了威斯布鲁克和奥利弗（Westbrook & Oliver，1991）以及沃森和特勒根（Watson & Tellegen，1985）的观点，将负面情绪定义为在线旅游消费者在产品信息搜索过程中所体验到的一系列负向心理状态，包括愤怒、失望、后悔、担忧、羞愧和内疚等。

（二）负面情绪的测量

基于"积极—消极"情感模型，沃森等（Watson et al.，1988）创造性地设计了一种评估情绪状态的工具，即"积极—消极情感量表（PANAS）"，这一量表是在深入融合泽文和特勒根（Zevon & Tellegen，1982）的研究成果以及作者自身研究经验的基础上，通过严谨的主成分分析技术精心构建而成。它巧妙地分为两个分量表，分别专注于积极情绪和消极情绪的测量，并经过实证检验，证明了其卓越的可靠性和有效性。PANAS 的每个分量表均精心编排了 10 个条目，其中，消极情绪分量表涵盖了诸如恐惧（scared）、忧虑（afraid）、不安（upset）、痛苦（distressed）、紧张不安（jittery）、神经质（nervous）、羞愧（ashamed）、内疚（guilty）、易怒

（irritable）和敌意（hostile）等丰富的情感维度。沃森（Watson）等人的这一研究旨在开发一种既简洁又实用的情绪评估工具，其中的消极情绪分量表更是成为衡量消费者负面情绪的首选工具，赢得了广泛的认可和高度的信效度评价。然而，学者们在运用PANAS测量负面情绪时，并非一成不变地使用全部10个条目，而是根据具体研究的实际需求，灵活地选择最适合的条目。例如，君和约（Jun & Yeo，2012）在研究消费者生气情绪时，选用了生气（angry）、挫败（frustrated）和恼怒（irritated）三个条目来评估生气的维度，同时选用担心（fearful，worried）和紧张（anxious）来评估担忧的维度；而穆恩等（Moon et al.，2017）在研究环保标签对消费者困惑的影响时，则选择了生气（angry）和挫败（frustrated）两个条目来测量消费者的负面情绪，同样取得了良好的信度和效度。这些实践表明，PANAS具有高度的灵活性和适应性，能够满足不同研究领域的多样化需求。

三、认知需求

（一）认知需求的概念

认知需求（need for cognition，NFC）的概念起源于科恩（Cohen）及其同事在1955年的研究，他们首次提出这一概念用以描述个体在认知动机上的差异，将其定义为"一种理解经验世界并使其合理化的需要"。在这一框架下，高认知需求的个体倾向于将即便是条理清晰的环境也视为充满模糊性，从而投入更多认知努力以求得更深入的理解；而低认知需求的个体则更容易接受环境的秩序性。此时，认知需求的概念更多地与对模糊的容忍度和对紧张的减少相关联，与后来的"需求结构"和"认知闭合需求"量表测量的内容有所重叠（Cacioppo et al.，1996）。然而，卡乔波（Cacioppo）和佩蒂（Petty）在1982年发表的《认知需求（The Need for Cognition）》一文中，对认知需求的概念进行了重构，使其与科恩（Cohen）等人的原始定义产生了显著区别。他们将认知需求定义为个体参与和享受认知努力的倾向，即个体在处理认知任务时是否愿意深入思考，以及是否享受这一过程。在这一新定义下，认知需求被视为一个从低到高的连续变量，低认知需求的个体倾向于避免主动思考和认知任务，依赖启发式思维和他人的意见（如专家），而高认知需求的个体则乐于主动思考，愿意在认知任务中投入更多资源，并从中获得满足感。卡乔波（Cacioppo）和佩蒂（Petty）的认知需求定义与"探寻智力需求"和"理解需求"更为接近，都体现了个体在认知动机上的差异（徐洁和周宁，2010）。因此，这一定义逐渐成为后续学者研究认知需求时的主流框架，而科恩（Cohen）等人提出的原始概念则逐渐被边缘化。这一转变反映了学术界对认知需求概念的深化和拓展，使其更加符合现代心理学对个体认知差异的理解和研究需求。

（二）认知需求的测量

虽然科恩（Cohen）及其同事在 1955 年首次提出了"认知需求"这一概念，并给出了明确的定义，但遗憾的是，他们并未开发出相应的测量量表。直到 1982 年，卡乔波（Cacioppo）和佩蒂（Petty）在《认知需求（The Need for Cognition）》一文中，才首次提出了一个相对完整的认知需求量表。在构建这一量表的过程中，卡乔波（Cacioppo）和佩蒂（Petty）首先广泛收集了与认知需求相关的语句，并通过细致的筛选，剔除了存在歧义或模糊不清的条目。他们最终保留了 45 条题项作为初始量表。为了验证这些条目的有效性，他们选择了两组具有不同认知需求特征的被试：一组是大学教员，作为高认知需求的代表；另一组是流水线工人，作为低认知需求的代表。这两组被试被要求填写一个 9 点 Likert 量表，以评估他们对每个条目的认同程度。在数据分析阶段，卡乔波（Cacioppo）和佩蒂（Petty）删除了无法有效区分两组被试或相关性不显著的条目，最终得到了一个包含 34 条条目的认知需求量表。然而，他们并未止步于此，为了提高量表的测量效果和实用性，卡乔波（Cacioppo）等人在 1984 年对原有量表进行了修订，将 34 条条目精简到了 18 条。这一修订后的量表不仅保持了较高的内部一致性，而且与原 34 条目量表具有很高的相关性（$\gamma = 0.95$，$p < 0.001$），从而证明了其有效性和可靠性。

自从认知需求量表发表以来，学界对于认知需求的结构维度一直存在争议。尽管主流观点一直认为认知需求是单一维度结构，但仍有学者提出了不同看法。洛德和帕特弗（Lord & Putrevu，2006）基于认知需求的定义，通过三个探索性研究，使用最大似然因子分析方法，发现无论是原始量表（34 条目）还是精简版量表（18 条目），均存在四个维度：认知刺激的享受、复杂性偏好、认知努力的承诺和理解的欲望。这一发现挑战了认知需求为单一维度的传统观点。田中等（Tanaka et al.，1988）的研究也表明认知需求存在三个维度：认知持久性、认知复杂性和认知信心，并在样本数据中显示了这三个维度具有较好的内部一致性。瓦特斯和扎克拉耶塞克（Waters & Zakrajsek，1990）的研究也支持了田中（Tanaka）等人的结论。斯塔克等（Stark et al.，1991）将 18 条目的量表分为两部分，其中，采用积极语句的 9 个条目为一部分，采用消极反向计分的 9 个条目为一部分，通过因子分析，结果显示两个分量表的 Cronbach's α 系数分别为 0.81 和 0.83。随后，福斯特和霍（Forsterlee & Ho，1999）用主成分分析法进行因素提取，用斜交转轴法进行因子分析，也发现两个因素：因素一是积极语句；因素二是消极语句，且两部分具有较高的相关系数（$r = -0.52$）。博尔斯等（Bors et al.，2006）的研究结果再次证实了福斯特和霍（Forsterlee & Ho，1999）的结论。综上可知，关于认知需求的结构维度，目前学界主流观点认为其是单一维度变量，但是也有研究证明存在二维度、三维度甚至四维度。赫维等（Hevey et al.，2012）认为上述观点的差异可能是分析方法的原因。卡乔波和佩蒂（Cacioppo & Petty，1982）在研究中采用主成分分析且只报告 Cronbach's α 系数。虽然单一维度的量表具有较高的 Cronbach's α 系数，但是较高的 Cronbach's α 系数并不能说明量表就是单一维度的，因而后来学者使用不同的分析方法分析认知需求量表会得出不同的观点（Hevey et al.，2012）。尽管将认知需求视为多维度的观点在学界尚未达成共识，但考虑到目前主流观点仍认为认知需求量表是单一维度结构，且本章的研究目的和背景与此相符，因此本章采用学界主流观点，将认知需求视为单维度结构的构念。

认知需求量表作为一个重要的心理学测量工具，在认知心理学、医学、教育、市场营销等多个领域均得到了广泛的应用。然而，由于量表的开发大多基于西方文化语境，其在中国文化背景下的适用性和有效性一直是一个备受关注的问题。为了解决这一问题，邝怡等人（2005）在中文语境下对卡乔波等（Cacioppo et al.，1984）提出的 18 条目的认知需求量表进行了修订，他们通过信效度分析和探索性因子分析等方法，发现原量表中的第 18 条目在中文语境下并没有表现出较好的相关性。因此，在修订后的量表中，他们删除了这一条目，最终得到了一个包含 17 条目的中文版量表。数据分析结果显示，这个 17 条目的中文版量表具有较好的稳定性，并且其内部一致性优于卡乔波等（Cacioppo et al.，1984）提出的原量表。这一发现表明，在中文语境下，修订后的量表可以作为认知需求研究的有效测量工具，为相关领域的研究提供了更加准确和可靠的依据。因此，本章在借鉴邝怡等人（2005）基于中文语境修订的量表的基础上，使用这 17 个题项来测量认知需求变量。这一做法不仅符合当前研究领域的实践需求，而且也为进一步探讨认知需求在不同文化背景下的差异和共性提供了有益的参考。

四、信任

（一）信任的概念

信任，作为一个在多学科领域中备受瞩目的核心概念，因其抽象性和复杂性而引发了学者们对其结构和内涵的广泛探讨。在心理领域，罗特（Rotter，1967）率先将人际信任界定为个体或组织对其他个体或组织承诺可靠性的信赖意愿，这种信赖基于口头或书面承诺。而在管理学范畴内，西特金和罗斯（Sitkin & Roth，1993）则强调信任是信任方对被信任方能够按照期望行动的一种信念，这种信念建立在对被信任方行为可能性的评估之上。然而，不同学科间的这些定义差异导致了信任概念的混乱，给后续研究带来了不便。为了统一信任的概念框架，梅尔等（Mayer et al.，

1995）提出了一个综合性的定义，该定义目前已被广泛采纳。他们认为，信任是一种基于对被信任方将执行对信任方至关重要的特定行动的期望，即使信任方可能因此遭受损失，也愿意放弃对被信任方的监控或控制能力的意愿。随着在线消费的兴起，学者们开始关注网络环境下的消费者信任问题，并将其称为"在线信任"或"网络信任"。麦克奈特和切尔瓦尼（McKnight & Chervany，2001）从交易关系的角度出发，认为网络信任是个体对被信任方在正直、善意和能力方面表现程度的信念。而科里托雷（Corritore，2003）则侧重于交易环境，将网络信任定义为在充满风险的网络环境中，个人对信任对象不暴露自身弱点的期望所形成的一种信念。在此基础上，姚篮和李建玲（2014）通过对国外网络信任研究成果的梳理，进一步明确了网络信任的定义。他们认为，在在线消费过程中，网络信任是消费者作为信任方对供应商或公司及其提供信息媒介的正直性、善意性和能力的综合评价。这一定义不仅涵盖了网络信任的核心要素，还强调了在线消费环境的特殊性，为网络信任的研究提供了更为清晰和深入的视角。

尽管学者们在信任的内涵上尚未达成共识，但普遍认同信任是一个多维度的概念，其核心要素通常包括能力（ability）、仁慈（benevolence）和正直（integrity），这一观点得到了莱丁斯等（Ridings et al.，2002）、麦克奈特等（McKnight et al.，2002）以及陈和迪隆（Chen & Dhillon，2003）等研究的支持。首先，能力指的是信任方对被信任方完成期望行为所需的能力和知识的感知。在在线消费环境中，企业的能力体现在两个方面：一是企业是否具备完成预期交易行为的能力，这包括技术实力、物流配送、售后服务等各个方面；二是企业是否拥有合适的知识技能来高效地完成购买交易，这涉及企业对市场趋势的把握、产品知识的了解以及客户服务技巧等。其次，仁慈是指被信任方在考虑自身利益的同时，多大程度上会对信任方表现出善意的行为。在在线消费环境中，企业的仁慈体现在两个方面：一是企业对用户需求的深入理解和关注，这要求企业能够站在用户的角度思考问题，提供符合用户期望的产品和服务；二是企业主动、有诚意地解决消费者的需求，这包括及时响应消费者的咨询和投诉，提供个性化的解决方案等。最后，正直是指信任方对被信任方在交易中和交易后遵守可接受交易规则的感知。在在线消费环境中，正直包含三个方面：一是在线交易规则的遵守，这要求企业严格遵守相关法律法规和平台规则，确保交易的公平、公正和透明；二是售后政策的执行，企业应提供完善的售后服务政策，如退换货政策、质量保证等，以保障消费者的权益；三是消费者私人信息的使用，企业应尊重和保护消费者的个人隐私，合理使用消费者的个人信息，避免信息泄露和滥用。综上所述，信任的内涵在在线消费环境中表现为一个包含能力、仁慈和正直的多维结构。这些要素相互关联、相互补充，共同构成了信任的基础。

（二）信任的测量

在信任的测量领域，学者们最初主要依据罗特（Rotter，1967）所开发的人际信任量表，并根据各自研究的实际需求对其进行适当的修订（姚篮和李建玲，2014）。然而，鉴于人际信任与组织或企业层面的信任在本质上存在显著差异，巴塔查尔吉（Bhattacherjee，2002）专门设计了用于评估网络信任的量表。在构建这一量表之前，巴塔查尔吉（Bhattacherjee，2002）首先明确了信任的主要测量维度，具体包括能力、正直和仁慈。其中，能力方面的测量聚焦于商家处理交易所必需的技能和知识，以及能否获取适当信息以顺利完成预期交易；正直方面的测量则关注商家是否公平、公正地处理交易，以及在售后环节能否合理、合规地使用消费者的个人信息；而仁慈方面的测量则侧重于商家是否能够设身处地地理解顾客需求，并积极主动地解决顾客所面临的问题。在量表条目的设计过程中，巴塔查尔吉（Bhattacherjee，2002）充分借鉴了前人的研究成果，并通过探索性因子分析和验证性因子分析，最终编制了一个包含7个条目的量表。该量表从能力（含2个条目，如"在线商家具备以预期方式完成交易所需的知识和技能"）、正直（含2个条目，如"在线商家能够公平、公正地处理交易"）和仁慈（含3个条目，如"在线商家会尽最大努力解决大多数客户的问题"）三个维度对网络信任进行测量。通过实证分析，该量表被证实具有较好的信度和效度，为网络信任的研究提供了有力的工具。

第三节　假设推演

一、在线旅游消费者困惑与信任

在纷繁复杂的在线旅游环境中，消费者面对着大量模棱两可的信息刺激，他们会基于这些信息与自身关系的评估，产生一系列的心理反应，其中困惑便是一种可能的反应。当消费者感到困惑时，他们往往会将责任归咎于企业，从而导致对企业的信任度下降（Tjiptono et al.，2014）。首先，当消费者面对众多相似的旅游产品或服务信息时，他们可能会认为企业为了自身利益，故意发布过多的产品信息，将消费者的利益置于次要地位（Walsh & Mitchell，2010）。这种认知进一步加剧了消费者的困惑感，并降低了对企业的信任。其次，当消费者面临过量的旅游产品信息时，由于无法处理所有与决策相关的重要信息，他们可能会通过外部归因效应，将责任归咎于企业，从而进一步降低对企业的信任（Walsh & Mitchell，2010）。过多的产品信息并未使消费者的决策过程变得更加容易，反而增加了选择的难度（Shankar et al.，2006）。一旦消费者无法做出满意的决策，他们很可能会对企业产生信任危机。再次，在面临信息模糊的困惑情境时，在线旅游消费者可能会推迟购买决策，并怀疑提供冲突产品信息的企业在试图利用他们。这种怀疑进一步降低了对企业的信任度（Tjiptono et al.，2014）。最后，消费者可能会认为企业故意提供模糊不清的产品信息，以误导他们的购买决策。马茨勒等（Matzler et al.，2011）基于在线大规模定制的实证研究也发现，消费者困惑与信任之间存在显著的负向关系。这一发现得到了齐普特诺等（Tjiptono et al.，2014）和穆恩等（Moon et al.，2017）研究的进一步验证。据此，本章提出以下假设：

H4 - 1：在线旅游消费者相似困惑（H4 - 1a）、过载困惑（H4 - 1b）和模糊困惑（H4 - 1c）对信任存在负向影响。

二、负面情绪的中介作用

本章聚焦于在线旅游消费者困惑，旨在深入探讨负面情绪的影响机制。负面情绪，作为一种消极投入的状态，涵盖了个体所经历的焦虑、愤怒、生气和紧张等负面心理状态（Watson et al.，1988）。情绪认知评价理论指出，外部刺激为个体情绪的产生提供了认知评价的对象，而这些刺激事件正是个体情绪反应所依赖的重要信息源（Arnold，1960）。在在线旅游消费情境中，充斥着过量且模糊信息的网络环境成为影响在线旅游消费者情绪的关键因素之一，同时也为消费者提供了认知评价的对象。根据情绪认知评价理论，个体对特定刺激事件的认知评价决定了其情绪反应（Arnold，1960）。这一认知评价过程涉及目标一致性（goal congruence），它决定了个体在面对特定刺激时是采取积极情绪反应还是负面情绪反应（Ma et al.，2013）。当外部刺激阻碍了个体目标的实现时，负面情绪便随之产生。在在线旅游消费中，消费者困惑往往妨碍了消费者目标的实现，很可能通过认知评价机制触发负面情绪的产生。此外，现有文献也已证实消费者困惑与负面情绪之间的关联。例如，米切尔等（Mitchell et al.，2005）在围绕消费者困惑展开的质性研究中指出，遭受困惑的消费者会经历挫败、焦虑甚至生气等负面情绪，这一结论也得到了卡萨博伊（Kasabov，2015）的支持。随着在线旅游消费者不断遭遇困惑，他们的负面情绪感受会不断累积。因此，消费者困惑不仅会导致在线旅游消费者的消极体验，还会引发负面情绪的产生。基于以上分析，本章提出以下假设：

H4－2：在线旅游消费者困惑中相似困惑（H4－2a）、过载困惑（H4－2b）和模糊困惑（H4－2c）对负面情绪存在正向影响。

负面情绪不仅是消费者心理状态的一种反映，也可能是降低信任的潜在诱因。情绪认知评价理论在阐述特定刺激事件引发具体情绪之后，进一步强调了情绪对个体后续行为或心理反应的影响（Arnold，1971）。在这一理论框架指导下，在线旅游消费者在面对困惑刺激时所产生的负面情绪，实际上是对这一刺激的情绪反馈，而这种反馈进而可能导致他们降低对旅游企业的信任。此外，消费情绪反应与购后行为或心理反应的研究也对该结论提供了有力的支持。基弗（Kiefer，2005）的研究发现，负面情绪与信任之间存在显著的负向关系。这一发现进一步强化了负面情绪可能导致在线旅游消费者降低信任的观点。综上所述，负面情绪作为消费者对困惑刺激的一种情绪反馈，很可能会刺激他们降低对旅游企业的信任。因此，本章提出以下假设：

H4 - 3：负面情绪对信任存在负向影响。

综合上述分析，本章推断，在线旅游消费者感知到的困惑可能导致信任度下降的内在机制，很可能是通过负面情绪的中介作用实现的。情绪认知评价理论提出的"认知评价—情绪—行为反应"分析框架表明，在线旅游消费者的困惑触发了他们的负面情绪体验，这些情绪体验进一步导致信任度降低和负面口碑行为的产生。因此，负面情绪可能在在线旅游消费者的困惑与负面效应之间扮演着关键的中介角色。基于此，本章提出以下假设：

H4 - 4：在线旅游消费者困惑对信任的影响通过引发消费者的负面情绪而产生作用。

三、认知需求的调节作用

认知需求（need for cognition，NFC）是指个体参与信息处理和享受思考的倾向（Cacioppo & Petty，1982）。这是一种关键的人格特质，用以衡量个体在面对认知任务时是否愿意主动进行深入思考以及是否享受思考过程。认知需求是一个从低到高的连续变量，反映了个体在认知能力和自主性方面的差异（徐洁和周宁，2010）。与认知需求较低的个体相比，认知需求较高的个体更倾向于积极投身于认知任务中，对信息的处理更为积极和深刻，尤其是在处理复杂认知任务时，他们更愿意基于信息的实质内容和逻辑性进行深入思考（徐洁和周宁，2010）。相反，认知需求较低的个体在处理信息时自主性较差，不愿意深入思考，倾向于使用简单的启发式方法来处理认知任务。

在情绪反应的外部刺激机制中，情绪认知评价理论认为情绪的产生包括初评价和再评价两个过程（Lazarus，1991）。具体来说，在初评价过程中，个体评估外部刺激与自己的关系程度，这涉及消费者对困惑及其与个人利益关系的评估；在再评价过程中，个体对信息进行再次加工处理，控制自己对外界刺激的反应行为，并对情绪反应的适宜性和有效性进行评价，这一过程具有调节情绪强度的功能（Lazarus，1991）。由于高认知需求者享受思考，乐于参与复杂认知任务，倾向于投入更多认知资源处理信息，而低认知需求者参与复杂认知任务的动机较弱（Richard & Chebat，2016）。因此，高、低认知需求个体在在线旅游信息的加工处理上存在显著差异，导致在再评价阶段的情绪反应也不尽相同。因此，认知需求无疑是在再评价阶段调节消费者负面情绪反应的一个重要认知变量。相应地，高认知需求个体通过积极思考减轻消费者困惑，负面情绪强度将会减弱；而低认知需求个体感知到的消费者困惑较强，负面情绪强度也会较强。此外，个体的人格特性、教育水平等方面的差异也会影响其认知需求（徐洁和周宁，2010），进而在面对相同的在线旅游消费坏境刺激时，产生不同的情绪反应（Lazarus，1991）。因此，在消费者困惑影响负面情绪的过程中，认知需求起到了调节作用，相较于低认知需求个体，高认知需求个体感受到的负面情绪程度较低。据此本章提出以下假设：

H4－5：认知需求在相似困惑（H4－5a）、过载困惑（H4－5b）、模糊困惑（H4－5c）与负面情绪的关系中存在着调节作用。即当在线旅游消费者是高认知需求个体时，相似困惑、过载困惑、模糊困惑对负面情绪的正向影响就越弱；而当在线旅游消费者是低认知需求个体时，相似困惑、过载困惑、模糊困惑对负面情绪的正向影响就越强。

第四节　研究设计

一、样本

为了探究在线旅游消费者困惑对信任的影响，本章的调查研究对象锁定为具有相关在线旅游消费经历的消费者，并采用网络调查的方式进行数据收集。数据收集工作集中在 2018 年 3 ~ 4 月进行。在此期间，研究团队共发放了 320 份问卷，并成功回收了全部问卷。经过严格的筛选，剔除了 28 份无效问卷后，最终获得了 292 份有效问卷，有效问卷率高达 91.3%。样本的描述性统计分析显示：在性别分布上，女性受访者占比 49.7%，男性受访者占比 50.3%，性别比例相对均衡。在年龄分布上，19 ~ 29 岁的受访者占比 33.2%，30 ~ 39 岁的受访者占比最高，达到 52.4%，40 ~ 49 岁的受访者占比 10.6%，而 50 岁及以上的受访者占比则为 3.8%。在学历分布上，高中及以下学历的受访者占比 4.9%，大专或本科学历的受访者占比最高，达到 80.2%，硕士学历的受访者占比 13.6%，博士学历的受访者占比最少，为 1.3%。

二、测量工具

本章所采用的量表均是被实证研究所检验过的成熟量表，抑或经中国权威学者修订的量表，而对于英文版本的量表，作者邀请旅游专业、营销专业和翻译专业的教师一起对英文量表进行修正和翻译，以确保在其内容和语义方面保持相对的一致。本章采用 Likert 5 点计分方法，如"1 = 完全不同意，5 = 完全同意"，对变量进行具体的测量。

（1）消费者困惑：在认知角度对消费者困惑进行测量的现有文献中，沃尔什等（Walsh et al.，2007）开发的消费者困惑倾向量表（consumer confusion proneness scale），包含 9 个条目，是一个颇具代表性的工具。该量表细致地涵盖了相似困惑（2 个题项）、过载困惑（3 个题项）和模糊困惑（4 个题项）三个维度。由于沃尔什等（Walsh et al.，2007）的量表在消费者困惑的实证研究中得到了广泛应用，并已证明具有优秀的信效度，本章采用此量表，并计算得出其内部一致性系数为 0.93。

（2）负面情绪：本研究采用穆恩等（Moon et al.，2017）的量表来测量消费者困惑引发的负面情绪。该量表包含 5 个题项，已证明具有良好的信效度。为了适应本研究的需要，本章将题项背景调整为在线旅游消费环境，该量表的内部一致性系数为 0.89。

（3）消费者信任：本章采用沃尔什和米切尔（Walsh & Mitchell，2010）的量表来测量信任变量。他们在验证消费者困惑对信任影响的研究中，使用了 3 个题项，该量表同样具有良好的信效度。根据本章的研究背景，将情景调整为在线旅游消费，该量表的内部一致性系数为 0.79。

（4）认知需求：本章采用邝怡等人（2005）基于中国本土化视角修订后的量表来测量认知需求。修订后的量表包含 17 个条目，展现出很高的内部一致性和信效度。在本章中，该量表的内部一致性系数为 0.87。

第五节　数据分析

一、验证性因子分析

本章通过采用验证性因子分析（confirmatory factor analysis，CFA）的方法，对相似困惑、过载困惑、模糊困惑、负面情绪、认知需求和信任这六个核心研究变量的结构效度进行了检验。这一分析步骤有助于确认这些变量的测量模型是否与理论预期相吻合，从而确保研究结果的可靠性和有效性。如表 4 - 1 所示，一阶六因子模型的拟合程度较好（$\chi^2 = 304.45$，$df = 155$，$\chi^2/df = 1.96$，$CFI = 0.96$，$TLI = 0.95$，$GFI = 0.91$，$RMSEA = 0.06$），且明显优于其他包含单因子模型在内的竞争模型。与此同时，由于本章的测量题项均由消费者填写作答，作者还是根据波德萨科夫等（Podsakoff et al.，2003）的建议，通过引入共同方法因子（CVF），进一步诊断本章的同源偏差问题。具体来说，将 CVF 纳入到上述六因子模型中，允许所有测量题项在 CVF 因子上存在荷载值。相关结果显示，与六因子模型的拟合结果相比（$\chi^2 = 304.45$，$df = 155$，$\chi^2/df = 1.96$，$CFI = 0.96$，$TLI = 0.95$，$GFI = 0.91$，$RMSEA = 0.06$），CFI、TLI、GFI、RM-

SEA 等拟合指标值变化较少，这说明同源偏差对下文的数据分析结果威胁不大。

表 4-1　　　　　　　　　　验证性因子分析结果

模型	因子结构	χ^2	*df*	χ^2/df	*CFI*	*TLI*	*GFI*	*RMSEA*
七因子模型	SC；OC；AC；NE；NFC；TR；CVF	287.32	154	1.86	0.96	0.95	0.91	0.06
六因子模型	SC；OC；AC；NE；NFC；TR；	304.45	155	1.96	0.96	0.95	0.91	0.06
五因子模型	SC；OC；AC；NE+NFC；TR	722.11	160	4.51	0.84	0.81	0.80	0.11
四因子模型 1	SC；TR；OC+NFC；AC+NE	1313.17	164	8.01	0.66	0.61	0.61	0.16
四因子模型 2	TR；NE+NFC；SC+OC；AC；	729.62	164	4.45	0.83	0.81	0.80	0.11
三因子模型	SC+NE；AC+OC；NFC+TR	810.69	167	4.85	0.81	0.79	0.76	0.12
二因子模型	SC+OC+AC；NFC+NE+TR；	904.21	169	5.35	0.79	0.76	0.74	0.12
单因子模型	SC+OC+AC+NFC+NE+TR	1516.27	170	8.91	0.60	0.56	0.57	0.17

注：$N=292$，CVF 代表共同方法偏差，SC 代表相似困惑，OC 代表过载困惑，AC 代表模糊困惑，NE 代表负面情绪，NFC 认知需求，TR 代表信任，"+"代表合并。

二、变量间的相关分析

描述性统计分析和相关分析的结果如表 4-2 所示。相似困惑、过载困惑、模糊困惑均与信任显著负相关（$\gamma = -0.33$，$p < 0.01$；$\gamma = -0.27$，

$p < 0.01$；$\gamma = -0.30$，$p < 0.01$），相似困惑、过载困惑、模糊困惑均与认知需求显著负相关（$\gamma = -0.29$，$p < 0.01$；$\gamma = -0.26$，$p < 0.01$；$\gamma = -0.30$，$p < 0.01$）；负面情绪与信任显著负相关（$\gamma = -0.39$，$p < 0.01$），与认知需求显著负相关（$\gamma = -0.35$，$p < 0.01$）；认知需求与信任显著正相关（$\gamma = 0.45$，$p < 0.01$）。

表 4 – 2　　　　　　　　各变量的均值、标准差及相关系数

变量	1	2	3	4	5	6	7	8
1. 性别	1							
2. 年龄	− 0.13 **	1						
3. 相似困惑	− 0.09	0.06	1					
4. 过载困惑	− 0.12 **	0.07	0.76 ***	1				
5. 模糊困惑	− 0.08	0.09	0.77 ***	0.85 ***	1			
6. 负面情绪	− 0.07	0.01	0.41 ***	0.40 ***	0.40 ***	1		
7. 认知需求	0.05	− 0.05	− 0.29 ***	− 0.26 ***	− 0.30 ***	− 0.35 ***	1	
8. 信任	0.13 **	− 0.04	− 0.33 ***	− 0.27 ***	− 0.30 ***	− 0.39 ***	0.45 ***	1
均值	1.51	2.86	3.15	3.12	3.06	2.16	3.68	3.74
标准差	0.50	0.76	0.91	1.00	0.91	0.81	0.57	0.70

注：$N = 292$，性别变量中 1 为男，2 为女，*** $p < 0.01$，** $p < 0.05$。

第六节　假设检验

主效应。在表 4 – 3 中，M1 ~ M7 以信任为结果变量。由表 4 – 3 可知，相似困惑、过载困惑、模糊困惑对信任具有显著的负向影响（M1，$\beta = -0.29$，$p < 0.01$；M2，$\beta = -0.26$，$p < 0.01$；M3，$\beta = -0.29$，$p < 0.01$）。验证了本章的假设 H4 – 1。

表4-3 阶层回归分析结果

变量	信任							负面情绪					
	M1	M2	M3	M4	M5	M6	M7	M8	M9	M10	M11	M12	M13
性别	0.10	0.09	0.10	0.10	0.09	0.09	0.09	-0.03	-0.03	-0.04	-0.04	-0.03	-0.05
年龄	0.01	-0.01	0.01	-0.02	-0.01	-0.02	-0.01	-0.02	-0.02	-0.03	-0.02	-0.03	-0.04
自变量													
相似困惑	-0.29***				-0.19***			0.41***			0.36***		
过载困惑		-0.26***				-0.13***			0.40***			0.36***	
模糊困惑			-0.29***				-0.17***			0.40***			0.36***
中介变量													
负面情绪				-0.38***	-0.31***	-0.33***	-0.32***						
调节变量													
认知需求											-0.27***	-0.30***	-0.27***
交互项													
相似困惑×认知需求											-0.11**		
模糊困惑×认知需求												-0.12**	
过载困惑×认知需求													-0.11**
R^2	0.10	0.08	0.10	0.16	0.19	0.18	0.19	0.17	0.16	0.17	0.24	0.24	0.24
F	10.85	8.80	10.85	18.76	17.23	15.44	16.40	20.00	18.55	18.97	18.19	18.01	17.57

注：*** $p < 0.01$，** $p < 0.05$。

中介效应。在判断了消费者困惑的主效应之后，本章根据巴伦和肯尼（Baron & Kenny，1986）的方法，通过以下三个步骤进一步考察负面情绪的中介效应。本章已经验证了消费者困惑的三个维度对信任的主效应显著。首先，检验相似困惑、过载困惑和模糊困惑对负面情绪的影响。由表 4-3 结果可知，相似困惑、过载困惑和模糊困惑对负面情绪具有显著的正向影响（M8，$\beta = 0.41$，$p < 0.01$；M9，$\beta = 0.40$，$p < 0.01$；M10，$\beta = 0.40$，$p < 0.01$）。其次，检验负面情绪对信任的影响。由表 4-3 结果可知，负面情绪对信任具有显著的负向影响（M4，$\beta = -0.38$，$p < 0.01$）。此外，本章将信任设为因变量，接着引入控制变量（性别、年龄）、自变量（相似困惑、过载困惑、模糊困惑）和中介变量（负面情绪）。由表 4-3 结果可知此时，负面情绪对信任的负向影响仍显著（M5，$\beta = -0.31$，$p < 0.01$；M6，$\beta = -0.33$，$p < 0.01$；M7，$\beta = -0.32$，$p < 0.01$），且相似困惑、过载困惑及模糊困惑对信任的回归系数仍然显著，但是分别由 -0.29、-0.26、-0.29 下降到 -0.19、-0.13、-0.17。由以上分析可知，负面情绪能在相似困惑、过载困惑及模糊困惑与信任的关系中起着部分中介作用。不仅如此，自助法（Bootstrap，2000）的检验结果发现，负面情绪在消费者困惑的三维度（相似困惑、过载困惑及模糊困惑）与信任关系间的间接效应值分别为 $\beta_1 = -0.0977$，$\beta_2 = -0.0939$，$\beta_3 = -0.0995$，而且 95% 置信区间分别为（-0.1407，-0.0585）、（-0.1327，-0.0557）、（-0.1439，-0.0603），均不包括 0。H4-2、H4-3、H4-4 得证，说明负面情绪的中介作用是显著的。

调节效应。在验证调节效应之前，为了避免产生共线性问题，将自变量（相似困惑、过载困惑、模糊困惑）和调节变量（认知需求）进行中心化处理，进而构造交互项。如表 4-3 可知，相似困惑、过载困惑和模糊困惑与认知需求的交互项对负面情绪有显著的负向影响（M11，$\beta = -0.11$，$p < 0.05$；M12，$\beta = -0.12$，$p < 0.05$；M13，$\beta = -0.11$，$p < 0.05$），表明认知需求在相似困惑、过载困惑和模糊困惑与负面情绪的关系中起着负向调节作用，即当在线旅游消费者具有较高认知需求时，相似困惑、过载困惑和模糊困惑对负面情绪的正向影响就越弱；而当在线旅游消费者认知需

求低时，相似困惑、过载困惑和模糊困惑对负面情绪的正向影响就越强。由此可见，本章研究假设 H4 - 5 得证。

第七节　结论与反思

一、结果讨论

在线旅游消费的热度不断攀升，引起了众多研究者的兴趣。然而，现有研究往往忽视了在线旅游消费者困惑对旅游消费者和相关企业的潜在负面影响。本章依托情绪评价理论，引入负面情绪和认知需求两个关键变量，深入探讨在线旅游消费者困惑如何通过情绪的中介作用影响信任感，并分析其约束条件。这一研究能够更全面地揭示在线旅游消费者困惑对其信任感的影响机制和作用范围。

（一）消费者困惑的主效应

通过对 292 份在线旅游消费者调查数据的分析，本研究得出的结果显示，相似困惑、过载困惑和模糊困惑均对消费者信任产生负面影响。具体来看，相似困惑对消费者信任的负向影响与沃尔什和米切尔（Walsh & Mitchell，2010）及齐普特诺等（Tjiptono et al.，2014）的研究结果一致，即相似困惑程度越高，消费者信任度越低，反之亦然。然而，本章关于过载困惑和模糊困惑对消费者信任的负向影响的结论与沃尔什和米切尔（Walsh & Mitchell，2010）及齐普特诺等（Tjiptono et al.，2014）的研究结果存在差异。他们的研究指出，过载困惑与消费者信任之间的关系并不显著，而模糊困惑对消费者信任有正向影响。这种差异可能由几个因素解释。首先，产品特性的差异。齐普特诺等（Tjiptono et al.，2014）的研究以印度尼西亚的手机市场为背景，手机属于实物产品；而本章研究的焦点是在线旅游产品，这类产品具有购买和使用在时间和空间上的分离特性。

产品特性的不同可能导致消费者产生不同程度的困惑，进而影响他们的心理反应。其次，文化差异也是一个重要因素。沃尔什和米切尔（Walsh & Mitchell，2010）的研究在德国市场进行，而本章研究的是中国的在线旅游情境。由于文化因素在消费者行为中扮演着关键角色，东西方文化的差异可能导致消费者对困惑的感知和心理影响存在偏差。这些因素都可能对消费者困惑与信任之间的关系产生影响，从而解释了不同研究结果之间的差异。

（二）负面情绪的中介作用

在过往探究消费者困惑及其后续影响效应的文献中，将负面情绪作为中介变量来剖析消费者困惑如何作用于其结果变量的研究乏善可陈。鉴于负面情绪在驱动消费者行为及心理反应方面扮演着核心角色，深入探究消费者困惑与负面情绪之间的关联性显得尤为重要。因此，本章研究创新性地纳入了负面情绪作为中介变量，旨在解析其在在线旅游消费场景下消费者困惑影响机制中的具体作用。研究结果显示，相似困惑对负面情绪具有正向促进作用，这一发现与穆恩等（Moon et al.，2017）及王和舒克拉（Wang & Shukla，2013）的研究结论相吻合。然而，在探讨过载困惑与模糊困惑对负面情绪的影响时，虽然本研究结果与王和舒克拉（Wang & Shukla，2013）保持一致，均显示正向影响，但却与穆恩等（Moon et al.，2017）的结论相左。穆恩等（Moon et al.，2017）的研究指出，过载困惑与模糊困惑对负面情绪的影响并不显著。这一差异可能源于穆恩等（Moon et al.，2017）在进行数据分析时，采用了将相似困惑、过载困惑和模糊困惑同时纳入多元回归模型的方法，导致过载困惑与模糊困惑的单独影响变得不显著。相反，当这些困惑类型分别被置于独立的回归模型中时，它们对负面情绪的影响均呈现出显著性。尽管如此，穆恩等（Moon et al.，2017）最终选择了多元回归分析的结果，并据此得出了相对保守的结论。此外，本研究还发现负面情绪对信任具有负向影响，这一发现与穆恩等（Moon et al.，2017）的研究结果一致，进一步证实了经历负面情绪的消费者倾向于降低对企业的信任度。

（三）　认知需求的调节作用

鉴于个人特质与消费者处理外界刺激的方式之间存在着内在联系，个人特质有可能在调节消费者因困惑而产生的情绪反应中扮演关键角色（Mitchell et al.，2005）。鉴于此，本章创新性地将认知需求作为调节因素纳入研究范畴，旨在更深入地探索相似困惑、过载困惑及模糊困惑对负面情绪影响的边界条件。通过构建包含交互项的回归模型进行数据分析，结果显示，认知需求对上述三种困惑类型引发的负面情绪具有显著的负向调节作用。具体而言，相较于认知需求较低的个体，拥有较高认知需求的个体在面对相似困惑、过载困惑及模糊困惑时，这些困惑对负面情绪的正向影响会明显减弱。高认知需求的个体倾向于在认知任务中投入更多深度思考，享受这一思考过程，故而在面对海量且复杂的在线旅游产品信息时，他们更愿意主动探寻与深入思考，从而有效减少了负面情绪的产生。

二、理论启示

在"互联网＋旅游"这一新兴背景下，本章研究从情绪评价理论的独特视角出发，深入剖析了相似困惑、过载困惑以及模糊困惑如何影响消费者的信任度和负面口碑的传播机制。这一探讨不仅在一定程度上填补了消费者行为理论研究中的空白，特别是在在线旅游领域消费者困惑及其所引发的负面效应方面，提供了宝贵的理论见解和启示。通过细致入微的分析，本研究为理解互联网旅游环境中消费者心理与行为之间的复杂关系，以及这些关系如何塑造消费者决策过程，开辟了新的研究路径。

第一，本章研究显著完善和丰富了在线旅游背景下消费者困惑的研究领域。以往关于消费者困惑的研究大多聚焦于有形产品及其相关服务领域（Leek & Kun，2006；Shukla et al.，2010），而对于在线旅游领域内的消费者困惑研究尚处于初级阶段。鉴于旅游产品相较于制造产品和其他服务所展现出的独特属性，深入探究在线旅游背景下的消费者困惑，对于全面理解并拓展消费者困惑研究具有极其重要的理论价值。因此，本章基于情绪认知评价理论，创新性地揭示了在线旅游消费者困惑所导致的负面效应及其传导机制，这一研究不仅为消费者困惑领域的研究提供了新颖的视角，也为未来的研究方向开辟了更为广阔的路径。

第二，本章研究深入揭示了消费者困惑对消费者信任影响的内在传导机制。以往的研究成果主要集中于探讨消费者困惑对消费者信任、满意度、重复购买意愿及负面口碑等心理及行为反应的直接影响（Leek & Kun，2006；Shukla et al.，2010），却鲜有研究深入剖析消费者困惑究竟是如何具体作用于消费者信任的。鉴于此，本章在情绪评价理论与情绪动机理论的坚实基础上，创新性地引入了负面情绪作为关键的中介变量，精心构建了"消费者困惑—负面情绪—行为反应"的理论模型。研究结论有力地验证了三维度的消费者困惑（即相似困惑、过载困惑与模糊困惑）与负面情绪之间的负相关关系，并进一步揭示了这种负面情绪如何作为桥梁，影响并削弱了消费者的信任。这一发现不仅深化了对消费者困惑与信任之间复杂关系的理解，也为后续研究提供了全新的理论框架和实证依据。

第三，本章研究以情绪评价理论为基石，深入探讨了在线旅游环境中消费者困惑对信任的影响机制，细致分析了负面情绪在这一过程中的中介效应以及认知需求的调节作用。通过巧妙地运用情绪评价理论，本章不仅揭示了消费者困惑与其后续心理及行为反应之间的内在联系，还进一步拓宽了情绪评价理论在消费者行为研究领域的适用范围。这一研究不仅深化对在线旅游消费者困惑及其影响机制的理解，同时也为情绪评价理论在复杂多变的消费者行为情境中的应用提供了新的视角和实例，进一步丰富了该理论的应用范畴和解释力。

三、实践启示

首先，在制定和实施在线旅游营销策略时，企业应将消费者困惑及其引发的负面情绪作为优先考虑的因素。本章的研究发现，相似困惑、过载困惑和模糊困惑不仅会诱发消费者的负面情绪，还会削弱消费者对在线旅游网站的信任感，进而影响企业的盈利能力和品牌形象。因此，在线旅游企业在制定营销策略时必须重视消费者困惑及其可能带来的负面后果。鉴于消费者困惑很大程度上是由产品信息的复杂性引起的，企业在设计在线网站时应采用简洁、清晰且吸引人的信息展示方式，并通过个性化定制信息来开展在线营销活动。例如，在线旅游企业设计旅游网站时，可以借鉴目的地的传统色彩或自然风光的色调，挑选合适的色彩方案，营造沉浸式的浏览体验。同时，选择易读性高且符合网站风格的字体，合理运用空白，使页面布局更加合理科学。此外，企业还应选择易读性高且能够与网站整体风格和谐统一的字体，合理利用页面空白，确保页面布局既美观又实用，符合用户的阅读习惯。这些措施不仅能够减少消费者的困惑，还能提升用户的浏览体验，增强其对在线旅游网站的信任与依赖，进而为企业的长期发展和品牌建设奠定坚实的基础。

其次，在线旅游企业在展示产品信息时，应考虑到不同认知需求的消费者群体，以有效减轻消费者困惑对负面情绪的影响。本章的研究结果表明，认知需求较低的个体在面对在线旅游网站中消费者困惑时，更有可能产生强烈的负面情绪；而认知需求较高的个体在相同环境下的反应则相对较弱。这表明，低认知需求的消费者在遭遇由产品信息引起的困惑时，更易产生负面情绪，进而影响他们对企业的信任。因此，在线旅游企业在信息展示上应特别关注低认知需求的消费者群体，利用大数据分析消费者的人口统计学特征（如性别、年龄、教育水平、职业等），以区分不同认知需求的消费者（Richard & Chebat，2016），并为低认知需求的消费者提供适量、易于理解的产品信息。网站中有必要提供便于理解的使用教程和常见问题指南，便于低认知需求的消费者使用网站和理解产品信息。同时，企业的客户服务团队也应建立健全的用户反馈机制，定期分析和回馈，及时响应消费者的问题，并据此相应地改进产品展示方式，确保不同认知需求的消费者都能高效理解产品信息。

四、研究反思

诚然，本章研究在探索消费者困惑及其对信任与负面情绪影响的过程中，采用了横截面数据和基于回忆的问卷调查方法，虽然为初步理解这一现象提供了有价值的洞见，但不可避免地存在一定的局限性。以下是对这些局限性的深入探讨，以及对未来研究方向的若干建议。

首先，关于横截面数据与纵向数据的对比。横截面数据虽能捕捉特定时间点的变量间关系，却难以揭示这些变量随时间演变的动态逻辑与因果关系。为克服这一局限，未来研究可考虑采用纵向研究设计，通过长期追踪同一组消费者在不同时间点的困惑程度、信任变化及负面情绪反应，从而更精确地描绘出这些变量间的动态演变路径与因果关系。

其次，针对回忆误差的潜在影响。基于消费者回忆的问卷调查方法可能因回忆偏误而降低数据的准确性。为规避这一局限，未来研究可尝试采用实验法，通过精心设计的实验环境、标准化的刺激材料，直接观察并记录消费者在面临不同困惑情境下的即时反应与心理状态，从而获取更加客观、可靠的数据。

最后，个体特征因素的全面考量。尽管本章研究已尝试将认知需求作为调节变量纳入分析，但消费者困惑与负面情绪之间的关系实际上可能受到多种个体特征的影响，如产品涉入度、购买经验、个性特质及文化背景等。因此，未来研究可在更广泛的理论框架下，综合考虑这些因素，通过多维度的实证分析，深入探讨它们如何共同作用于消费者困惑与负面情绪的关系。这不仅能够深化对消费者心理机制的理解，也将为在线旅游企业制定更加精细化、个性化的管理策略提供坚实的科学依据。

第八节 本章小结

"互联网＋旅游"的兴起极大地促进了在线旅游产业的蓬勃发展，使得在线旅游消费逐渐成为旅游者的首选方式。然而，在线旅游网站与旅游产品的高度同质化、产品信息的过度堆砌以及表述模糊等问题，常常令消费者感到迷茫与困惑，进而影响了他们对在线旅游企业的信任度。遗憾的是，当前研究对于在线旅游消费者困惑与信任之间关系的内在机制探讨尚显不足。鉴于此，本章研究聚焦于在线旅游这一特定情境，旨在深入探讨在线旅游消费者困惑如何影响消费者信任的作用机理，从而为在线旅游企业的实践提供有力的实证支撑。具体而言，本章以情绪评价理论为理论基石，不仅剖析了消费者困惑对消费者信任产生的直接负面影响，还创新性地引入了负面情绪作为中介变量，以及认知需求作为调节变量，进一步揭示了这一负面影响的发生过程及其边界条件。

本章针对 292 份在线旅游消费者调查数据，运用阶层回归、Bootstrap 等方法进行了实证检验。研究结果表明：（1）相似困惑、过载困惑和模糊困惑正向影响负面情绪，负向影响消费者信任；（2）负面情绪与消费者信任存在负向关系；（3）负面情绪在相似困惑、过载困惑和模糊困惑对信任的影响中起着部分中介作用；（4）认知需求对相似困惑、过载困惑和模糊困惑与负面情绪的关系起负向调节作用，即当认知需求高时，相似困惑、过载困惑和模糊困惑与负面情绪的正向影响关系将减弱。该研究在一定程度上丰富了消费者信任的理论研究，而且为减少消费者困惑心理，增强消费者信任，推动在线旅游企业可持续发展提供了启发。

第五章 在线旅游消费者困惑对满意度的影响

　　追求消费者满意始终是企业矢志不渝的核心目标，尤其是在网络消费这一复杂多变的环境中。在线旅游消费者往往置身于海量、繁杂且有时模糊不清的产品信息之中，这种信息环境的混沌状态极易引发消费者困惑，进而成为影响消费者满意度的一大障碍。然而遗憾的是，以往的相关研究在这一问题上却得出了相互矛盾的结论，有的认为困惑对满意度有正面影响，有的则认为有负面影响，甚至还有人认为困惑对满意度毫无影响。这些不一致的研究结果无疑给理论的发展和实践的进步带来了极大的困扰和阻碍。为了深入探究并解决这一难题，本章研究将在动机性信息加工理论的坚实基础上，将焦点聚焦于消费者困惑对满意度的作用边界上。本章期望通过这一研究，能够更清晰地揭示出在不同情境和条件下，消费者困惑是如何影响满意度的，以及这种影响是否存在某些特定的边界条件或调节因素。

第一节　引　　言

　　互联网技术的快速发展深刻地改变着企业的经营模式和人们的消费方式。一方面，在线渠道以其在信息传播上具有的成本和速度优势，成为大多数旅游企业进行产品宣传推广的主要平台（Law et al., 2010）；另一方面，消费者将在线渠道视为获取旅游信息的首要方式（Xiang & Gretzel, 2010），他们不仅能借助于网络了解最新的旅游资讯以及对比分析不同的旅游产品，还可以通过在线预定的方式完成消费决策（Ye et al.，2011；陈晔等，2016）。无疑，在线渠道传播的信息很好地促进了消费者对相关旅游产品的理解，有利于他们完成在线预订。然而，由于网络信息鱼龙混杂，同一产品信息之间的矛盾，单个产品信息过量以及信息模糊等现象经常发生，对在线旅游消费者的决策产生着负面的影响（Lu & Gursoy，2015；Lu et al.，2016）。而且，相较于其他产品，在线旅游产品或服务具有的时空分离、消费与生产同步等特征（Xu & Gursoy，2015），使得旅游者往往需要依赖更多的信息来降低风险感知和完成购买决策（Gursoy & McCleary，2004）。一旦信息超过了个体的认知能力，在线旅游者就会产生困惑的心理（Lu & Gursoy，2015）。因此，在大量的学者均肯定互联网技术为旅游企业和消费者带来贡献的背景下，有学者指出消费者困惑是旅游电子商务发展背景下的一个亟须重视的问题（Lu et al.，2016）。

消费者困惑（Consumer confusion）是一种心理不适或行为不确定的主观消费体验，会导致消费者在信息处理过程中出现判断错误或者表现出对（服务）消费信心不足（Kasabov，2015）。作为一种愈发常见的负面现象，消费者困惑和其结果变量之间的关系获得了学者们较多的关注。以往关于消费者困惑与其心理行为反应的实证研究表明，消费者困惑不仅与负面情绪（或情感）显著正相关（Wang & Shukla，2013；Moon et al.，2017）、与信任显著负相关（Walsh & Mitchell，2010；Matzler et al.，2011；Tjiptono et al.，2014），还将直接导致他们发生放弃购买、延迟购买、寻求额外信息帮助（Walsh et al.，2007；Özkan & Tolon，2015）以及负面口碑传播行为（Moon et al.，2017）。然而，对于困惑与满意度的关系研究，相关实证结论分歧较大。例如，沃尔什和米切尔（Walsh & Mitchell，2010）认为，困惑会显著地降低消费者满意度；王和舒克拉（Wang & Shukla，2013）的研究发现困惑会通过评估成本和负面情感正向影响消费者的决策满意度；齐普特诺等（Tjiptono et al.，2014）的实证分析结果发现，由信息相似性和模糊性产生的困惑与满意度之间的关系并不显著。与此同时，在越来越多的旅游者开始使用网络搜索信息的今天，已有的关于在线旅游消费者困惑研究仅仅着眼于探讨困惑与放弃购买、延迟购买、寻求额外信息帮助和购买相似品牌等行为变量之间的直接效应（Matzler & Waiguny，2005；Lu & Gursoy，2015；Lu et al.，2016），并未揭示在线旅游消费者困惑与满意度之间的关系，使得两者之间的内在逻辑并不清楚。

依据谢等（Tse et al.，1988）的定义，满意度（satisfaction）是消费者在消费过程中对产品或服务是否满足自身需要的一种主观感知。由于这种主观的消费态度具有较强的自主性，其会直接促进在线旅游者忠诚行为的产生（胡田和郭英之，2014），甚至还经常伴随着一些有利于企业的角色外行为出现，如顾客公民行为（Bettencourt，1997）。因而，探讨在线旅游消费者困惑和满意度的关系，对于旅游企业来说是非常有意义的。然而，现有消费者困惑与满意度之间出现的悖论不仅阻碍了相关理论向前发展的进程，还导致实务工作者无法采取有效的营销策略来建构消费者困惑的预防与规避机制。对此，国内有学者开始积极呼吁，学界应当深入探索消费者困惑与其心理反应关系中的调节因素，以便更好地厘清困惑影响的边界条件（涂红伟等，2016）。

为了回应上述问题，本章锁定在线旅游中的困惑问题，在动机性信息加工理论的基础上，重点考察消费者困惑对满意度的作用边界。本章认为，从认知需要出发剖析困惑的作用边界，可能是厘清困惑与满意度之间关系的重要切入点。不仅如此，在认知需要调节困惑和满意度关系的过程中，在线旅游者的应对策略可能扮演着传递该调节效应的角色，其中的作用机理也是本章感兴趣的问题之一。

第二节　理论回顾与假设推演

一、困惑与满意度

动机性信息加工的研究者认为，信息加工是以信息作为考察和处理问题的基础，信息为个体理解消费情境提供了线索（De Dreu et al.，2008）。

当个体面对在线旅游产品信息时，他们在信息加工的初期通常是一种无意识知觉的状态，会自动地进行感性加工，且认知加工的结果会引发一系列的心理与行为反应（Lazarus & Folkman，1987；张积家和彭聃龄，1991）。对于在线旅游情境而言，消费者面对相似信息、超载信息以及模糊不清的信息等刺激，各种与消费决策相关的信息因素在他们之间产生交互作用，会导致他们在心理上发生变化，并且偏离正常的功能状态，困惑便是其中的一种，其将会负向影响在线旅游消费者的满意度（Leek & Kun，2006）。首先，当在线旅游消费者面对产品（或品牌）信息高度相似的困惑情境时，他们很难区分选择购买哪种产品（或品牌），如选择"携程网"预订还是"去哪儿网"预订旅游产品、选择住 A 民宿还是 B 民俗作为住宿的地方等。若要完成消费决策，这就迫使他们要花费更多的时间、精力以及成本来辨别收集来信息，进而造成满意度下降。其次，当在线旅游消费者在面对信息超载的困惑情境中，过量的信息往往会增加他们的认知负担（Ghosh & Rao，2014；Garaus et al.，2015）。最直接的反应就是他们无力处理所有的信息，进而引发焦虑、挫败和压力等一系列不良的心理反应（Turnbull et al.，2000），最终降低了在线旅游消费者的满意度。不仅如此，由信息模糊引发的困惑往往会增加在线旅游者对产品的不确定性感知，旅游者往往通过外部归因的方式，将没有提供清晰信息的责任归因于相关企业，进而影响其满意度。然而，正如上文所述，有些实证研究结论并没有很好地支持困惑和满意度之间负向关系的论断（Wang & Shukla，2013；Tjiptono et al.，2014）。为了解释这种不一致的发现，本章将进一步讨论两者之间的调节变量及其作用机制。

二、认知需要的调节作用

依据动机性信息加工理论，对外部刺激的心理认知动机与个体的信息加工行为密切相关，会导致个体的态度和观点发生变化（McGuire，1968），且认知评价与心理反应的关系还受到个性特质变量的影响（Lazarus & Folkman，1987）。在现有研究中，认知需要（Need for cognition）通常被视为一个稳定的个性特质变量，其是指个体理解经验世界并使其合理化的倾向（Cohen et al.，1955）。高认知需要的个体喜欢复杂的任务情境，会积极主动地搜索相关有意义的线索来理解和明白这一情境。相比之下，低认知需要的个体往往满足于现状，倾向于回避思考，更多的是采取简单的思维方式处理问题（Cacioppo et al.，1982；Cacioppo et al.，1996）。

具体来说，高认知需要的消费者信息加工的倾向性更大，他们有更多的经验知识和想法，更可能以主动努力的方式应对外部情境，搜索和选择更有利于自己消费决策的信息（Cacioppo et al.，1996；De Dreu & Carnevale，2003；徐洁和周宁，2010）。当面对来自在线渠道模糊、相似和过量的信息特征时，高认知需要的旅游者倾向于将困惑的信息理解成为在线消费决策中不可避免的事情，更可能以积极主动的心态来面对，因而困惑所造成的负面效应不明显，其满意度可能不会下降。相反，对于低认知需要的在线旅游消费者而言，他们依赖于直觉和经验，难以有效处理在线渠道中的复杂认知任务，而且还常常因为信息的丰富性和多元化感到不适（Malhotra，1982），往往倾向于消极适应或凭借经验和直觉处理当前的信息（Cacioppo et al.，1996）。因而，低认知需要的在线旅游者对于信息的加工较为被动，无法作出合理的消费决策，进而增加了消费者满意度下降的可能性。据此，本章提出假设：

H5 - 1：在线旅游消费者认知需要在困惑与满意度的关系之间存在调节作用。较之于高认知需要的在线旅游者，低认知需要的在线旅游者困惑对满意度的负向影响更大。

三、应对策略的作用机制

动机性信息加工理论的研究者还指出，在个体对信息刺激进行无意识加工之后，将进入有意识的深度加工阶段，即个体应采取何种应对策略（信息加工方式）对外部信息进行加工整合（De Dreu et al.，2008），认知需要将对这一过程产生重要的影响（徐洁和周宁，2010）。下文将主要关注信息的深度加工阶段，具体包括：（1）认知需要对应对策略的直接影响；（2）应对策略在困惑与满意度中的调节作用；（3）认知需要通过应对策略来间接调节困惑与满意度之间的关系。

（一）认知需要与应对策略

个体为构建认知图式和选择有利于完成消费决策的信息依据，往往同时启动两条信息加工路径，即启发式信息加工路径和分析式信息加工路径。其中，通过启发式信息加工路径的个体动机介入水平较低，他们往往采取消极逃避的策略，依赖于先验知识与直觉来解决问题；而选择分析式信息加工路径的个体动机介入水平较高，他们通常选择积极应对的策略，采用主动学习的方式对信息进行充分系统的分析（De Dreu et al.，2008）。所谓消极逃避（avoidancecoping），是指个体在复杂的认知情境下选择退出或避免面对的行为，目的在于逃避困惑的消费情境，如在线旅游消费中的放弃购买或决策延迟等行为；而积极主动（activecoping）则是个体在认知复杂情境中尝试识别有用的信息和寻找问题解决方法的行为，目的在于直接面对困惑的在线消费信息（Connor - Smith & Flachsbart，2007）。例如，积极搜索其他与旅游产品相关的额外信息，或征求他人的消费意见。根据动机性信息加工理论，应对策略是基于一定的认知动机而产生的，个体信息加工的过程往往受到个性特质因素的影响（Baumert & Schmitt，2012），而且认知需求决定了信息加工路径的选择（Cacioppo et al.，1982）。基于此，本章推断，在线旅游消费者的认知需要将直接影响其应对策略的选择。

具体而言，高认知需要的在线旅游消费者经常对困惑的环境选择分析式的信息加工路径，减轻了在线旅游产品信息所造成的困惑（Lu & Gursoy，2015；Lu et al.，2016）。而且，他们会更积极主动地投入到复杂的消费情境中，以便更好地完成认知任务，因而在困惑的信息环境中倾向于采取积极主动的应对策略。而低认知需要的在线旅游消费者往往回避思考和努力，在遭遇在线信息困惑的压力下往往选择消极逃避的应对策略。再者，认知需要高的旅游者拥有更多的经验信息，他们可以通过回忆来提取相关信息，更容易产生与认知任务相关的想法（De Dreu et al.，2008；徐洁和周宁，2010），进而激发在线困惑情境下的积极应对行为。相反，低认知需要的旅游者由于储备的经验信息不足，在遭遇困惑时倾向于消极应对。基于此，本章提出以下假设：

H5-2：在线旅游消费者的认知需要正向影响积极主动应对策略。

H5-3：在线旅游消费者的认知需要负向影响消极逃避应对策略。

（二）应对策略的调节作用

上文集中讨论了在线旅游消费者的认知需要与应对策略之间的关系，依据动机性信息加工理论，在深度加工阶段，当个体采取不同的信息加工路径时，会进一步影响认知源与认知反应之间的关系（De Dreu et al.，2008）。

在复杂的认知环境中，选择积极主动应对策略的个体将更能有效地调节自己的态度（McGuire，1968）。积极主动的应对策略通常出现在个体采取分析式信息加工路径的时候，他们采取积极的措施来应对复杂的认知任务（Cacioppo et al.，1996），其方式包括主动学习和思考、寻找额外信息、解决问题的兴趣等。相应地，困惑的在线旅游消费者通过采用各种积极主动的应对策略（如直接寻求解决困惑的方法、控制困惑带来的不适感），在尝试解决困惑的在线信息环境中占有一定的主动权，并对复杂的信息表现出一定的兴趣。基于此，在线旅游者将无意识加工阶段产生的困惑更多地转移到了"如何克服困惑"这一解决方式上，从而弱化了困惑对满意度的负面影响。不仅如此，虽然某些引起在线旅游消费者困惑的信息因素难以避免，但采取积极主动应对策略的旅游者可以通过寻求其他消费群体的帮助，以此降低困惑所带来的不利影响。据此，本章假设：

H5-4：积极主动的应对策略调节着消费者困惑与满意度的关系。当在线旅游消费者采取积极主动的应对策略时，困惑对满意度的负面影响较弱。

与此同时，消极逃避的应对策略通常出现在个体采取启发式信息加工路径的时候，他们依赖直觉和经验应对复杂的认知任务（Cacioppo et al.，1996），甚至回避思考。本章认为，采取消极逃避的应对策略可能会促进困惑对满意度的负面影响。这是因为采取消极逃避应对策略的个体在困惑面前通常能容忍含糊不清和模棱两可的消费情境，很少主动改变困惑的现状，所作出的消费决策缺乏系统全面的分析，进而强化了困惑对满意度的负面影响。再者，对于在线消费情境下困惑的信息而言，个体回避思考，很少做出努力来完成认知任务，进而会导致消费决策延后或放弃购买的情况出现（Lu & Gursoy，2015；Lu et al.，2016）。因而，当旅游消费者采取消极逃避来应对在线渠道困惑的信息时，可能会无法完成消费决策，引起心理不适，造成更低的满意度。据此，本章假设：

H5-5：消极逃避的应对策略调节着消费者困惑与满意度的关系。当在线旅游消费者采取消极逃避的应对策略时，困惑对满意度的负面影响较强。

（三）被中介的调节效应

以上的分析和假设已经表明，困惑不利于在线旅游消费者的满意度，而这一关系将受到个性特质（认知需要）的影响，即对于高认知需要的旅游者来说，困惑与满意度的负向关系更弱。而且，本章还探讨了认知需要如何通过应对策略发挥调节作用。具体来说，认知需要正向影响积极主动的应对策略，负面影响消极逃避的应对策略；积极主动的应对策略和消极逃避的应对策略调节了困惑与满意度的关系。由此可见，两种应对策略中介了认知需要对困惑和满意度的调节效应。依据格兰特和贝里（Grant & Berry，2011）的观点，本章构建的是一个被中介的调节模型。基于此，本章继续假设：

H5-6：在线旅游消费者积极主动的应对策略中介了认知需要对困惑与满意度的调节作用。

H5-7：在线旅游消费者消极逃避的应对策略中介了认知需要对困惑与满意度的调节作用。

综合上文的推论可知，本章以动机性信息加工理论为基础，不仅将深入探讨在线旅游消费者的认知需要对困惑和满意度关系的调节作用，还将分析认知需要的调节效应是否通过应对策略而实现，并构建了一个被中介的调节效应模型，具体如图5-1所示。

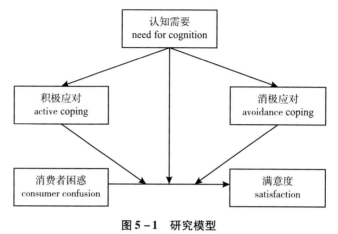

图 5 - 1　研究模型

第三节　研究设计

一、测量工具

在本研究中，所采纳的研究变量均源自国外研究中经过实证检验的成熟量表，以确保测量工具的可靠性和有效性。为了保障中英文量表在内容和意义上的高度一致性，作者严格遵循了"翻译—回译"的严谨程序。具体而言，首先邀请了一位心理学专业的教师以及两位翻译专业的教师共同参与，通过他们的专业知识与经验，初步确定了中文量表的版本。在此基础上，为进一步提升量表翻译的准确性，作者又邀请了旅游管理领域的一位教授和市场营销专业的一位博士进行后续的修订工作。本章的所有测量量表均采用五点计分。

1. 消费者困惑

采用沃尔什等（Walsh et al.，2007）开发的消费者困惑倾向量表，共9个条目，如"由于在线渠道提供的旅游产品有很多相似之处，导致我无法进行有效的区分""由于在线渠道存在太多有关旅游产品的信息，我很难决定购买哪个产品""当购买旅游产品时，我觉得在线网站提供的信息并不充分"等，内容涉及在线旅游消费者面对的相似困惑、超载困惑、模糊困惑3个方面。

2. 满意度

沃尔什和米切尔（Walsh & Mitchell，2010）指出，使用单题项来测试困惑情境中消费者的总体满意度可能得到的效果会更好。由于本章在困惑环境下测量的消费者满意度并不特定指向某些具体的方面，如决策满意度、消费满意度，而是更多地关注旅游者对在线消费的整体评价。因此，本章遵循沃尔什和米切尔（Walsh & Mitchell，2010）的建议，参考施普伦和麦克罗伊（Spreng & Mackroy，1996）的测量方法，采用"总的来说，我对通过在线渠道购买旅游产品或服务是满意的"这一题项来测量满意度。

3. 认知需要

采用卡西奥普和佩蒂（Cacioppo & Petty，1982）开发的18条目量表，如"思考会让我感到愉快""我乐意思考复杂的问题""我喜欢处理一些需要大量思考的问题""我喜欢简单的问题，而不是复杂的问题（反向题项）""我喜欢思考一些日常生活琐碎的问题，而不是长期性问题（反向题项）"等。

4. 应对策略

参照卡斯珀等（Kasper et al.，2010）的消费者困惑应对策略量表，并结合卡萨博夫（Kasabov，2015）和米切尔等（Mitchell et al.，2005）提出的9种困惑应对策略，本章将这两类应对策略分为积极主动和消极逃避两个维度。具体来说，积极主动的应对策略包括"需求额外的信息""重新思考""与他人交流经验""寻求别人的意见""进一步明确购买目标，减少选择集"5个条目；消极逃避的应对策略包括"延迟购买""放弃购买""什么都不做""委托别人购买"4个题项。

5. 控制变量

由于性别、年龄、受教育程度等人口统计特征变量被认为对消费者困惑存在影响作用（Turnbull et al.，2000；Mitchel et al.，2005；Wobker et al.，2015）。因此，为了避免这些无关变量影响在线旅游消费环境中各变量的逻辑关系，本章将性别、年龄、受教育程度等三个变量作为控制变量来处理。

二、样本

本章中对应对策略的测量虽然借鉴了卡斯帕等（Kasper et al.，2010）有关消费者困惑应对策略量表，但是他们并没有将其区分为两个维度。因此，为了保证该变量的信效度，作者在福州和厦门两市通过现场发放问卷的方式进行预测试，并通过"您在过去 3 个月内是否有通过在线渠道购买旅游产品或服务的经历"这一题项来甄别符合研究条件的样本，发放 100份，收到有效问卷 76 份。探索性因子分析的结果发现，应对策略变量中的"延迟购买"题项在积极主动和消极逃避两个维度上存在交叉荷载（其他条目在各自维度上因子负荷均大于 0.60）。删除后的应对策略变量可以有效地区分为积极主动和消极逃避两个维度，而且两个维度在预调查中的内部一致性系数分别为 0.75 和 0.78，KMO 值分别为 0.77 和 0.81，这说明这两个因子具有较好的信度和效度。同时，其他变量的信效度值均在 0.80以上。基于删除"延迟购买"条目后的问卷，本章通过网络调研，借助于"问卷星"App，通过滚雪球的方式获取数据。同时，选择在过去三个月内拥有在线购买旅游产品经历的消费者参与作答，共获得问卷 354 份。为了保证在线问卷的质量，作者在实验室邀请 9 名旅游专业的研究生对在线问卷进行认真作答，最低所需时间是 6 分钟。据此甄别无效问卷，将填答时间低于 6 分钟的问卷视为无效问卷，实际得到有效问卷 292 份。由于预调研在改进测量量表时，仅删掉了"延迟购买"1 个条目，对其他题项并没有做修订，因而本章也将其纳入正式的数据分析中。综合两个来源的数据，有效问卷为 368 份，涵盖了福建、广东、浙江等全国大部分省份。样本的描述性统计分析表明，女性占 49.7%；年龄在 19~29 岁的在线旅游消费者占比 33.2%，30~39 岁的占比 52.4%，40 岁及其以上的占比14.4%；学历在高中及以下的占比 4.8%，大专或本科占比 80.2%，研究生及以上占比 15.0%。

第四节　数 据 分 析

一、验证性因子分析

为了考察消费者困惑、认知需要、积极主动应对策略、消极逃避应对策略和满意度这 5 个潜变量的区分效度，本章对调研数据加入了验证性因子。由于本章中的消费者困惑和认知需要 2 个变量的测量项目较多，为提高模型的拟合程度，作者遵循松永等（Matsunaga et al.，2008）所推荐的随机打包法，将认知需要的 18 个条目按"奇偶法"打包，直至产生 3 个条目为止。而消费者困惑则按照利特尔等（Little et al.，2002）建议的内部一致性法，将相似困惑、超载困惑和模糊困惑下的题目分别进行打包，最后生成 3 个显示条目。验证性因子分析的结果显示（见表 5 – 1），五因子模型具有较好的拟合程度（$\chi^2 = 189.09$，$df = 81$，$\chi^2/df = 2.33$，$CFI = 0.96$，$TLI = 0.94$，$GFI = 0.94$，$RMSEA = 0.06$），这说明本章所研究的 5 个潜变量之间具有较好的区分效度。

表 5 – 1　　　　　　　　　　验证性因子分析结果

模型	因子结构	χ^2	df	χ^2/df	CFI	TLI	GFI	$RMSEA$
六因子模型	CF；NFC；AS1；AS2；SA；CVF	155.04	68	2.28	0.96	0.95	0.94	0.06
五因子模型	CF；NFC；AS1；AS2；SA	189.09	81	2.33	0.96	0.94	0.94	0.06
四因子模型	CF；NFC；AS1 + AS2；SA	412.54	85	4.85	0.87	0.84	0.85	0.10
四因子模型 1	CF；NFC + AS1；AS2；SA	406.23	85	4.78	0.87	0.84	0.83	0.10

续表

模型	因子结构	χ^2	df	χ^2/df	CFI	TLI	GFI	RMSEA
四因子模型2	CF + NFC；AS1；AS2；SA	1006.57	85	11.84	0.63	0.54	0.74	0.17
三因子模型	CF + NFC；AS1 + AS2；SA	1217.25	88	13.83	0.54	0.45	0.67	0.19
单因子模型	CF + NFC + AS1 + AS2 + SA	1400.36	90	15.56	0.47	0.34	0.62	0.20

注：$N=368$；CF 代表消费者困惑，NFC 代表认知需要，AS1 代表积极的应对策略，AS2 代表消极的应对策略，SA 代表满意度，CVF 代表同源偏差，"+"代表两个因子合并为一个因子。

此外，虽然单因子模型拟合效果不佳的结果（$\chi^2=1400.36$，$df=90$，$\chi^2/df=15.56$，$CFI=0.47$，$TLI=0.34$，$GFI=0.62$，$RMSEA=0.20$）已可以初步判断模型的同源偏差不严重，但是由于本章的所有变量都来自消费者填写，作者还根据波得萨阔夫等（Podsakoff et al.，2003）的建议，进一步对模型中的 5 个构念做了同源偏差分析。具体做法是在五因子模型的基础上，引入同源偏差因子作为潜变量，并允许其在所有项目上存在负荷。如表 5 – 1 所示，六因子模型的拟合结果并没有显著地优于五因子模型，这表明加入同源偏差因子后的模型并未得到显著的改善，同时也说明本章并不存在严重的同源偏差。

二、变量间的相关分析

本章所涉及的主要研究变量和控制变量的均值、标准差以及相关系数如表 5 – 2 所示。消费者困惑与满意度显著负相关（$\gamma=-0.25$，$p<0.01$）；认知需要与积极应对显著正相关（$\gamma=0.33$，$p<0.01$），与消极逃避显著负相关（$\gamma=-0.22$，$p<0.01$）。上述变量之间相关关系的存在，为本章的相关假设提供了初步的支持。

表 5 - 2　　　　　　　　　　各变量的均值、标准差及相关系数

变量	1	2	3	4	5	6	7	8
1. 性别								
2. 年龄	- 0. 12 **							
3. 学历	0. 01	- 0. 08						
4. 消费者困惑	- 0. 08	0. 03	- 0. 04	(0. 93)				
5. 认知需要	0. 06	0. 01	0. 17 ***	- 0. 24 ***	(0. 92)			
6. 积极应对	0. 12	- 0. 05	0. 04	- 0. 06	0. 33 ***	(0. 79)		
7. 消极逃避	- 0. 07	0. 03	- 0. 02	0. 63 ***	- 0. 22 ***	- 0. 18 ***	(0. 80)	
8. 满意度	0. 06	- 0. 12 **	- 0. 01	- 0. 25 ***	0. 34 ***	0. 34 **	- 0. 19 **	
均值				3. 08	3. 68	4. 05	2. 80	3. 86
标准差				0. 76	0. 63	0. 51	0. 76	0. 82

注：$N = 368$；括号内为各变量的内部一致性系数；$** p < 0.05$，$*** p < 0.01$。

第五节　假设检验

对于本章的假设，本章主要参考格兰特和贝瑞（Grant & Berry，2011）的分析步骤。在控制在线旅游消费者性别，年龄以及学历等人口统计变量的基础上，自变量和因变量之间的检验结果如表 5 - 3 所示。

表 5 - 3　　　　　　　　　　阶层回归分析结果

变量	积极应对	消极逃避	满意度		
	M1	M2	M3	M4	M5
性别	0. 10	- 0. 06	0. 02	0. 02	- 0. 01
年龄	- 0. 04	0. 02	- 0. 13 **	- 0. 12 **	- 0. 10
学历	- 0. 02	0. 02	- 0. 08	- 0. 08	- 0. 07

续表

变量	积极应对	消极逃避	满意度		
	M1	M2	M3	M4	M5
认知需要	0.33 ***	− 0.22 ***	0.31 ***	0.23 ***	0.19 ***
消费者困惑			− 0.18 ***	0.04	− 0.04
消费者困惑×认知需要				0.20 ***	0.15 **
积极应对					0.11 **
消极逃避					− 0.14 **
消费者困惑×积极应对					0.11 **
消费者困惑×消极逃避					− 0.02
R^2	0.34	0.23	0.16	0.18	0.25
ΔR^2				0.03 ***	0.07 ***

注：$N = 368$；$** p < 0.05$，$*** p < 0.01$。

认知需要的调节效应检验。首先，在控制年龄、性别以及人口统计变量的基础上，考察在线旅游消费者困惑对满意度的主效应。由表 5 - 3 可知，在线旅游消费者困惑对满意度存在显著的负向影响（M3，$\beta = -0.18$，$p < 0.01$）。其次，以消费者困惑、认知需要以及两者的交互项为自变量，考察他们对满意度的影响。结果显示，消费者困惑对满意度的回归系数为正值但不显著（M4，$\beta = 0.04$，ns），且消费者困惑和认知需要的交互项对满意度具有显著的正向影响（M4，$\beta = 0.20$，$p < 0.01$）。此外，为了更直观地呈现认知需要对在线旅游消费者困惑和满意度之间的调节效应，本章以认知需要变量的均值加减一个标准差分别作为分组标准，分别对高认知需要和低认知需要水平下的消费者困惑与满意度的关系进行描绘。从图 5 - 2 可知，在旅游消费者认知需要高的情况下，困惑对满意度有着正向的影响；而在旅游消费者认知需要低的情况下，困惑对满意度产生着负向的作用，假设 H5 - 1 得到进一步验证。

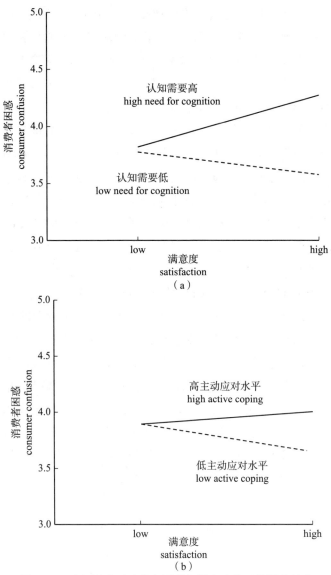

图 5 - 2　认知需求对消费者困惑与满意度关系的调节效应

　　应对策略的调节效应检验。如表 5 - 3 所示，消费者困惑与积极应对策略之间的交互项对满意度具有显著的正向影响（M5，$\beta = 0.11$，$p < 0.05$），而消费者困惑与消极逃避策略的交互项对满意度不具有显著的影响（M5，$\beta = -0.02$，ns）。由此可见，假设 H5 - 4 得到验证，假设 H5 - 5 不成立。

同样地，本章以主动应对变量的均值加减一个标准差分别作为分组标准，分别对主动应对水平较高和较低两个水平下的消费者困惑与满意度的关系进行描绘。如图5-2所示，当在线旅游者主动应对水平更高时，困惑对满意度有着正向的影响；而主动应对水平较低时，困惑对满意度产生着负向的作用，假设H5-4得到进一步验证。

应对策略的中介效应检验。首先，在线旅游消费者的认知需要倾向对其采取积极应对策略有着显著的正向影响（M1，$\beta = 0.33$，$p < 0.01$），对其采取消极逃避策略存在着显著的负向作用（M2，$\beta = -0.22$，$p < 0.01$）。上述回归结果很好地支持了本章的假设H5-2、H5-3。其次，应对策略调节效应检验结果已显示消极逃避策略对消费者困惑和满意度的调节作用不显著，因而假设H5-7不成立。此外，在表5-3的M5中，消费者困惑与积极应对策略的交互项系数显著（M5，$\beta = 0.11$，$p < 0.05$），而消费者困惑与认知需要的交互项的回归系数下降较为明显（M4，$\beta = 0.20$，$p < 0.01$ VS M5，$\beta = 0.15$，$p < 0.05$）。由此可见，在线旅游者的积极主动策略部分中介了认知需要对消费者困惑与满意度的调节效应，假设H5-6成立。为进一步检验假设H5-6，本章采用自助法（Bootstrap）检验计算出间接效应的估计值。结果显示，认知需要通过积极主动策略影响消费者困惑和满意度关系的间接效应值为0.059，95%的置信区间为（0.009，0.138），不包含0，进一步支持了假设H5-6。与此相一致，认知需要通过消极逃避策略影响消费者困惑和满意度关系的间接效应值为0.041，95%的置信区间为（-0.028，0.103），包含0，H5-7仍然没有得到验证。

第六节　结论与反思

一、理论启示

本章以在线旅游消费为背景，从信息加工视角探讨消费者困惑对满意度的影响机制，在一定程度上丰富了旅游消费者行为的研究，尤其是在消费者困惑研究方面具有一定的理论启示。

第一，不仅局限于在线旅游消费领域，以往关于其他消费情境中困惑与其心理行为反应之间关系的研究，大多聚焦于困惑对这些结果变量的直接效应（Walsh & Mitchell，2010；Wang & Shukla，2013；Tjiptono et al.，2014）。尽管已有学者在困惑与口碑传播的关系研究中引入了认知需要这一变量，并发现其在两者的关系中起到正向的调节作用（Ghosh & Rao，2014），但学界在探讨困惑与其心理反应时，仍较少从个性特质变量的角度出发，深入分析个体倾向差异如何影响困惑与满意度之间的关系。本章研究基于在线旅游消费背景，创新性地发现认知需要对困惑与满意度之间具有显著的调节作用。这一发现不仅从个性特质因素入手，为以往困惑和满意度关系研究中存在的不一致性提供了合理的解释，而且进一步拓宽了困惑对满意度作用边界的探讨。通过引入认知需要这一关键变量，本章研究揭示了不同个体在面对困惑时，其满意度反应存在的显著差异，从而深化了学界对消费者困惑心理反应机制的理解。

第二，包括在线旅游在内，以往关于消费者困惑应对策略的研究，大多将其孤立地作为消费者困惑的结果变量（Matzler & Waiguny，2005；Matzler et al.，2011；Lu et al.，2016），对于个体的应对策略如何在困惑与其心理反应中所发挥的作用原理却知之甚少。因此，本章在消费情境下充分考虑在线旅游者的能动性，将应对策略引入到困惑与满意度的关系中，是对当前研究的一个有益补充。同时，本章的结果发现，认知需要对积极主动的应对策略有正向影响，对消极逃避的应对策略有负向影响，积极主动的应对策略对困惑与满意度的关系具有调节作用。这些有意义的结论不仅很好地丰富了个性特质变量与应对策略的研究，还进一步地从信息加工的视角揭示了消费者困惑与满意度的关系，并对消费者困惑的作用边界加以识别。值得注意的是，本章的数据分析并未证实消极逃避的应对策略会增强消费者困惑与满意度之间的负向关系这一假设。本章认为，这一结果可能与测量消费者困惑应对策略的方法有关。具体来看，消极逃避应对策略的测量题项中包含了"委托他人购买"等行为，这暗示了问题可能得到解决的预期。因此，不能一概而论地认为逃避策略只有消极影响，特别是在积极主动的应对策略也无法有效解决困惑时，委托他人购买可能成为一种合理的选择。基于此，未来的研究需要对消费者困惑所引发的消极逃避应对策略的测量及其实际影响进行更深入的探讨。

第三，由于消费者研究领域缺乏坚实的理论基础，导致现有实证研究的结论经常出现不一致的现象。对此，涂红伟等（2016）也提出，学者们应当寻找相关理论来阐释消费者困惑与其心理行为反应之间的关系。因此，本章立足于在线旅游消费的背景，借助动机性信息加工理论，将消费者困惑、个性特征、应对策略以及心理反应等方面的研究进行整合。这不仅拓宽了动机性信息加工理论的应用领域，而且为消费者困惑的研究提供了新的理论支撑。通过这种理论整合，本章旨在为理解和解释消费者在面对困惑时的心理和行为反应提供更加坚实的理论基础。

二、实践启示

本书所得出的一些有意义的结论，对于在线旅游企业的营销推广工作有着较为明显的实践意义，主要体现在以下两个方面。

一方面，在线旅游企业在制定和执行营销推广策略时，应当特别关注那些认知需求较高的消费者群体。这类消费者通常具备对新知识的强烈好奇心，喜欢独立思考并解决问题。根据本章的研究结果，当面对复杂的在线旅游信息时，高认知需求的消费者反而能够表现出更高的满意度。这主要是因为他们在感到困惑时，会采取积极主动的应对策略，如主动与在线客服沟通、向他人请教或自行搜索相关信息等，以寻求问题的解决方案。因此，对于在线旅游企业来说，有效识别并管理这一消费群体，是优化网络信息、提升用户体验的关键。具体来说，企业可以通过数据分析等手段，识别出具有高认知需求的消费者群体，并针对他们的特点制定个性化的营销策略。例如，可以提供更加详细、深入的产品信息，以满足他们的求知欲；或者设置奖励机制，鼓励他们积极参与产品评价、分享使用体验等，从而帮助企业及时发现并改进产品营销和推广中的信息质量问题。这些问题可能包括信息表述不清、产品特色不突出、信息前后矛盾等，这些都可能导致消费者产生困惑，进而影响其满意度和忠诚度。在奖励机制的设计中，企业可以考虑将消费者的贡献度与奖励挂钩，如根据评价的质量、分享的频次等给予不同程度的奖励，以此激励消费者持续参与。同时，企业还应建立快速响应机制，及时收集并处理消费者的反馈，对营销策略进行动态调整，以确保信息的准确性和有效性。

另一方面，当消费者困惑已经产生时，在线旅游企业应迅速识别并重点关注那些认知需求较低的消费者。根据本章的研究结果，这类消费者对困惑更为敏感，其满意度更容易受到困惑的负面影响。因此，企业的客服团队需要给予这类消费者更多的耐心和细致的解答，增加与他们互动交流的时间。在互动交流的过程中，客服人员不仅要耐心解答消费者的问题，还要善于从交流中洞察消费者的需求和痛点，以及在线产品营销宣传中的不足之处。例如，消费者可能对某些产品的功能或特点存在误解，或者对网站的导航和搜索功能感到不便等。这些问题都是企业优化产品营销和推广策略的重要参考。同时，企业还可以考虑通过引入智能客服系统、优化网站界面设计等方式，提升与低认知需求消费者的沟通效率和质量。例如，智能客服系统可以通过自然语言处理技术，快速识别并解答消费者的问题；采用清晰的分类标签、简洁明了的文字描述以及直观的操作按钮让消费者更加便捷地找到所需信息，减少困惑的产生。

三、研究反思

本章仍然存在一些局限性，主要表现在以下三个方面。

首先，本章的在线旅游消费者样本多以大专和本科群体组成，这与在线网络消费者的特征有所差异，不可避免地对研究的外部效度造成影响。未来的研究应当在更大范围内收集多样性的样本，增强研究的外部效果。同时，本章采用横截面数据验证自变量和因变量间的逻辑关系，选择让被试回忆在线渠道购买或搜索旅游产品信息的经历，尤其是在认知需要变量的测量上。虽然认知需要被视为一个较为稳定的个性特质变量（Cohen et al., 1955），但是个体倾向还是可能会随着时间的推移而潜移默化地发生变化，这使得本章的研究存在一定局限性。因而，未来的研究应当采用多时点、多阶段的测量方式来展开，进一步完善研究设计，以便更好地揭示认知需要、应对策略对困惑与其心理行为反应之间关系的影响。

其次，本章借鉴卡斯珀等（Kasper et al.，2010）的量表，选择 8 种消费者困惑的应对策略，并将应对策略划分为积极主动和消极逃避两类。虽然这些应对策略在卡萨博夫（Kasabov，2015）和米切尔等（Mitchell et al.，2005）的构建消费者困惑模型也有出现，且与消费者困惑的研究主题较为契合。然而，在应对策略研究领域，尤其是认知心理学领域，还存在较多的分类方法（如集中于解决问题和关注如何降低情绪两类应对策略）。因此，未来的研究应当就消费者困惑的应对策略的测量方式及其影响效应进行进一步的探索。

最后，消费者困惑包括超载困惑、相似困惑、模糊困惑三类（Walsh et al.，2007），本章在实证研究中采用总体困惑来分析其对满意度的影响机制，虽然得到了一些有意义的结论，但是关于消费者困惑下的三个维度对满意度的影响机制如何，以及在其他消费情境下的结论是否和本章一致尚不清晰。因此，从不同的消费情境来分析和比较超载困惑、相似困惑、模糊困惑对消费者心理和行为的影响是未来亟须深入探讨的又一个地方。

第七节　本章小结

针对困惑与满意度之间的实证结论分歧与回应以往学者对深入探索消费者困惑与其心理反应关系中的调节因素的呼应（涂红伟等，2016），本章研究从认知需要视角厘清了困惑与满意度之间的关系强度，并从应对策略出发考察了其上述关系中的中介作用。这些研究结果对于旅游企业制定营销策略和预防与规避消费者困惑具有重要意义。

具体来说，本章在动机性信息加工理论的基础上，不仅验证了在线旅游消费者的认知需要在困惑与满意度之间的调节作用，还从应对视角出发探讨了积极应对与消极应对在这个过程中发挥的中介作用，由此构建了一个被中介的调节模型。

　　本章通过现场问卷调查收集数据，针对 368 份在线旅游消费者数据，运用验证性因子分析、回归分析等方法，实证检验了困惑、满意度、认知需要、积极应对与消极应对之间的逻辑关系，研究结果表明：（1）认知需要在困惑与满意度的关系中扮演着关键的调节角色。对于认知需要较高的在线旅游消费者而言，困惑对满意度的正向影响更为显著；而对于认知需要较低的消费者，困惑对满意度的正向影响则相对减弱。（2）认知需要对消费者的应对策略选择具有显著影响。具体而言，认知需要正向促进积极主动的应对策略，而负向抑制消极逃避的应对策略。（3）在线旅游者的积极应对策略在困惑与满意度之间起到了重要的调节作用。当消费者采取更加积极主动的应对策略时，困惑对满意度产生正向影响；而当应对程度较低时，困惑则对满意度产生负向作用。（4）在线旅游消费者的积极应对策略还中介了认知需要对困惑与满意度关系的调节效应，进一步揭示了认知需要、应对策略与满意度之间的复杂互动机制。

第六章 在线旅游消费者困惑 对负面口碑的影响

消费者负面口碑，作为企业极力规避的负面事件，不仅严重侵蚀了企业的声誉资本，还深刻影响了潜在消费者的认知与行为倾向，对企业的生存与发展构成了严峻挑战。随着"互联网＋旅游"模式的不断深化，产品信息的高度相似、过量、模糊以及相互冲突等问题日益凸显，这些问题诱发的消费者困惑已成为催生负面口碑的重要源头。鉴于此，本章研究将焦点锁定在在线旅游消费中的困惑现象上，旨在从应对视角出发，深入剖析在线旅游消费者困惑如何影响负面口碑的产生机制，这不仅有助于本章更全面地理解消费者困惑与负面口碑之间的复杂关系，更为企业提供了针对性的策略建议，以有效应对困惑带来的负面口碑风险，维护企业的品牌形象和市场竞争力。

第一节 引 言

在互联网时代，信息爆炸式增长和信息碎片化等现象尤为突出，深刻地影响着人们的知识体系和独立判断能力。尤其是，伴随着互联网技术在企业中的深入发展，相似、超载、模糊、冲突的产品信息让旅游消费者不知如何选择，这使其时常表现出困惑的心理（Lu & Gursoy, 2015；Lu et al., 2016）。尽管在线旅游的市场份额在不断增加，然而"价格战""产品同质化"等现象仍然较为明显，加之在线旅游产品所具有的购买与消费分离、生产与消费同步等特征的存在（Xu & Gursoy, 2015），这使得在线旅游领域中的消费者困惑现象更加突出。例如，对于低价旅游线路，消费者不知道其是"陷阱"还是"馅饼"；又如，对于旅游宣传信息经常与实际不一致，旅游消费者不知道该如何决策。特别地，在互联网时代下，旅游企业为了获得竞争优势，正积极地向大数据营销和精准营销方向发展。例如，从传统的在线旅游产品销售过渡到满足旅游消费者个性化的需求方面，这些都需要规避和预防消费者困惑带来的种种问题。

消费者困惑（consumer confusion，CC）是指消费者在购买决策准备阶段，未能正确地理解来自多个方面的产品或服务信息而表现出来的一种疑惑、不知所措的心理状态（Mitchell & Papavassiliou，1999）。已有研究指出，困惑不仅会对消费者的购买决策产生负面影响，还会导致他们表现出不利于企业的行为，尤其是负面口碑行为（Mitchell et al.，2005）。由于这种行为具有较大的自主性和随意性，对企业而言，消费者表现出来的负面口碑行为不仅会减少潜在顾客，降低企业利润，还会损害企业形象，阻碍长远发展（Alexandrov et al.，2013）。因此，部分学者开始呼吁，学界应展开实证研究，深入探求消费者困惑对负面口碑传播行为的影响机理，才有可能进一步明确消费者困惑给企业带来的不利影响（涂红伟等，2016）。

现有关于消费者困惑与负面口碑的实证研究并不多见，仅有穆恩等（Moon et al.，2017）对消费者困惑与负面口碑之间的关系进行了探讨。遗憾的是，他们的研究基于"刺激—反应"视角，从消费者困惑产生的原因出发（信息相似、信息超载、信息模糊），并在食品环保标签和洗涤剂环保标签两个消费情境开展实证研究，结果发现相似困惑仅能引发消费者对洗涤剂产品的负面口碑行为，而模糊困惑则对两类产品均不构成负面口碑的威胁（Moon et al.，2017），这与米切尔等（Mitchell et al.，2005）、卡萨博夫（Kasabov，2015）的理论假设并不一致，后者认为相似困惑和模糊困惑均与负面口碑存在正向的关系。究其原因，"刺激—反应"视角下的研究将消费者视为一个被动的个体，即个体的行为表现仅是外部环境刺激的结果，较少考虑他们在困惑情境中的应对行为，使得消费者困惑与负面口碑的关系尚不明确。事实上，为了降低困惑带来的不适感，消费者往往会采取一些诸如明晰购买目标、重新思考等应对策略（Mitchell et al.，

2005；Kasabov，2015；涂红伟和郭功星，2018）。由此可见，消费者在困惑的情境中并不是"坐以待毙"，仅仅从"刺激—反应"视角下探讨消费者困惑对负面口碑的影响尚不足以完整地揭示负面口碑的产生过程，还使得实务界无法采取有效的管理措施来建立消费者困惑的预防与治理机制。

鉴于困惑在在线旅游领域中越发常见的事实，同时为了回应上述理论研究中存在的问题，本章锁定在线旅游消费中的困惑现象，拟从应对（Coping）视角考察在线旅游消费者困惑对负面口碑的影响机制。依据应对研究中的认知交互作用理论，应激源是指能够被个体直觉并产生正性或负性反应的事件或内外环境的刺激（Selye，1976），其复杂性将会影响个体认知图式的构建，进而导致个体在应对过程的初级阶段（Primary appraisal）产生不确定性的认知（Lazarus & Folkman，1984），困惑便是其中的一种（Leek & Kun，2006）。同时，关于应对视角下的情绪研究表明，认知会导致消极情绪的出现，而消极情绪又会诱发相应的行为（Arnold，1960；Lazarus & Folkman，1987；Lazarus，1991）。基于此，在应对视角下探讨困惑对负面口碑影响的情绪机制成为本章重点考察的内容之一。

不仅如此，在应对过程的次级评价（secondary appraisal）阶段，个体为了缓解认知对情绪的负面影响，通常会采取相应的策略来减弱应激源带来的负面影响，如转移对应激源的注意力、重新理解应激源（Thoits，1995）。由此可见，从应对视角探讨在线旅游消费者困惑与负面口碑的关系，可以有效考虑个体在困惑情景下的主动思考（认知评价）过程，弥补了现有"刺激—反应"视角研究的局限性。那么，在主动思考的过程中，如果旅游消费者将产品评价为对自己并不重要或没有意义时，相关认知评价结果如何影响困惑与消极情绪和负面口碑的关系呢？这将是本章感兴趣的又一个问题。据此，本章基于应对视角，不仅将深入考察在线旅游消费者困惑对负面口碑的情绪中介机制，还将引入产品涉入度变量，构建有中介机制的调节作用模型（Edwards & Lambert，2007），分析产品涉入度的调节作用是否通过消极情绪对负面口碑产生影响。

第二节 理论回顾与假设推演

一、困惑与负面口碑

依据佩弗等（Pfeffer et al.，2014）的定义，负面口碑行为（Negative word of mouth，NWOM）是指消费者以文字或口头的方式向社会群体传递企业及其产品或服务的负面信息，并劝告其他消费者不要购买该产品或服务的行为。对于网络信息环境下的在线旅游消费者而言，信息相似、信息模糊、信息过载等外部环境属于一种重要的消费情景应激源（Moschis，2007），而困惑正是该环境下的一个心理认知变量。同时，应对视角下的研究指出，当外部环境被评价为不确定性时，个体会对其进行次级评价，即对不确定性感知的负面影响进行评估，评估结果将引发一系列的心理和行为反应（Lazarus & Folkman，1984）。据此，本章认为在线旅游消费者困惑会促进负面口碑行为的发生。首先，当在线旅游消费者感知到自身处于相似的困惑情境时，他们很难区分选择在哪里购买以及购买哪种产品（或品牌），如选择"去哪儿"还是"携程"进行旅游线路的预订或景区门票购买、选择"如家快捷酒店"还是"锦江快捷酒店"等。若要完成消费决策，这就迫使他们要花费更多的时间、精力以及成本来辨别应对这种不确定性的环境。而负面口碑行为具有较大的自主性和随意性，在网络情境下更是如此（Nyer & Gopinath，2005；Alexandrov et al.，2013）。当在线旅游消费者自顾不暇，无法将注意力集中于解决这些困惑的消费情境时，最直接的反应就是他们无力处理所有的信息，进而引发一系列不良的心理反应（Turnbull et al.，2000；Mitchell et al.，2005），最终增加了负面口碑传播行为的可能性。其次，当在线旅游消费者处于模糊困惑压力情景时，模棱两可的信息往往会增加他们的认知负担（Turnbull et al.，2000；Ghosh & Rao，2014；Garaus et al.，2015），进而表现出不利于企业的行为发生（Mitchell et al.，2005），如负面口碑传播行为。尤其是，当各类信息无法聚焦于购买决策的时候，困惑还会增加在线旅游消费者对产品的风险感知，他们往往通过外部归因的方式，将没有提供清晰信息的责任归因于相关企业或提供信息的一方，进而表现出负面口碑传播行为（Chang et al.，2015）。基于上述讨论，本章提出如下假设：

H6-1：在线旅游消费者困惑对负面口碑行为存在着显著的正向预测作用。

二、消极情绪的中介作用

情绪体验是在线消费情景中的重要组成部分（Mazaheri et al.，2012）。沃森等（Watson et al.）将消极情绪（negative emotion，NE）描述为一种心情低落的主观体验，如焦虑、生气、愤怒和紧张等负面情绪感受（Watson et al.，1988）。依据应对视角下的认知交互作用理论，困惑是基于外部刺激环境下的初级评价而产生的，反映了个体对应激源刺激程度的感知（Lazarus & Folkman，1987）。而且，学者们还将情绪纳入应对研究的范畴，并指出不同个体对情景和自身资源的认知评价会引起不同的情绪反应（Lazarus & Folkman，1987），很好地丰富了应对的内涵。与此同时，消费者困惑领域也有研究显示，在困惑情境中的消费者难以处理网络信息环境下的复杂信息，更可能出现消极情绪（Mitchell et al.，2005；Wang & Shukla，2013；Kasabov，2015）。例如，由信息相似带来的困惑压力可能会导致消费者无法作出决策，进而增强消费者的挫败感（Malhotra et al.，2004）；由信息超载带来的困惑压力会使得消费者很难去处理一些额外的信息，不但增加了消费者的评估成本，还会引发他们产生焦虑感和紧张感（Heitmann et al.，2007）；由信息模糊导致的困惑压力经常会导致消费者被一些冲突而非重要的以及模棱两可的信息所困扰，他们经常表现出沮丧和失望的心理（Heath & Tversky，1991）。据此，本章进一步假设：

H6-2：在线旅游消费者困惑对消极情绪存在着显著的正向预测作用。

与此同时，消极情绪也可能是消费者表现负面口碑行为的诱因之一。应对视角的研究指出，在消极情绪发生的时候，个体希望通过自己的努力来改变消极情绪所带来的不确定性感知，往往会采取相应的应对方式（Lazarus，1991），进而诱发特定行为的产生，即消费者的某些行为可能是对困惑这种不确定性心理的情绪回应。有关消极情绪的研究表明，当消极情绪产生后，个体会投入某种行为控制或修复消极情绪（Tice & Bratslavsky，2000），消极行为意向（如消极诉说、劝阻购买与负面评论等）则是网络购物环境中消极情绪应对下的结果变量（张初兵等，2017）。而负面口碑行为是指消费者以文字或口头的方式向社会群体传递企业及其产品或服务的负面信息，并劝告其他消费者不要购买的行为（Pfeffer et al.，2014）。从这一视角看，消极情绪会刺激在线旅游消费者表现出负面口碑行为。因此，本章提出如下假设：

H6-3：消极情绪对在线旅游消费者的负面口碑传播行为存在着显著的正向预测作用。

综合上述分析，本章推论，消费者困惑表现出负面口碑行为可能是通过消极情绪的中介实现的。应对视角下的情绪研究构建了一条"认知—情绪—行为"的分析路径，即困惑影响着消费者的情绪体验，而情绪反应直接驱动了负面口碑行为。因此，本章继续提出假设：

H6-4：消极情绪在旅游消费者困惑与负面口碑行为之间起着中介作用。

三、产品涉入度的调节作用

应对视角的研究指出，个体对应激源进行初级评价后，将进入次级评价阶段，即个体评估应采取何种应对策略以消除不确定性感知所带来的负面效应（Lazarus & Folkman，1987）。为了避免不确定性的认知导致消极情绪的出现，个体往往会采用相应的应对策略，学者们将这一应对方式称之为"情绪聚焦"（emotion-focused）。当个体在次级评价阶段采取不同的应对策略时，将进一步改变认知与认知反应之间的关系（Nandkeolyar et al.，2014）。而且，有关应对与情绪的关系研究指出，情绪的发生较为复杂，在外部环境刺激引发情绪反应的次级评价阶段，个体将会调节自己对外部刺激的反应，且次级评价会修饰初级评价，具有调节情绪强度的作用

（Lazarus，1991）。同时，个体可以通过应对来减弱压力对情绪的负面影响，如通过重新理解情景（或认知重评），转移对压力的注意力（Thoits，1995），进而降低困惑带来的消极情绪。由此可见，在次级评价阶段，个体可能会对欲购产品的重要性和意义进行重新理解。而产品涉入度（Product involvement，PI）正是衡量个体与产品相关程度的变量，其是指某一产品与消费者个人需求、偏好以及价值观的相关程度（Zaichkowsky，1985）。涉入度水平越高，意味着消费者越重视该产品或者该产品对消费者越有意义（Cohen，1983；Traylor & Joseph，1984）。据此，本章认为产品涉入度是次级评价阶段的一个重要认知评价变量，其具有调节压力与情绪关系的能力。

具体而言，产品涉入度较高的在线旅游者通常认为产品是重要的、有意义的，他们为了更好地理解困惑的消费情境，可能需要花费更多的认知资源来应对压力，以及选择和创造出更有利于自己的决策环境（Kahn et al.，2006），因而困惑造成的负面反应较为明显，增加了消极情绪的产生（Wang & Shukla，2013；Moon et al.，2017）。尤其是对于产品涉入度较高的旅游消费者而言，一旦他们投入了大量的认知资源来处理外部困惑的信息，而最后还是无法作出有效的决策时，困惑带来的负面影响可能会更强。相比之下，当在线旅游消费者认为该产品并不重要时，他们更可能通过放弃购买或延迟购买的方式转移对压力的注意力，或者是表现出"事不关己，高高挂起"的心态，因而困惑所带来的负面反应较小，即低产品涉入度弱化了困惑对消极情绪的影响。由此，本章提出如下假设：

H6－5：在线旅游消费者的产品涉入度在困惑与消极情绪之间起着调节作用。较之于高产品涉入度而言，低产品涉入度弱化了在线旅游消费者困惑与消极情绪的正向关系。

以上的分析和假设已经表明，本章从情绪聚焦路径探讨了在线旅游消费者困惑影响负面口碑的情绪机制。然而，消费者困惑与消极情绪之间的关系还受到次级评价（产品涉入度）的影响，即产品涉入度越低，在线旅游消费者越会表现出"事不关己，高高挂起"的心态，困惑与消极情绪的正向关系也会越弱。根据爱德华兹和兰伯特（Edwards & Lambert，2007）关于有中介的调节作用的观点，产品涉入度的这种调节效应可能会通过消极情绪的传导进而影响负面口碑，以及产品涉入度在旅游消费者困惑与负面口碑之间也可能存在间接的调节作用。基于此，本章进一步提出有中介的调节假设：

H6-6：在线旅游消费者的产品涉入度在困惑与负面口碑之间存在调节作用。较之于高产品涉入度而言，低产品涉入度弱化了在线旅游消费者困惑与负面口碑的正向关系。

H6-7：在线旅游消费者的产品涉入度的调节作用会通过消极情绪的传导进而影响负面口碑传播行为。

综合上文的推论可知，本章从应对视角出发，不仅将深入探讨消极情绪在在线旅游消费者困惑对负面口碑传播行为的作用路径，还将分析产品涉入度在该作用路径上的调节效应，并构建了一个被中介的调节效应模型，具体如图6-1所示。

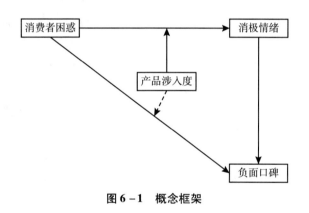

图6-1 概念框架

第三节 研究设计

一、测量工具

书中涉及的研究变量大多借鉴国外研究中被实证检验过的成熟量表（除负面口碑外）。为确保中英文版本的一致性，作者遵循"翻译—回译"

的程序，邀请1位认知心理学领域的教师和2位翻译专业的教师确定中文量表的初稿。随后，邀请1位企业管理专业的教授和1位市场营销专业的博士进行修订，进一步确保量表翻译的准确性。本章的所有测量量表均采用五点计分。

（1）消费者困惑。采用沃尔什等（Walsh et al.，2007）开发的消费者困惑倾向量表，共9个条目，如"由于在线渠道提供的旅游产品有很多相似之处，导致我无法进行有效的区分""由于在线旅游网站存在太多有关旅游产品的信息，我很难决定购买哪个产品""当购买产品时，我觉得在线旅游网站提供的信息并不充分"等，内容涉及在线旅游者消费者面对的相似困惑、超载困惑、模糊困惑三个方面。该量表的内部一致性系数为0.93。

（2）负面口碑。借鉴张初兵等（2017）在网络购物环境下设计的负面口碑量表，从消极诉说、劝阻购买与负面评论三个方面来测量，具体表述为"我向亲朋好友诉说过这次负面体验""我劝阻过将要去这家网站购物的人""我在网上对这次体验发布过负面评价"。该量表的内部一致性系数为0.84。

（3）产品涉入度。采用兹齐柯瓦斯基（Zaichkowsky，1985）的量表，具体包括"对我而言，这个产品是重要的""这个产品与我没什么关系""对我而言，这个产品是有意义的""这个产品是我所需要的"4个题项。该量表的内部一致性系数为0.81。

（4）消极情绪。采用雷诺兹等（Reynolds et al.，2006）的量表，采用4个形容词来测量，具体为"生气的""挫败的""失望的""沮丧的"。该量表的内部一致性系数为0.87。

（5）控制变量。由于性别、年龄、受教育程度等人口统计特征变量被认为对消费者困惑存在影响作用（Mitchell & Papavassiliou，1999；Turnbull et al.，2000；Tjiptono et al.，2014）。因此，为了避免这些无关变量影响在线旅游消费环境中各变量的逻辑关系，本章将性别、年龄、受教育程度、网购经历4个变量作为控制变量来处理。

二、样本

本章的目标对象为在线旅游消费者，作者通过网络调研，借助于"问卷星"App，采取滚雪球的方式获取数据。先通过"过去半年，您是否有过在网上购买旅游产品或服务（如门票、酒店预订、机票、旅游线路等）的经历。如有，恳请您结合自己印象最深刻的一次旅游产品购买经历，对如下题目进行作答"问题来选择符合条件的样本，共获得问卷378份。为了保证在线问卷的质量，作者在实验室邀请8名旅游管理专业的研究生对在线问卷进行认真作答，最低所需时间是4分钟。据此甄别无效问卷，将填答时间低于4分钟的问卷视为无效问卷（共44份），实际得到有效问卷334份，涵盖了福建、广东、湖北、山东等全国大部分省份。样本的描述性统计分析表明，女性占比49.4%；年龄在19~29岁的占比33.2%，在30~39岁的占比52.0%，40岁以上的占比14.8%；高中及以下的占比5.2%，大专或本科占比79.9%，硕士及以上占比14.9%；网购经验1年及以下的占比2.3%，1年以上到3年及3年以下的占比24.6%，3年以上到8年及8年以下的占比52.2%，8年以上的占比20.9%。

第四节　数 据 分 析

一、验证性因子分析

为了考察消费者困惑、消极情绪、负面口碑和产品涉入度这4个潜变量的区分效度，本章对调研数据进行了验证性因子分析。验证性因子分析的结果显示（见表6-1），四因子模型具有较好的拟合程度（$\chi^2 = 299.06$，$df = 129$，$\chi^2/df = 2.32$，$CFI = 0.94$，$TLI = 0.93$，$GFI = 0.91$，$RMSEA = 0.06$），这说明本章所研究的4个潜变量之间具有较好的区分效度。同时，虽然单因子模型拟合效果不佳的结果（$\chi^2 = 950.34$，$df = 135$，$\chi^2/df = 7.04$，$CFI = 0.70$，$TLI = 0.66$，$GFI = 0.71$，$RMSEA = 0.13$）已可以初步判断模型的同源偏差不严重，但是由于本章的所有变量都来自消费者填写，本章还根据波德萨科夫等（Podsakoff et al.，2003）的建议，对模型中的 4 个构念进一步做了同源偏差分析。具体做法是，在四因子模型的基础上，引入同源偏差因子作为潜变量，并允许其在所有项目上存在负荷。如表 6 - 1 所示，五因子模型的拟合结果并没有显著地优于四因子模型，这表明加入同源偏差因子后的模型并未得到显著的改善，同时也说明本章并不存在严重的同源偏差。

表 6 - 1　　　　　　　　　　　　验证性因子分析结果

模型	因子结构	χ^2	df	χ^2/df	CFI	TLI	GFI	RMSEA
五因子模型	CC；NE；NWOM；PI；CVF	228.66	111	2.06	0.95	0.94	0.93	0.05
四因子模型	CC；NE；NWOM；PI	299.06	129	2.32	0.94	0.93	0.91	0.06
三因子模型 1	NE + NWOM；CF；PI	408.95	132	3.10	0.90	0.88	0.87	0.08
三因子模型 2	CC + PI；NE；NWOM	450.89	132	3.42	0.88	0.86	0.86	0.08
三因子模型 3	NE + CF；NWOM；PI	771.84	132	5.85	0.76	0.73	0.75	0.12
二因子模型 1	CC；NE + NWOM + PI	504.20	134	3.76	0.86	0.84	0.84	0.09
二因子模型 2	CC + NE + NWOM；PI	848.67	134	6.33	0.74	0.70	0.73	0.13
单因子模型	CC + NE + NWOM + PI	950.34	135	7.04	0.70	0.66	0.71	0.13

注：$N = 334$；CC 代表消费者困惑，NE 代表消极情绪，NWOM 代表负面口碑，PI 代表产品涉入度，CVF 代表同源偏差，"＋"代表两个因子合并为一个因子。

二、描述性统计分析

本章所涉及的主要研究变量和控制变量的均值、标准差以及相关系数如表 6 - 2 所示。消费者困惑与消极情绪著正相关（$\gamma = 0.48$，$p < 0.01$），

与负面口碑显著正相关（$\gamma = 0.39$，$p < 0.01$），与产品涉入度显著正相关（$\gamma = 0.40$，$p < 0.01$）；消极情绪与负面口碑显著正相关（$\gamma = 0.29$，$p < 0.01$），与产品涉入度显著正相关（$\gamma = 0.43$，$p < 0.01$）；负面口碑与产品涉入度显著正相关（$\gamma = 0.35$，$p < 0.01$）。上述变量之间相关关系的存在，为本章的相关假设提供了初步的支持。

表6-2　　　　　　　　各变量的均值、标准差及相关系数

变量	均值	标准差	1	2	3	4	5	6	7
1. 性别	1.49	0.50							
2. 年龄	2.85	0.76	-0.13**						
3. 学历	2.11	0.48	0.01	-0.11**					
4. 网购经验	2.92	0.81	0.06	-0.17***	-0.12**				
5. 消费者困惑	3.04	0.90	-0.11**	0.03	-0.07	0.03			
6. 消极情绪	2.24	0.85	-0.08	-0.03	-0.06	0.03	0.48***		
7. 负面口碑	3.28	0.79	-0.15**	0.08	-0.05	0.04	0.39***	0.29***	
8. 产品涉入度	2.87	0.68	-0.10	0.02	-0.04	-0.05	0.40***	0.43***	0.35***

注：$N = 334$；$** p < 0.05$，$*** p < 0.01$。

第五节　假设检验

本章主要借鉴爱德华兹和兰伯特（Edward & Lambert，2007）的分析程序检验假设，构建8个回归模型，其中，M1~M3以消极情绪为结果变量，M4~M8以负面口碑为结果变量。首先，本章在控制人口统计学变量的基础上，考察各变量之间的主效应。在表6-3中，消费者困惑对消极情绪具有显著的正向影响（M1，$\beta = 0.47$，$p < 0.01$）；消费者困惑对负面口碑具有显著的正向影响（M5，$\beta = 0.38$，$p < 0.01$）；消极情绪对负面口碑具有显著的正向影响（M4，$\beta = 0.28$，$p < 0.01$），这很好地支持了本章的假设 H6-1、H6-2、H6-3。

表 6 - 3   阶层回归分析结果

变量	消极情绪			负面口碑				
	M1	M2	M3	M4	M5	M6	M7	M8
性别	- 0.03	- 0.02	- 0.03	- 0.12 **	- 0.11 **	- 0.10 **	- 0.09 **	- 0.09
年龄	- 0.05	- 0.05	- 0.05	0.08	0.06	0.06	0.06	0.06
学历	- 0.03	- 0.02	- 0.03	- 0.02	- 0.01	- 0.01	- 0.01	- 0.01
网购经验	0.01	0.02	0.02	0.05	0.04	0.04	0.06	0.05
自变量								
消费者困惑	0.47 ***	0.36 ***	0.21 ***		0.38 ***	0.31 ***	0.18 ***	0.16 ***
中介变量								
消极情绪				0.28 ***		0.14 **		0.10 **
调节变量								
产品涉入度		0.29 ***	0.03				0.16 ***	0.14 **
交互项								
消费者困惑 × 产品涉入度			0.13 **				0.10 **	0.07
消极情绪 × 产品涉入度								0.12 **
R^2	0.23	0.29	0.32	0.13	0.16	0.19	0.22	0.29
ΔR^2		0.07 ***	0.03 **			0.04 **	0.03 **	0.08 ***

注：$N = 334$；系数均为标准化回归系数；** $p < 0.05$，*** $p < 0.01$。

其次，依据中介回归程序（Hayes，2013），以消费者困惑为自变量，负面口碑为因变量，考察消极情绪的中介效应。结果显示，在加入消极情绪变量后，消极情绪对负面口碑的回归系数显著（M6，$\beta = 0.14$，$p < 0.05$），消费者困惑对负面口碑的回归系数仍然显著（M6，$\beta = 0.31$，$p < 0.01$）。由此可见，消极情绪在消费者困惑和负面口碑的关系中起到了部分的调节作用。为进一步验证消极情绪的中介作用，本章遵循库普曼等（Koopman et al.，2015）的方法（Bootstrap = 1000）估计消费者困惑通过消极情绪影响负面口碑的间接效应。分析结果显示，间接效应值为 0.049，95% 的置信区间为（0.016，0.081），不包括 0，H6 - 4 得到验证。

再次，依据调节检验的程序，以消极情绪为因变量，考察消费者困惑、产品涉入度以及它们的交互项（已经过中心化处理）对负面情绪的影响。结果显示，消费者困惑与产品涉入度的交互项对消极情绪具有显著的正向影响（M3，$\beta = 0.13$，$p < 0.05$），而这表明产品涉入度在消费者困惑对消极情绪的影响过程中起着正向的调节作用，即当产品涉入度较高时，消费者困惑对消极情绪的正向影响较强；而产品涉入度较低时，消费者困惑对消极情绪的正向影响较弱。由此可见，本章的假设 H6 – 5 得到支持。为了更直观地呈现产品涉入度对消费者困惑与消极情绪的调节效应，本章参照艾肯和韦斯特（Aiken & West，1991）的方法，分别对高产品涉入度（均值加一个标准差）和低产品涉入度（均值减一个标准差）下消费者困惑与消极情绪的关系进行描绘（见图 6 – 2）。

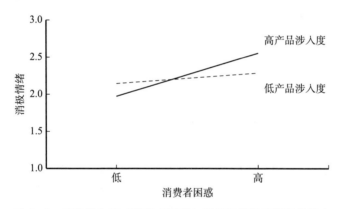

图 6 – 2　产品涉入度对消费者困惑与消极情绪关系的调节效应

最后，依据有中介的调节效应检验程序，考察产品涉入度的调节效应是否通过消极情绪对负面口碑产生影响。结果显示，消费者困惑与产品涉入度的交互项对负面口碑具有显著的正向影响（M7，$\beta = 0.10$，$p < 0.05$），这说明产品涉入度在消费者困惑与负面口碑之间存在调节效应，本章的假设 H6 – 6 得到支持。同样，为了更直观地呈现产品涉入度的调节效应，本章也参照艾肯和威斯（Aiken & West，1991）的方法进行绘图。图 6 – 3 显示，在产品涉入度较高的情况下，消费者困惑与负面口碑的正向关系更

强，而在产品涉入度较低的情况下，消费者困惑与负面口碑的正向关系更弱。随后，在加入消极情绪以及其与产品涉入度的交互项之后，消极情绪对负面口碑的回归系数显著（M8，$\beta = 0.10$，$p < 0.05$），而消费者困惑与产品涉入度的交互项不再显著（M8，$\beta = 0.07$，ns），这说明产品涉入度的调节效应完全被中介，假设 H6 – 7 得到数据支持。同样，为进一步验证消极情绪对产品涉入度调节效应的中介作用，本章遵循库普曼等（Koopman et al.，2015）的方法（Bootstrap）估计消费者困惑通过消极情绪影响负面口碑的间接效应。分析结果显示，间接效应值为 0.117，95% 的置信区间为（0.071，0.162），不包括 0，假设 H6 – 7 得到验证。

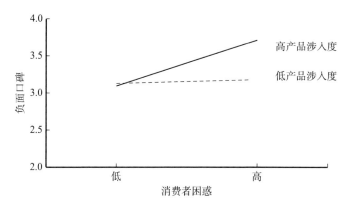

图 6 – 3　产品涉入度对消费者困惑与负面口碑关系的调节效应

第六节　结论与反思

一、理论启示

本章以在线旅游消费为背景，从应对视角探讨旅游消费者困惑对负面口碑影响的情绪机制，在一定程度上丰富了在线旅游消费行为的研究，尤其是在在线旅游消费者困惑研究方面具有一定的理论贡献。

　　第一，从应对视角研究消费者困惑对负面口碑的影响机制，可以弥补"刺激—反应"视角研究的不足和推进现有理论的发展。以往关于消费者困惑与其心理行为反应的研究，大多将注意力集中在困惑对这些结果变量的直接效应上（Walsh & Mitchell，2010；Wang & Shukla，2013；Tjiptono et al.，2014）。尽管有学者构建了一条"认知—情绪—行为"的路径模型（Moon et al.，2017），旨在探讨消费者困惑对负面口碑影响的内在机制和心理过程，但是该模型仅局限于"刺激—反应"视角，较少考虑到个体在困惑情境下的主观能动性。本章将负面口碑动机的研究从"刺激—反应"视角扩展到应对视角，解释在线旅游消费者困惑与负面口碑之间的应对机制。而且，由在线旅游消费者困惑出发的负面口碑的应对机制，可以充分考虑个体在遭遇困惑这一不确定情境下的主动应对过程，不仅丰富了学界关于消费者困惑对负面口碑影响过程的研究，还很好地弥补了现有"刺激—反应"视角研究的不足。

　　第二，产品涉入度变量的引入，有助于厘清消费者困惑的作用边界。以往有文献将涉入度视为消费者困惑的一个前因变量，并认为涉入度与困惑之间存在负向关系（Özkan & Tolon，2015），而对于产品涉入度在消费者困惑与负面口碑中所发挥的作用却知之甚少。因而，将产品涉入度引入到消费者困惑与其心理行为反应的关系当中，可以很好地回答"事不关己，高高挂起？"的问题，这是对当前研究的一个有益补充。同时，现有文献对消费者困惑与负面口碑关系的研究尚处于摸索阶段，且相关结论并不一致（Moon et al.，2017）。对此，涂红伟等人（2016）也呼吁学者们应当积极开展实证研究，进一步明确消费者困惑给企业带来的不利影响。然而，学界却缺乏从产品涉入度着手，剖析个体的认知评价结果对消费者困惑与其心理行为反应之间关系的影响研究。而本章的研究发现，产品涉入度将在线旅游消费者困惑和消极情绪、负面口碑的关系间具有调节作用，这不仅为现有不一致的发现提供了合理的解释，还进一步拓展了消费者困惑对其心理行为反应关系的影响边界研究。

　　第三，从应对视角出发，深入理解消费者困惑与其心理行为反应之间的复杂关系，无疑是对认知评价理论在消费者行为领域应用的一次有效拓展。本章研究不仅细致剖析了消极情绪在消费者困惑影响过程中的中介作用，还创新性地探讨了产品涉入度如何作为调节变量，进一步影响了消费者困惑与心理行为反应之间的关系。这一系列的实证分析不仅为消费者困惑的研究开辟了新的理论视角，也为理解消费者在面对困惑时的心理机制和应对策略提供了有力的证据。此外，长期以来，消费者困惑作为一个相对较新的前沿议题，在理论基础方面确实存在一定的欠缺，这也一直是该领域被诟病的地方。而应对视角的引入，无疑为这一领域的研究提供了新的理论生长点和方向。它不仅帮助本章更清晰地看到消费者在面临困惑时如何调动自身的心理资源，采取何种应对策略，还揭示了这些应对策略如何进一步影响消费者的情绪反应和行为决策。

二、实践启示

本章所得出的一些有意义的结论，对于在线旅游企业的营销推广工作有着较为明显的实践意义，主要体现在以下两个方面。一方面，在线旅游企业应该在产品信息发布的过程中，重新认识产品信息发布在营销工作中的重要性，将其作为预防旅游消费者困惑发生的方式之一。本章的研究发现，消费者困惑不仅会导致消极情绪的出现，还会表现出负面口碑传播行为。为了规避负面口碑所带来的负面影响，应该重视消费者困惑这一现象。鉴于本章对消费者困惑的测量主要是从信息相似、信息超载、信息模糊三个原因展开。因而，在线企业可以在产品推广过程中避免这些情况的出现。例如，信息的呈现并不是多多益善，应该注意强调产品与其他企业产品的差异性，以及在产品的信息描述中多用清晰的指导语等。又如，在线旅游企业可以提供搜索关键词，"主题""好评率"等，帮助消费者快速做出决策，减少信息超载带来的困惑。另一方面，在线旅游企业应该在产品信息发布的过程中，尤其要注意那些被旅游消费者认为是重要和有意义的产品，将其作为规避消费者产生负面心理和行为的方式之一。例如，在旅游服务商应该着重关注准高净值人士的市场，如高端旅游市场，针对这一市场细分，开发高端旅游产品，提供定制化服务。

　　本章的研究发现，产品涉入度较高的个体在网络信息环境下面对困惑的信息时，他们会表现出较为强烈的消极情绪和较为频繁负面口碑传播行为，而较低的产品涉入度将会弱化困惑对负面口碑的正向影响。可见，产品涉入度较高的旅游消费者对困惑更为敏感，其负面口碑传播行为更容易受到困惑信息的影响。因此，在线企业的营销资源应该具有针对性，重点集中在那些消费者涉入度较高的产品上。例如，除了在线销售旅游产品之外，在线旅游企业可以开设线下自营店，更好地把控产品质量以及提供个性化的服务体验，进而减少他们的消费者困惑。不仅如此，对一些消费者认为有意义和重要的产品，在线企业的客服人员还应当耐心地给予解答，增加与这类消费者互动交流的时间，这不仅可以让在线客服人员从所交流的问题中意识到在线产品营销宣传中的不足之处，还为在线企业如何提供行之有效的推广方式提供了新的思考方向。

三、研究反思

　　本章仍然存在一些局限性，主要表现在以下三个方面。

　　首先，本章的在线旅游消费者样本多以大专和本科群体组成，且网络购物经验多集中在 3～8 年，这可能与实际的在线旅游消费者的特征有所差异，不可避免地对研究的外部效度造成一定的影响。未来的研究应当扩大样本群体，以增加研究结论的外部效度。同时，本章采用截面数据验证变量间的逻辑关系，选择让被试回忆过去半年在网上购买产品的经历，尤其是在消极情绪的测量上，要求被试回忆购物时情绪状态的发生频率，这使得本章的结论存在一定的局限性。不仅如此，调查问卷的填写均来自消费者，仍可能存在同源偏差的可能性。因而，未来的研究应当进一步完善研究设计，采用纵向追踪的方式，通过多时点来测量，以便更准确地考察变量间的因果关系。

　　其次，本章从应对视角探索在线旅游消费者困惑对负面口碑的作用机制，仅仅着眼于"情绪聚焦"的应对方式。事实上，为了应对外部刺激环境所带来的负面影响，个体往往还会表现出一些行为和认知上的努力，学者们将这一应对方式称之为"问题聚焦"（Lazarus，1991）。据此，未来的研究可以进一步探索"问题聚焦"下消费者困惑对负面口碑的影响机制，引入相应的认知评价变量（如决策满意度、感知风险），以便进一步丰富应对视角下消费者困惑与负面口碑关系的研究。

最后，从消费者困惑产生的原因来看，其包括相似困惑、超载困惑和模糊困惑三类，本章在实证研究中采用总体困惑来分析其负面口碑的作用机制，虽然得到了一些有意义的结论，但是这三种类型的困惑对负面口碑的影响机制是否存在差异，以及其在其他消费情境（如线下旅游消费）下的结论是否和本章一致尚不清楚。因此，从不同的消费情境来分析和比较消费者困惑下的三个维度对其心理行为反应的影响是未来值得探讨的方向之一。

第七节　本章小结

在在线旅游情境中，在线旅游市场的价格战和产品同质化现象使得相似、超载、模糊、冲突的产品信息层出不穷，这时常让在线旅游消费者感到困惑，进而诱发相应的负面行为。以往研究从"刺激—反应"下考察了消费者困惑对负面口碑的消极影响（Mitchell et al.，2005；Kasabov 2015；Moon et al.，2017）。"刺激—反应"视角下的研究将消费者视为一个被动的个体，忽略了他们在困惑情境中的应对行为，诸如明晰购买目标、重新思考等应对策略（Mitchell et al.，2005；Kasabov，2015；涂红伟和郭功星，2018）。与以往研究不同，本章从应对视角出发，不仅深入探讨消极情绪在在线旅游消费者困惑对负面口碑传播行为的作用机制，还引入产品涉入度来探讨其在该作用路径上的调节效应，从而构建了一个被中介的调节效应模型来解释困惑对负面口碑的形成机理与作用边界。

不仅如此，本章还以在线旅游消费者为调查对象，通过线上问卷调查收集数据，运用层次回归、Bootstrap 等方法，进行了实证检验。针对 344 份在线消费者数据的分析结果显示：（1）消费者困惑正向影响消极情绪和负面口碑；（2）消极情绪在消费者困惑与负面口碑之间存在部分的中介效应；（3）产品涉入度对消费者困惑与消极情绪的关系起着调节作用，当产品涉入度较高时，消费者困惑与消极情绪的正向关系更强；（4）产品涉入度的调节效应会通过消极情绪的传导进而影响负面口碑，且产品涉入度调节着消费者困惑与负面口碑的关系，当产品涉入度较高时，消费者困惑会诱发更强的负面情绪，从而诱发负面口碑行为。该研究结果对于在线旅游企业应对、预防和管理消费者困惑具有重要实践价值。

第七章 研究结论与启示

经过系统地归纳、梳理和总结在线旅游消费者困惑的概念内涵、结构维度以及理论发展动态，本书围绕在线旅游消费者困惑的形成路径与效应机理展开了深入地探讨，得出了一些颇具价值和创新性的研究结论。这些研究结论不仅推进了在线旅游消费者困惑的理论发展进程，还为旅游企业营销管理实践提供了可行的操作思路。重新审视整篇书稿，作者还发现了研究过程中存在的一些局限与不足，以及未来亟须拓展之处。据此，本章将对整个研究结论做一个全面汇总，并反思这些结论在实践中的应用价值，以及指出未来可以进一步探讨的方向。

第一节 研究结论

自消费者困惑的概念提出之后，国内外学者便围绕消费者困惑的内容、结构、前因以及后效展开了丰富的探索，现已涌现出许多有价值的研究结论。然而，当前研究仍然在消费者困惑的形成路径探索、负面效应作用机理探讨等方面存在不足，这阻碍了消费者困惑研究的理论发展。因此，本书在梳理消费者困惑相关研究的基础上，对消费者困惑的形成与效应机理进行了系统地考察，旨在识别消费者困惑的形成路径，以及系统揭示消费者困惑对消费者心理与行为的影响过程。总的来讲，本书在以下三个方面做出了一些创新性的研究工作，并取得了一系列有益的结论和观点。

一、全面梳理了消费者困惑的发展动态

近年来，互联网传递着大量的消费信息，已成为消费者信息搜索的主

要渠道，由此引起的消费者困惑问题亦日益严重（Scardamaglia & Daly，2016）。相较于标准化的一般消费品，在线旅游产品或服务因其独特的时空分离、消费与生产即时同步等特性（Xu & Gursoy，2015），使得旅游者在做出购买决策时，需要依赖更为丰富和详尽的信息来降低风险感知（Gursoy & McCleary，2004），这无疑增加了在线旅游者遭遇困惑体验的可能性。尽管当前国内外学术界对在线旅游消费者困惑的前因变量和结果变量给予了越来越多的关注，但相关研究结论仍显得较为零散和碎片化。这种现状不仅限制了学界对在线旅游消费者困惑全面而深入的理解，也阻碍了业界采取有效措施来规避或管理这一困惑。因此，对在线旅游消费者困惑进行系统性的归纳与梳理，已成为当前研究亟待解决的问题。借助文献分析法，本书从信息层面、产品层面、购物环境层面以及个体层面多维度地系统归纳了消费者困惑的前置因素。信息层面的因素包括信息超载、信息模糊、信息冲突等信息属性；产品层面的因素则涉及产品属性和产品价格两大方面；购物环境层面因素主要指的是购物环境中的音乐、颜色、灯光、气味等外部刺激；个体层面主要涉及人口统计变量和心理特征变量两个方面的因素。上述对消费者困惑因素的系统梳理不仅有助于推进学界对消费者困惑成因的认知，也有助于业界从个体、产品以及环境等层面采取不同措施干预和规避在线消费者困惑。而在消费者困惑的影响结果层面，本书从消费者心理层面和行为层面两个视角展开综述了消费者困惑的结果变量。该项研究工作也有助于深化学界与业界对消费者困惑破坏效应的认知。此外，鉴于在线旅游消费者困惑研究起步较晚，且旅游产品本质上属于消费品，本书对消费者困惑的系统归纳与梳理有助于推进在线旅游消费者困惑的研究演进和促进在线旅游企业管理实践提升。

二、深入考察了消费者困惑的形成机制

以往的研究大多聚焦于消费者困惑所带来的负面后果，而对于其产生的根源及机制则探讨较少。本书则基于资源有限理论，从信息超载这一独特视角出发，深入剖析了认知负荷在信息超载对在线旅游消费者困惑影响

中的中介作用，并探讨了产品类别在这一关系中的调节作用。首先，本书通过实验法精心操控了被试所感知的信息超载程度，以此验证其对在线旅游消费者困惑的主效应。第三章中的数据结果均有力支持了信息超载对在线旅游消费者困惑具有直接影响的观点，这与欧赞等（Özkan et al., 2015）的研究结论不谋而合。其次，资源有限理论的核心观点在于，过量的信息刺激会给个体带来额外的认知负荷，进而引发负面的心理反应。本书在在线旅游情境中验证了这一认知过程规律。具体而言，当在线旅游消费者接收到过多的超载信息时，他们所产生的认知负荷成为形成困惑的关键因素。这一发现与李金波等（2009）的研究结论相契合，即个体所需处理的信息量增大、任务难度提升时，其认知负荷也会相应加重。而认知负荷的加重又会进一步加剧消费者的困惑感，因为高认知负荷的个体更容易体验到消极情绪（张鹏程等，2017）。此外，与一般消费品相比，旅游产品具有其独特性。它通常是一种综合性的产品，既包含体验品（如旅游线路和酒店）又包含搜索品（如机票和车票）。因此，本书特别关注在线旅游情境，并引入产品类别作为调节变量，以探究信息超载对消费者困惑作用的具体边界。实验研究结果揭示，产品类别在信息超载对认知负荷的影响中起到了显著的调节作用。具体而言，在体验品的检索与决策过程中，信息超载对认知负荷的影响更为显著；而在搜索品的决策过程中，信息超载对认知负荷的负面影响则相对减弱。上述关于消费者困惑产生机制的深入探讨，不仅有效回应了"消费者困惑究竟如何形成"这一关键问题，同时也为在线旅游企业在营销实践中如何规避或降低消费者困惑提供了有益的启示和策略指导。

三、系统揭示了消费者困惑的负面效应

借助情绪评价理论、动机性信息加工理论以及应对视角，本书充分考察了消费者困惑对信任、满意度以及负面口碑的影响机理和边界条件，进一步推动了消费者困惑的效应研究。首先，作为一类消极的外部刺激，困惑事件为消费者情绪的产生提供了认知评价对象，由此诱发了负面情绪和

相应的情绪反应（信任）。在外部刺激引发情绪反应的机制中，情绪认知评价理论认为个体对信息进行再次加工处理，再评价情绪反应的适宜性和有效性，这种评价具有调节情绪强度的作用。因此，本书还引入认知需要作为边界条件，探讨再评价负面情绪机制的个体差异。相较于以往研究关注消费者困惑对信任的直接影响，本书在情绪评价理论基础上，引入负面情绪作为中介变量，构建"消费者困惑—负面情绪—行为"的模型，深入揭示了消费者困惑对消费者信任行为的背后逻辑解释。其次，以往研究发现，当消费者面对相似信息、超载信息和模糊不清的信息等刺激时，他们有可能会产生满意、不满意，甚至可能与满意度无关等矛盾心理（Walsh & Mitchell，2010；Wang & Shukla，2013；Tjiptono et al.，2014）。因此学界开始呼吁探索消费者困惑与其心理反应关系中的调节因素，以便更好地厘清困惑影响的边界条件（涂红伟等，2016）。因此，本书借助动机性信息加工理论的分析框架，从认知需要出发，厘清了困惑与满意度之间的关系。依据动机性信息加工理论，认知评价与心理反应的关系受到个性特质变量的影响（Lazarus & Folkman，1987）。因此，本章研究发现高认知需要的旅游者倾向以积极主动的心态来面对困惑的信息，因而困惑所造成的负面效应不明显，其满意度不会下降。相反，低认知需要的在线旅游者对于信息的加工较为被动，无法做出合理的消费决策，进而增加了满意度下降的可能性。不仅如此，动机性信息加工理论的研究者还指出，在个体对信息刺激进行无意识加工之后，将采取特定的应对策略（信息加工方式）对外部信息进行加工整合（De Dreu et al.，2008）。据此，本书还从积极应对和消极应对视角出发，考察了认知需要在困惑与满意度之间的调节过程。最后，依据应对研究中的认知交互作用理论，本书从应对视角探讨了在线旅游消费者困惑对负面口碑的影响机制。根据应对视角中的"认知—情绪—行为"的分析路径，本书将消费者困惑视为个体在应对过程的初级阶段产生不确定性的认知，直接导致了消费者的负面情绪体验，而这种情绪直接驱动了负面口碑行为。在此过程，产品涉入度作为一个重要的认知评价变量，具有调节压力与情绪关系的能力。它不仅对消费者困惑与消极情绪的关系起着调节作用，其调节效应还会通过消极情绪的传导进而影响负面口碑，同时也调节了消费者困惑与负面口碑的关系。不同于以往研究将消费者困惑视为外部环境刺激的结果，认为消费者在困惑的情境中"坐以待毙"，本书从应对视角理解消费者困惑与负面口碑的关系很好地弥补"刺激—反应"视角研究的不足并推进现有理论的发展。

第二节 启 示

上述研究结论对预防和管理在线旅游消费者困惑具有一定启示意义，本书从提升在线消费者能力、优化在线消费环境、管理在线旅游者困惑三个方面展开论述消费者困惑的实践应用价值，具体内容分为以下三个方面。

一、提升在线消费者能力，应对消费者困惑

在数字化时代，消费者在面对复杂多变的在线信息环境时，常常会感到困惑和不知所措。这种困惑不仅源于接受信息的过载，还涉及消费者对信息的理解和利用。以往研究发现，个体的能力水平，包括认知能力、互联网使用经验、信息处理能力、学历等，对于应对在线困惑具有重要作用。能力较高的消费者通常能够更有效地筛选、理解和利用在线信息，从而减少困惑。相反，能力较低的消费者，可能在面对复杂信息时感到更加困惑，因为他们缺乏必要的知识来解读和处理这些信息。例如，互联网使用经验比较丰富的用户在面对复杂的购物界面、多变的促销信息时，能够通过比较不同商品的价格和评价，更快地找到所需商品，从而减少购买决策过程中的困惑。相比之下，互联网使用经验较少的用户可能需要更长的时间来理解平台规则，找到所需信息，这增加了他们的消费困惑。与此一致，根据皮尤研究中心（Pew Research Center）的调查，经常使用互联网的美国成年人在获取和处理信息方面表现得更加自信和有效。这些用户在使用社交媒体、在线购物、银行服务时，能够快速地完成任务，较少遇到阻碍与察觉到困惑。因此，切实提升在线消费者的能力，对

于减少消费者困惑具有重要意义。

　　首先，教育与培训是提升消费者在线信息筛选、理解及运用能力的重要途径，它能显著增强消费者在纷繁复杂的信息环境中的适应力与决策效能。一方面，借助在线培训课程的设置，向消费者传授基础的信息检索与获取技巧，进阶的信息筛选与评估策略，以及至关重要的网络安全知识，从而为他们构建起稳固的互联网使用基石。另一方面，通过实施公共教育项目，深化信息素养教育，旨在增强消费者辨识信息真伪与可靠性的能力，教会他们区分事实与个人观点，并掌握评估信息质量与来源的方法。此外，采用案例分析、辩论及讨论等多元化的教育形式，不仅能有效激发消费者的批判性思维能力，还能促使他们深入剖析信息内容，敏锐识别其中的偏见与误导，进而做出更为理性且明智的决策。

　　其次，构建个性化推荐系统不仅能够大幅缓解消费者在选择过程中的迷茫感，还能显著提升用户体验，增强用户的满意度与参与度。具体而言，在线平台可以依托人工智能与大数据技术，精准捕捉并分析用户的偏好、历史行为及兴趣点，从而提供量身定制的信息或产品推荐。这一举措使用户在面对海量选择时能够迅速定位到符合自身需求的选项，有效减轻选择困难。通过对用户行为数据的深度挖掘，平台能持续优化推荐算法，实现更为精准的个性化营销策略。同时，积极收集并利用用户反馈，平台能够不断迭代产品和服务，形成良性循环的反馈机制。

　　最后，为了全方位提升用户体验，平台应当构建一个完善的用户支持体系，这一体系不仅包括便捷的在线帮助中心，以供用户随时查询常见问题及解决方案，还应涵盖活跃的用户论坛和社区，为用户提供一个交流心得、分享经验的平台。在线帮助中心应设计得直观便于使用，通过详细的FAQ（常见问题解答）、视频教程、步骤指南等多种形式，确保用户能够迅速找到并解决在使用平台过程中遇到的各种难题。同时，用户论坛的设立将促进用户之间的互动，无论是新手求助还是老用户分享经验，都能在这里找到答案或启发，形成一个互助共进的良好氛围。平台还应定期更新和维护这些用户辅助与指导功能，确保其内容的时效性和准确性，从而确保用户能够流畅、高效地享受平台提供的各项服务，进一步提升用户的满意度和忠诚度。

二、优化在线消费环境，减少消费者困惑

在信息爆炸的时代，人们面对的信息量远远超过了个人处理和吸收信息的能力。这一问题的存在，使得人们在获取、筛选、理解和利用信息时感到压力和困惑。例如，在线旅游平台上的酒店、航班、旅游套餐等信息，数量庞大且更新频繁，消费者需要花费大量时间进行筛选和比较，才能做出决策。同时，在线消费环境中的产品展示方式多样，包括图片、视频、文字描述、用户评价等，这些丰富的展示形式虽然有助于消费者全面了解产品，但也可能增加选择的难度。对于在线旅游产品而言，不同平台提供的酒店图片、房间布局、周边设施等信息可能各有侧重，消费者需要综合比较这些信息，才能做出最佳选择。此外，在线购物环境具有虚拟性和匿名性，并非直接接触购物环境，这都可能给消费者带来额外的困惑。具体来说，在线旅游预订时，消费者可能无法直接体验到酒店的环境、服务、交通便利性等，只能依赖于图片、文字描述和用户评价。这种情况下，消费者可能会对实际体验产生不切实际的期望，或者对评价的真实性产生怀疑，从而影响决策过程。因此，在线平台有必要采取有效策略优化在线消费环境，继而减少消费者困惑。

在线旅游消费环境的优化需考虑到旅游产品的特殊性，如服务的无形性、价格的波动性、决策过程的复杂性等。一方面，旅游产品本质上是服务，消费者只能通过图片、视频和用户评价等间接了解服务的质量和体验，这增加了购买决策的不确定性。另一方面，旅游产品的价格受到多种因素的影响，包括季节、节假日、促销活动等。价格的多样性使得消费者在比较不同产品时面临复杂性，需要考虑多方面因素来做出决策。因此，旅游产品的这些特殊性要求在线平台提供更加透明、简洁、准确的信息和更加全面、优质、便捷的服务，以满足消费者的信息需求。首先，在线旅游平台可以建立信息分类和标签系统，帮助消费者快速定位和区分相似但不同的信息，通过提供详细的比较分析、用户推荐等，减少消费者由于感

知到信息相似性而带来的相似困惑；实施信息过滤和摘要技术，帮助消费者筛选出最相关、最有价值的信息，减少不必要的信息干扰，并提供信息管理工具，帮助在线消费者组织和管理信息，有效避免由于大量信息而产生的超载困惑；通过提供清晰、简洁的解释和说明，帮助消费者理解复杂概念和信息，并使用图表、视频等多媒体形式，增强信息的可理解性，降低信息的模糊程度。其次，平台应该简化产品描述，突出关键特性，减少信息冗余。对于相似产品，通过提供清晰的比较页面，帮助消费者快速识别差异。同时，平台还要确保产品价格信息的透明度和准确性，让消费者清楚了解价格构成和变动原因。这有助于建立平台与消费者之间的信任，减少消费者疑虑。最后，平台需重视页面设计，可针对不同群体开发不同版本的界面呈现产品信息，其中要确保导航系统直观、搜索功能强大、推荐算法平衡个性化与多样性，减少复杂的功能和操作步骤，避免过多的广告和弹窗，使消费者更容易找到所需信息并做出选择。具体来说，在线平台不仅要使用清晰的页面布局和视觉设计，避免信息过多过杂，提高信息的可读性和界面的可访问性，而且还应接入实时的在线人工客服，使消费者在遇到问题时能够快速获得帮助。通过上述在线消费环境优化策略，可以减少消费者困惑，提升消费者的购物体验和满意度。

三、管理在线旅游者困惑，助力企业持续发展

首先，在线旅游消费环境的复杂性和不确定性两大特征容易诱发消费者困惑，这无形中增加了购买决策的难度，导致消费者可能做出放弃购买、延迟决策或更换渠道等决定。以往研究发现在线旅游消费者困惑对在线旅游企业的信任（Walsh & Mitchell，2010；Tjiptono et al.，2014）、满意度（Leek & Kun，2006）及口碑（Mitchell et al.，2005；Chang et al.，2015）均产生显著负面影响。在线旅游消费环境中的信息真实性问题，是诱发消费者困惑并导致消费信任受损的主要原因。虚假评价、误导性广告、价格波动等现象，使得消费者难以判断信息的准确性，从而降低了对企业的信任。其次，虽然在线旅游平台提供了丰富的信息，但信息的准确性与完整

性却难以保证，这使得在线旅游者产生模糊困惑。此外，由于无法亲自体验产品，消费者在购买后可能会发现实际体验与预期不符，从而对满意度产生负面影响。最后，当消费者在在线旅游消费过程中遇到问题，如预订取消困难、服务延迟、退款不及时等，他们可能会在社交媒体、旅游论坛、评价网站等渠道分享自己的经历。这些负面评价不仅影响了个人的消费体验，还可能通过口碑传播影响其他潜在消费者的决策，直接损害了旅游企业的品牌声誉。因此，有效管理在线消费者困惑对于在线旅游企业至关重要，有助于提升消费者信任、满意度，维护企业声誉，进而助力企业的持续发展。

当消费者已经产生困惑时，可以从以下两个层面采取措施来应对。在服务层面，首先，在线旅游平台应提供详细、准确的产品信息，包括价格、服务内容、用户评价等，以便消费者能够全面了解产品和服务。其次，平台应提供精准的搜索服务，允许用户根据个人偏好快速筛选出最合适的选项，并优化推荐算法，根据用户历史行为和偏好提供个性化推荐。再次，平台可以通过文字提示、教程视频等方式，引导消费者正确使用平台功能，减少因操作不当而产生的困惑。在企业层面，通过网站分析工具监控页面停留时间，以及行为跟踪工具观察消费者在网站上的行为模式。如果消费者在某个特定区域长时间停留或频繁返回，可能表示他们对这部分内容感到困惑。那么可触发弹窗提示或开启实时聊天窗口，询问用户是否需要帮助。同时，企业可在关键页面上设置匿名反馈渠道或调查问卷，鼓励消费者直接表达他们在使用过程中的困惑或问题，这不仅有助于企业立即解决问题，还能收集到宝贵的用户反馈。最后，企业还应定期对客服团队进行产品知识、沟通技巧和问题解决策略的培训，确保他们能够快速、准确地解答用户的问题，提供有效的解决方案。

第三节　未来展望

第一，进一步厘清在线旅游消费者困惑的维度，并开发相应的量表。通过前文的回顾和梳理不难发现，目前已有施韦泽等（Schweizer et al.，2006）、沃尔什等（Walsh et al.，2007）以及加鲁斯和瓦格纳（Garaus &

Wagner，2016）的三篇文献专门致力于开发消费者困惑的测量量表，其中，前两篇文献是基于认知视角从消费者困惑的认知来源出发来探索消费者困惑的结构维度的。不同之处在于，施韦泽等（Schweizer et al.，2006）的研究从外部环境信息认知视角开发出了适用于零售商店环境的六个特征维度（多样性、新颖性、复杂性、矛盾性、舒适性、可靠性），而沃尔什等（Walsh et al.，2007）所开发的消费者困惑倾向三维度量表（相似困惑、超载困惑、模糊困惑）其重心在于测量消费者对产品或产品信息的认知，适用范围更广。事实上，消费者困惑不只是一个认知概念，它更多的还是一种心理状态或情感状态（Mitchell et al.，2005；Leek & Kun，2006；Edward & Sahadev，2012）。因此，尽管认知视角的测量较好地区分出了消费者困惑的结构维度，且相关量表也得到了部分实证研究的追随，但是忽略消费者困惑的心理情感因素，无疑会使测量结果存在偏颇，从而在很大程度上制约消费者困惑构念的理论发展。加鲁斯和瓦格纳（Garaus & Wagner，2016）在零售商店环境下开发的量表将消费者困惑区分为情感、认知和意动三个维度，为本研究提供了很好的视角，但是该量表目前仅在零售商店环境下得到了检验，是否具有外部普适性还有待进一步验证。更为重要的是，该量表涉及的更多的是消费者的个体主观感受，而调研的样本是西方消费者。在消费者困惑的三个维度方面，拥有集体主义价值观的东方消费者其主观感受与西方消费者是否一致尚不明确，也就是说加鲁斯和瓦格纳（Garaus & Wagner，2016）所开发的 13 个条目（描述个体心理主观感受的词汇）是否适用于中国消费者还有待进一步验证。因此，未来的研究有必要在综合考虑认知和心理情感的基础上，从认知、情感和意动三个维度出发，进行本土化的量表开发，以更好地推动我国消费者困惑理论的发展。

第二，继续考察在线旅游消费者困惑的"双刃剑"效应。米切尔等（Mitchell et al.，2005）的理论框架虽然提供了一个较为全面的消费者困惑模型，但是其仍然缺乏系统的理论诠释，仅仅囿于逻辑推导。而且，后来的实证研究所选取的变量仍旧局限于米切尔等（Mitchell et al.，2005）的理论研究范畴，多集中于检验相关变量对消费者困惑的主效应，或者消费者困惑对某些结果变量的直接效应。更为重要的是，现有研究多集中于探讨消费者困惑对其心理行为反应的负面影响，而事实上已有学者发现消费者困惑也会促进正面心理行为的发生，如决策满意度（Wang & Shukla，2013）、口碑传播行为（Ghosh & Rao，2014）。遗憾的是，学界对消费者困惑"双刃剑"效应的作用路径与机理尚未系统深入的研究，那么"何时引导""何时规避"消费者困惑的效应成为了摆在企业营销实践工作者面前的难题。消费者困惑产生这种"双刃剑"效应，可能与个体信息加工的方式有关。这是因为：中心路径加工的个体会使用较多的注意力在产品相关的信息上，并进行仔细深思地考量来评估与理解产品，进而形成态度（Petty & Cacioppo，1984），这可能会增加消费者困惑的决策满意度，进而促进口碑传播行为。而边缘路径加工的个体对产品的信念不足，态度主要由情境中的情感性线索决定（Petty & Cacioppo，1984），增加了风险感知的可能性，进而影响购买决策。因此，未来研究可以借用精细化加工可能性模型探讨消费者困惑"双刃剑"效应的作用机制。

第三，深入讨论在线旅游消费者困惑的预防机制。虽然本书从信息过载的角度厘清了消费者困惑的形成机制以及借助情绪评价理论、动机性信息加工理论和应对视角讨论困惑对信任、满意度和负面口碑的破坏效应，阐明了消费者困惑的成因与后效，但一个更重要的实践问题却没有得到很好的探索：如何解决旅游决策中的在线旅游消费者困惑问题。过量、矛盾、模糊和相似的信息是导致消费者产生超载困惑、模糊困惑和相似困惑的关键诱因（Walsh et al.，2007）。近年来，以 ChatGPT 为代表的大语言模型引发了学者和业界的广泛关注。不同于以往信息检索和信息生产方式，人工智能生成信息（Artificial Intelligence-generated Content，AIGC）通过实时的信息交互有效减少了获取信息所需的时间、精力与成本。例如，与以往消费者主动搜索信息不同，人工智能生成信息为使用者提供了自动化和个性化的信息。正因如此，人工智能生成信息在酒店业和旅游业的应用成了当下的理论焦点和实践前沿（Dogru et al.，2023；Gursoy et al.，2023）。因此，人工智能生成信息能否减少或避免在线旅游消费者的超载困惑、相似模糊和模糊困惑，及其背后的缓解机制是什么？这些问题有待未来研究进一步的深化和讨论。

参 考 文 献

［1］Abdollahi, S. M., Ranjbarian, B., & Kazemi, A. (2020). An investigation of the antecedents of consumers' confusion in purchasing an outbound package tour in the city of Isfahan by fuzzy delphi method. *Interdisciplinary Journal of Management Studies* (*Formerly known as Iranian Journal of Management Studies*), 13 (3), 527 –564.

［2］Aiken L. S., West S. G. (1991). Multiple regression: testing and interpreting interactions. *Journal of the Operational Research Society*, 45 (1), 119 –120.

［3］Alarabi, S., & Grönblad, S. (2012). *The effects of consumer confusion on decision postponement and brand loyalty in a low involvement product category* [Uppsala Universitet, Sweden].

［4］Alexandrov, A., Lilly, B., & Babakus, E. (2013). The effects of social-and self-motives on the intentions to share positive and negative word of mouth. *Journal of the Academy of Marketing Science*, 41, 531 –546.

［5］Arboleda, A. M., & Alonso, J. C. (2015). New evidence on cognitive and behavioral consumer confusion when choosing me-too snack packages. *Academy of Marketing Studies Journal*, 19 (3), 15 –21.

［6］Areni, C. S., & Kim, D. (1994). The influence of in-store lighting on consumers' examination of merchandise in a wine store. *International Journal of Research in Marketing*, 11 (2), 117 –125.

［7］Arnold M B. (1960). *Emotion and personality: Psychological Aspects*, New York: Columbia University Press, 47 –103.

［8］ Arnold, M. B. (1971). Motives as causes. *Journal of Phenomenological Psychology*, 1 (2), 185 – 192.

［9］ Bambauer – Sachse, S., & Young, A. (2024). Consumers' intentions to spread negative word of mouth about dynamic pricing for services: Role of confusion and unfairness perceptions. *Journal of Service Research*, 27 (3), 364 – 380.

［10］ Baron, R. M., & Kenny, D. A. (1986). The moderator-mediator variable distinction in social psychological research: Conceptual, strategic, and statistical considerations. *Journal of Personality and Social Psychology*, 51 (6), 1173.

［11］ Baumert, A., & Schmitt, M. (2012). Personality and information processing. *European Journal of Personality*, 26 (2), 87 – 89.

［12］ Bawden, D., & Robinson, L. (2009). The dark side of information: overload, anxiety and other paradoxes and pathologies. *Journal of Information Science*, 35 (2), 180 – 191.

［13］ Bei, L. T., Chen, E. Y., & Widdows, R. (2004). Consumers' online information search behavior and the phenomenon of search vs. experience products. *Journal of Family and Economic Issues*, 25, 449 – 467.

［14］ Bellizzi, J. A., Crowley, A. E., & Hasty, R. W. (1983). The effects of color in store design. *Journal of Retailing*, 59 (1), 21 – 45.

［15］ Bettencourt, L. A. (1997). Customer voluntary performance: Customers as partners in service delivery. *Journal of Retailing*, 73 (3), 383 – 406.

［16］ Bettman, J. R. (1977). Data collection and analysis approaches for studying consumer information processing. *ACR North American Advances*.

［17］ Bettman, J. R. (1979). Memory factors in consumer choice: A review. *Journal of Marketing*, 43 (2), 37 – 53.

［18］ Beverland, M., Lim, E. A. C., Morrison, M., & Terziovski, M. (2006). In-store music and consumer-brand relationships: Relational transformation following experiences of (mis) fit. *Journal of Business Research*, 59 (9), 982 – 989.

[19] Bhattacherjee, A. (2002). Individual trust in online firms: Scale development and initial test. *Journal of Management Information Systems*, 19 (1), 211 – 241.

[20] Bibi, S., & Iqbal, S. (2015). Taxonomy of consumer confusion and word of mouth. *Journal of Marketing and Consumer Research*, 18 (10), 37 – 43.

[21] Bors, D. A., Vigneau, F., & Lalande, F. (2006). Measuring the need for cognition: Item polarity, dimensionality, and the relation with ability. *Personality and Individual Differences*, 40 (4), 819 – 828.

[22] Cacioppo, J. T., & Petty, R. E. (1982). The need for cognition. *Journal of Personality and Social Psychology*, 42 (1), 116 – 131.

[23] Cacioppo, J. T., Petty, R. E., & Feng Kao, C. (1984). The efficient assessment of need for cognition. *Journal of Personality Assessment*, 48 (3), 306 – 307.

[24] Cacioppo, J. T., Petty, R. E., & Quintanar, L. R. (1982). Individual differences in relative hemispheric alpha abundance and cognitive responses to persuasive communications. *Journal of Personality and Social Psychology*, 43 (3), 623 – 636.

[25] Cacioppo, J. T., Petty, R. E., Feinstein, J. A., & Jarvis, W. B. G. (1996). Dispositional differences in cognitive motivation: The life and times of individuals varying in need for cognition. *Psychological Bulletin*, 119 (2), 197 – 253.

[26] Casaló, L., Flavián, C., & Guinalíu, M. (2008). The role of perceived usability, reputation, satisfaction and consumer familiarity on the website loyalty formation process. *Computers in Human Behavior*, 24 (2), 325 – 345.

[27] Chang, H. H., Tsai, Y. C., Wong, K. H., et al. (2015). The effects of response strategies and severity of failure on consumer attribution with regard to negative word-of-mouth. *Decision Support Systems*, 71, 48 – 61.

［28］ Chauhan, V. , & Sagar, M. (2021). Consumer confusion: a systematic review and research directions. *Journal of Consumer Marketing*, 38 (4), 445 – 456.

［29］ Chen, J. , & Gursoy, D. (2001). An investigation of tourists' destination loyalty and preferences. *International Journal of Contemporary Hospitality Management*, 13 (2), 79 – 85.

［30］ Chen, S. C. , & Dhillon, G. S. (2003). Interpreting dimensions of consumer trust in e-commerce. *Information Technology and Management*, 4 (2 – 3), 303 – 318.

［31］ Cheng, L. (2015). A conceptual model of consumers' online tourism confusion. *International Journal of Contemporary Hospitality Management*, 27 (6), 1320 – 1342.

［32］ Chernev, A. (2003). When more is less and less is more: The role of ideal point availability and assortment in consumer choice. *Journal of Consumer Research*, 30 (2), 170 – 183.

［33］ Chung, J. , Lee, L. , Lehmann, D. R. , & Tsai, C. I. (2023). Spending Windfall ("Found") Time on Hedonic versus Utilitarian Activities. *Journal of Consumer Research*, 49 (6), 1118 – 1139.

［34］ Cohen, A. , Stotland, E. , & Wolfe, D. M. (1955). An experimental investigation of need for cognition. *The Journal of Abnormal and Social Psychology*, 51 (2), 291 – 294.

［35］ Cohen, J. B. (1983). Involvement and you: 1000 great ideas. *ACR North American Advances*.

［36］ Cohen, M. (1999). Insights into consumerconfusion. *Consumer Policy Review*, 9 (6), 210 – 214.

［37］ Connor – Smith, J. K. , & Flachsbart, C. (2007). Relations between personality and coping: a meta-analysis. *Journal of Personality and Social Psychology*, 93 (6), 1080.

［38］ Cooper, G. (1990). Cognitive load theory as an aid for instructional design. *Australasian Journal of Educational Technology*, 6（2）：108 – 113.

［39］ Coothoopermal, S. , & Chittoo, H. (2017). The impact of consumer decision-making styles on consumer confusion in Mauritius：An empirical analysis. *International Journal of Consumer Studies*, 41（3）, 312 – 324.

［40］ Corritore, C. L. , Kracher, B. , & Wiedenbeck, S. (2003). Online trust：concepts, evolving themes, a model. *International Journal of Human-computer Studies*, 58（6）, 737 – 758.

［41］ Dalakas, V. (2006). The effect of cognitive appraisals on emotional responses during service encounters. *Services Marketing Quarterly*, 27（1）, 23 – 41.

［42］ Dang, V. T. (2020). Information confusion and intention to stop using social networking site：a moderated mediation study of psychological distress and perceived novelty. *Information Technology & People*, 33（5）, 1427 – 1452.

［43］ Darby, M. R. , & Karni, E. (1973). Free competition and the optimal amount of fraud. *The Journal of Law and Economics*, 16（1）, 67 – 88.

［44］ De Dreu, C. K. W. , & Carnevale, P. J. (2003). Motivational Bases of Information Processing and Strategy in Conflict and Negotiation. In M. P. Zanna（Ed.）, *Advances in experimental social psychology*, 35, 235 – 291. Elsevier Academic Press.

［45］ De Dreu, C. K. , Nijstad, B. A. , & Van Knippenberg, D. (2008). Motivated information processing in group judgment and decision making. *Personality and Social Psychology Review*, 12（1）, 22 – 49.

［46］ DeStefano, D. , & LeFevre, J. A. (2007). Cognitive load in hypertext reading：A review. *Computers in Human Behavior*, 23（3）, 1616 – 1641.

［47］ Dhar, R. , & Simonson, I. (2003). The effect of forced choice on choice. *Journal of Marketing Research*, 40（2）, 146 – 160.

［48］ Dharmasena, T. , & Jayathilaka, R. (2021). The nexus between information and consumer confusion：information provider vs information recipient. *Tourism Review*, 76 (3), 594 – 613.

［49］ Dogru, T. , Line, N. D. , Mody, M. , et al. (2023). Generative Artificial Intelligence in the Hospitality and Tourism Industry: Developing a Framework for Future Research. *Journal of Hospitality & Tourism Research.*

［50］ Drummond, G. (2004). Consumer confusion: reduction strategies in higher education. *International Journal of Educational Management*, 18 (5), 317 – 323.

［51］ Dubé, L. , & Menon, K. (2000). Multiple roles of consumption emotions in post-purchase satisfaction with extended service transactions. *International Journal of Service Industry Management*, 11 (3), 287 – 304.

［52］ Edmunds, A. , & Morris, A. (2000). The problem of information overload in business organisations: a review of the literature. *International Journal of Information Management*, 20 (1), 17 – 28.

［53］ Edward, M. , & Sahadev, S. (2012). Modeling the consequences of customer confusion in a service marketing context: An empirical study. *Journal of Services Research*, 12 (2): 127 – 146.

［54］ Edwards, J. R. , & Lambert, L. S. (2007). Methods for integrating moderation and mediation: a general analytical framework using moderated path analysis. *Psychological Methods*, 12 (1), 1 – 22.

［55］ Ellsworth, P. C. , & Scherer, K. R. (2002). Appraisal Processes In Emotion. In *Handbook of Affective Sciences*, 572 – 595.

［56］ Eppler, M. J. , & Mengis, J. (2004). The Concept of Information Overload: A Review of Literature from Organization Science, Accounting, Marketing, MIS, and Related Disciplines. *The Information Society*, 20 (5), 325 – 344.

［57］ Ermeç Sertoğlu, A. , & Kavak, B. (2017). A more comprehensive view of consumer confusion: scale development. *Journal of International Consumer Marketing*, 29 (4), 265 – 276.

［58］ Falkowski, A. , Olszewska, J. , & Ulatowska, J. (2014). Are look-alikes confusing? The application of the DRM paradigm to test consumer confusion in counterfeit cases. *Marketing Letters*, 26 (4), 461 – 471.

[59] Forsterlee, R., & Ho, R. (1999). An examination of the short form of the Need for Cognition Scale applied in an Australian sample. *Educational and Psychological Measurement*, 59 (3), 471 – 480.

[60] Foxman, E. R., Berger, P. W., & Cote, J. A. (1992). Consumer brand confusion: A conceptual framework. *Psychology & Marketing*, 9 (2), 123 – 141.

[61] Foxman, E. R., Muehling, D. D., & Berger, P. W. (1990). An investigation of factors contributing to consumer brand confusion. *Journal of Consumer Affairs*, 24 (1), 170 – 189.

[62] Gao, J., Zhang, C., Wang, K., & Ba, S. (2010). Solving the information overload problem: The role of unconscious thought in enhancing online purchasing decisions. *PACIS* 2010 *Proceedings*. 129.

[63] Garaus, M., & Wagner, U. (2013). Retail shopper confusion: An explanation of avoidance behavior at the point-of-sale. *Advances in Consumer Research*, 41, 407 – 408.

[64] Garaus, M., & Wagner, U. (2016). Retail shopper confusion: Conceptualization, scale development, and consequences. *Journal of Business Research*, 69 (9), 3459 – 3467.

[65] Garaus, M., Wagner, U., & Kummer, C. (2015). Cognitive fit, retail shopper confusion, and shopping value: Empirical investigation. *Journal of Business Research*, 68 (5), 1003 – 1011.

[66] Gasper, K., & Bramesfeld, K. D. (2006). Imparting wisdom: Magda Arnold's contribution to research on emotion and motivation. *Cognition and Emotion*, 20 (7), 1001 – 1026.

[67] Geissler, G. L., & Edison, S. W. (2005). Market mavens' attitudes towards general technology: Implications for marketing communications. *Journal of Marketing Communications*, 11 (2), 73 – 94.

［68］ Ghosh, T. , & Rao, V. G. (2014). Consumer confusion in mobile application buying: The moderating role of need for cognition. *International Journal of e – Business Research（IJEBR）*, 10（4）, 52 – 70.

［69］ Girard, P. , Callot, M. , Hugues, E. , & Kromm, H. (2002). Performance evaluation of the innovative product design process. In *IEEE International Conference on Systems, Man and Cybernetics*. IEEE.

［70］ Grant, A. M. , & Berry, J. W. (2011). The necessity of others is the mother of invention: Intrinsic and prosocial motivations, perspective taking, and creativity. *Academy of Management Journal*, 54（1）, 73 – 96.

［71］ Guan, J. , Ma, E. , & Bi, J. (2021). Impulsive Shopping Overseas: Do Sunk Cost, Information Confusion, and Anticipated Regret Have a Say? *Journal of Hospitality & Tourism Research*, 47（3）, 549 – 573.

［72］ Gurauskienė, I. (2008). Behaviour of Consumers as One of the Most Important Factors in E – Waste Problem. *Environmental Research, Engineering & Management*, 46（4）, 56 – 65.

［73］ Gursoy, D. , & McCleary, K. W. (2004). An integrative model of tourists' information search behavior. *Annals of Tourism Research*, 31（2）, 353 – 373.

［74］ Gursoy, D. , Li, Y. , & Song, H. (2023). ChatGPT and the hospitality and tourism industry: an overview of current trends and future research directions. *Journal of Hospitality Marketing & Management*, 32（5）, 579 – 592.

［75］ Hall – Phillips, A. , & Shah, P. (2017). Unclarity confusion and expiration date labels in the United States: A consumer perspective. *Journal of Retailing and Consumer Services*, 35, 118 – 126.

［76］ Hayes, A. F. , Preacher, K. J. , & Myers, T. A. (2011). Mediation and the estimation of indirect effects in political communication research. *Sourcebook for Political Communication Research: Methods, Measures, and Analytical Techniques*, 23（1）, 434 – 465.

[77] Hayes, Andrew F. (2013). Introduction to Mediation, Moderation, and Conditional Process Analysis: A Regression – Based Approach. New York, NY: The Guilford Press. *Journal of Educational Measurement*, 51 (3), 335 – 337.

[78] Heath, C. , & Tversky, A. (1991). Preference and belief: Ambiguity and competence in choice under uncertainty. *Journal of Risk and Uncertainty*, 4 (1), 5 – 28.

[79] Heitmann, M. , Lehmann, D. R. , & Herrmann, A. (2007). Choice goal attainment and decision and consumption satisfaction. *Journal of Marketing Research*, 44 (2), 234 – 250.

[80] Hevey, D. , Thomas, K. , Pertl, M. , et al. (2012). Method effects and the need for cognition scale. *International Journal of Educational and Psychological Assessment*, 12 (1), 20 – 33.

[81] Huffman, C. , & Kahn, B. E. (1998). Variety for sale: Mass customization or massconfusion? . *Journal of Retailing*, 74 (4), 491 – 513.

[82] Jacobs, W. , Mikkelsen, T. , Smith, R. , et al. (1997). Inhibitory effects of CAI in glioblastoma growth and invasion. *Journal of Neuro-oncology*, 32, 93 – 101.

[83] Jacoby, J. , Speller, D. E. , & Berning, C. K. (1974). Brand choice behavior as a function of information load: Replication and extension. *Journal of Consumer Research*, 1 (1), 33 – 42.

[84] Johnson, A. R. , & Stewart, D. W. (2017). A reappraisal of the role of emotion in consumer behavior: Traditional and contemporary approaches. In *Review of Marketing Research*, 3 – 33.

[85] Jun, S. , & Yeo, J. (2012). Coping with negative emotions from buying mobile phones: A study of Korean consumers. *Journal of Family and Economic Issues*, 33 (2), 167 – 176.

[86] Kahn, A. , Vogt, C. , & Mackay, K. (2006). Internet involvement in trip planning and purchasing. In *TTRA Annual Conference*, *Dublin*, *Ire-*

land.

[87] Kasabov, E. (2015). What we know, don't know, and should know about confusion marketing. *European Journal of Marketing*, 49 (11/12), 1777 – 1808.

[88] Kasper, H. , Bloemer, J. , & Driessen, P. H. (2010). Coping with confusion: The case of the Dutch mobile phone market. *Managing Service Quality: An International Journal*, 20 (2), 140 – 160.

[89] Kiefer, T. (2005). Feeling bad: Antecedents and consequences of negative emotions in ongoing change. *Journal of Organizational Behavior: The International Journal of Industrial, Occupational and Organizational Psychology and Behavior*, 26 (8), 875 – 897.

[90] Kim, J. J. (2024). Brand portfolio extension of international hotel chains: a perspective on consumer confusion and consumer decision-making process. *International Journal of Contemporary Hospitality Management*, 36 (9), 3093 – 3111.

[91] Kirschner, P. A. (2002). Cognitive load theory: Implications of cognitive load theory on the design of learning. *Learning and Instruction*, 12 (1), 1 – 10.

[92] Klein, B. D. (1998). Data quality in the practice of consumer product management: Evidence from the field. *Data Quality*, 4 (1), 19 – 40.

[93] Koopman, J. , Howe, M. , Hollenbeck, J. R. , & Sin, H. P. (2015). Small sample mediation testing: misplaced confidence in bootstrapped confidence intervals. *Journal of Applied Psychology*, 100 (1), 194 – 203.

[94] Krishnan, V. , & Gupta, S. (2001). Appropriateness and impact of platform-based product development. *Management Science*, 47 (1), 52 – 68.

[95] Kruger, J. , & Vargas, P. (2008). Consumer confusion of percent differences. *Journal of Consumer Psychology*, 18 (1), 49 – 61.

[96] Kurtulmuşoğlu, F. B. , & Atalay, K. D. (2020). The effects of consumer confusion on hotel brand loyalty: an application of linguistic nonlinear re-

gression model in the hospitality sector. *Soft Computing*, 24 (6), 4269 – 4281.

［97］ Law, R. , Qi, S. , & Buhalis, D. (2010). Progress in tourism management: A review of website evaluation in tourism research. *Tourism Management*, 31 (3), 297 – 313.

［98］ Lazarus, R. S. (1991). Progress on a cognitive-motivational-relational theory of emotion. *American Psychologist*, 46 (8), 819 – 826.

［99］ Lazarus, R. S. , & Folkman, S. (1984). *Stress, appraisal, and coping.* Springer publishing company.

［100］ Lazarus, R. S. , & Folkman, S. (1987). Transactional theory and research on emotions and coping. *European Journal of Personality*, 1 (3), 141 – 169.

［101］ Leek, S. , & Chansawatkit, S. (2006). Consumer confusion in the Thai mobile phone market. *Journal of Consumer Behaviour: An International Research Review*, 5 (6), 518 – 532.

［102］ Leek, S. , & Kun, D. (2006). Consumer confusion in the Chinese personal computer market. *Journal of Product & Brand Management*, 15 (3), 184 – 193.

［103］ Levin, A. M. , Levin, I. R. , & Heath, C. E. (2003). Product category dependent consumer preferences for online and offline shopping features and their influence on multi-channel retailalliances. *Journal of Electronic Commerce Research*, 4 (3), 85 – 93.

［104］ Levy, S. J. , & Rook, D. W. (1981). Brands, trademarks, and the law. *Review of Marketing*, 41, 185 – 194.

［105］ Little, T. D. , Cunningham, W. A. , Shahar, G. , & Widaman, K. F. (2002). To Parcel or Not to Parcel: Exploring the Question, Weighing the Merits. *Structural Equation Modeling: A Multidisciplinary Journal*, 9 (2), 151 – 173.

［106］ Loken, B. , Ross, I. , & Hinkle, R. L. (1986). Consumer "confusion" of origin and brand similarity perceptions. *Journal of Public Policy &*

Marketing, 5 (1), 195 – 211.

[107] Lomax, W., Sherski, E., & Todd, S. (2015). Assessing the risk of consumer confusion: Practical test results. In *Global Perspectives in Marketing for the 21st Century: Proceedings of the* 1999 *World Marketing Congress*. Cham: Springer International Publishing, 362 – 365.

[108] Lord, K. R., & Putrevu, S. (2006). Exploring the dimensionality of the need for cognition scale. *Psychology & Marketing*, 23 (1), 11 – 34.

[109] Lu, A. C. C., & Gursoy, D. (2015). A conceptual model of consumers' online tourism confusion. *International Journal of Contemporary Hospitality Management*, 27 (6), 1320 – 1342.

[110] Lu, A. C. C., Gursoy, D., & Lu, C. Y. R. (2016). Antecedents and outcomes of consumers' confusion in the online tourism domain. *Annals of Tourism Research*, 57 (2), 76 – 93.

[111] Lurie, N. H. (2004). Decision making in Information – Rich Environments: The role of Information Structure. *Journal of Consumer Research*, 30 (4), 473 – 486.

[112] Ma, J., Gao, J., Scott, N., & Ding, P. (2013). Customer delight from theme park experiences: The antecedents of delight based on cognitive appraisal theory. *Annals of Tourism Research*, 42, 359 – 381.

[113] Malhotra, N. K. (1982). Information load and consumer decision making. *Journal of Consumer Research*, 8 (4), 419 – 430.

[114] Malhotra, N. K. (1982). Multi-stage information processing behavior: An experimental investigation. *Journal of the Academy of Marketing Science*, 10 (1), 54 – 71.

[115] Malhotra, N. K., Kim, S. S., & Agarwal, J. (2004). Internet users' information privacy concerns (IUIPC): The construct, the scale, and a causal model. *Information Systems Research*, 15 (4), 336 – 355.

[116] Matsunaga, M. (2008). Item parceling in structural equation modeling: A primer. *Communication Methods and Measures*, 2 (4), 260 – 293.

［117］ Matzler, K. , & Waiguny, M. (2005). Consequences of customer confusion in online hotel booking. In*Information and Communication Technologies in Tourism* 2005. Springer, Vienna, 306 – 317.

［118］ Matzler, K. , Stieger, D. , & Füller, J. (2011). Consumer confusion in internet-based mass customization: Testing a network of antecedents and consequences. *Journal of Consumer Policy*, 34 (2), 231 – 247.

［119］ Mayer, R. C. , Davis, J. H. , & Schoorman, F. D. (1995). An integrative model of organizational trust. *Academy of Management Review*, 20 (3), 709 – 734.

［120］ Mayer, R. E. , & Pilegard, C. (2005). Principles for managing essential processing in multimedia learning: Segmenting, pretraining, and modality principles. *The Cambridge Handbook of Multimedia Learning*, 169 – 182.

［121］ Mayer, R. E. , Moreno, R. , Boire, M. , & Vagge, S. (1999). Maximizing constructivist learning from multimedia communications by minimizing cognitive load. *Journal of Educational Psychology*, 91 (4), 638 – 643.

［122］ Mazaheri, E. , Richard, M. O. , & Laroche, M. (2012). The role of emotions in online consumer behavior: a comparison of search, experience, and credence services. *Journal of Services Marketing*, 26 (7), 535 – 550.

［123］ McColl – Kennedy, J. R. , & Sparks, B. A. (2003). Application of fairness theory to service failures and service recovery. *Journal of Service Research*, 5 (3), 251 – 266.

［124］ McGuire, W. J. (1968). Personality and attitude change: An information-processing theory. *Psychological Foundations of Attitudes*, 171 – 196.

［125］ McKnight, D. H. , & Chervany, N. L. (2001). What trust means in e-commerce customer relationships: An interdisciplinary conceptual typology. *International Journal of Electronic Commerce*, 6 (2), 35 – 59.

［126］ McKnight, D. H. , Choudhury, V. , & Kacmar, C. (2002). Developing and validating trust measures for e-commerce: An integrative typology. *Information Systems Research*, 13 (3), 334 – 359.

［127］Medlik, S. , & Middleton, V. T. (1973). The tourist product and its marketing implications. *International Tourism Quarterly*, 3 (1), 28 – 35.

［128］Meyer M B, Sonoda KT, & Gudykunst W B (1997). The Effect of Time Pressure and Type of Information on Decision Quality. *The Southern Communication Journal*, 62 (6), 280 – 292.

［129］Miaoulis, G. , & D'Amato, N. (1978). Consumer Confusion & Trademark Infringement. *Journal of Marketing*, 42 (2), 48 – 55.

［130］Milord, J. T. , & Perry, R. P. (1977). Traits and performance of automobile salesmen. *The Journal of Social Psychology*, 103 (1), 163 – 164.

［131］Mishra, A. , & Mishra, H. (2011). The influence of price discount versus bonus pack on the preference for virtue and vice foods. *Journal of Marketing Research*, 48 (1), 196 – 206.

［132］Mitchell, D. J. , Kahn, B. E. , & Knasko, S. C. (1995). There's something in the air: Effects of congruent or incongruent ambient odor on consumer decision making. *Journal of Consumer Research*, 22 (2), 229.

［133］Mitchell, V. W. , & Papavassiliou, V. (1999). Marketing causes and implications of consumer confusion. *Journal of Product & Brand Management*, 8 (4), 319 – 342.

［134］Mitchell, V. – W. , Walsh, G. , & Yamin, M. (2005). Toward a conceptual model of consumer confusion. *Advances in Consumer Research*, 32, 143 – 150.

［135］Moon, S. J. , Costello, J. P. , & Koo, D. M. (2017). The impact of consumer confusion from eco-labels on negative WOM, distrust, and dissatisfaction. *International Journal of Advertising*, 36 (2), 246 – 271.

［136］Moors, A. , Ellsworth, P. C. , Scherer, K. R. , & Frijda, N. H. (2013). Appraisal theories of emotion: State of the art and future development. *Emotion Review*, 5 (2), 119 – 124.

［137］Moschis, G. P. (2007). Stress and consumer behavior. *Journal of the Academy of Marketing Science*, 35, 430 – 444.

［138］Nandkeolyar, A. K. , Shaffer, J. A. , Li, A. , Ekkirala, S. , & Bagger, J. (2014). Surviving an abusive supervisor: The joint roles of conscientiousness and coping strategies. *Journal of Applied Psychology*, 99 (1), 138.

［139］Nelson, P. (1974). Advertising as information. *Journal of Political Economy*, 82 (4), 729 – 754.

［140］Nyer, P. U. (1997). A study of the relationships between cognitive appraisals and consumption emotions. *Journal of the Academy of Marketing Science*, 25 (4), 296 – 304.

［141］Nyer, P. U. , & Gopinath, M. (2005). Effects of complaining versus negative word of mouth on subsequent changes in satisfaction: The role of public commitment. *Psychology & Marketing*, 22 (12), 937 – 953.

［142］O'Hair, K. C. , Dodd, K. T. , Phillips, Y. Y. , & Beattie, R. J. (1988). Cardiopulmonary effects of nalbuphine hydrochloride and butorphanol tartrate in sheep. *Laboratory Animal Science*, 38 (1), 58 – 61.

［143］Oppewal, H. , & Koelemeijer, K. (2005). More choice is better: Effects of assortment size and composition on assortment evaluation. *International Journal of Research in Marketing*, 22 (1), 45 – 60.

［144］Özkan, E. , & Tolon, M. (2015). The effects of information overload on consumer confusion: An examination on user generated content. *Bogazici Journal: Review of Social, Economic & Administrative Studies*, 29 (1), 27 – 51.

［145］Paas, F. G. , & Van Merriënboer, J. J. (1994). Instructional control of cognitive load in the training of complex cognitive tasks. *Educational Psychology Review*, 6 (4), 351 – 371.

［146］Paas, F. G. , Van Merriënboer, J. J. , & Adam, J. J. (1994). Measurement of cognitive load in instructional research. *Perceptual and Motor Skills*, 79 (1), 419 – 430.

［147］Paas, F. , Renkl, A. , & Sweller, J. (2004). Cognitive load theory: Instructional implications of the interaction between information structures and cognitive architecture. *Instructional Science*, 32 (1 – 2), 1 – 8.

[148] Pantoja, F., Rossi, P., & Borges, A. (2016). How product-plot integration and cognitive load affect brand attitude: A replication. *Journal of Advertising*, 45 (1), 113 – 119.

[149] Pengelley, J., Whipp, P. R., & Rovis – Hermann, N. (2023). A testing load: Investigating test mode effects on test score, cognitive load and scratch paper use with secondary school students. *Educational Psychology Review*, 35 (3), 67.

[150] Pfeffer, J., Zorbach, T., & Carley, K. M. (2014). Understanding online firestorms: Negative word-of-mouth dynamics in social media networks. *Journal of Marketing Communications*, 20 (1 – 2), 117 – 128.

[151] Ping, Z. (2013). The affective response model: a theoretical framework of affective concepts and their relationships in the ict context. *MIS Quarterly*, 37 (1), 247 – 274.

[152] Podsakoff, P. M., MacKenzie, S. B., Lee, J. Y., & Podsakoff, N. P. (2003). Common method biases in behavioral research: a critical review of the literature and recommended remedies. *Journal of Applied Psychology*, 88 (5), 879 – 903.

[153] Podsakoff, P. M., MacKenzie, S. B., Podsakoff, N. P., & Lee, J. Y. (2003). The mismeasure of man (agement) and its implications for leadership research. *The Leadership Quarterly*, 14 (6), 615 – 656.

[154] Preacher, K. J., & Hayes, A. F. (2004). SPSS and SAS procedures for estimating indirect effects in simple mediation models. *Behavior Research Methods*, *Instruments*, *& Computers*, 36 (4), 717 – 731.

[155] Quiroga, L. M., Crosby, M. E., & Iding, M. K. (2004). Reducing cognitive load. In 37*th Annual Hawaii International Conference on System Sciences*, 2004. *Proceedings of the*. IEEE, 9.

[156] Reynolds, K. E., Folse, J. A. G., & Jones, M. A. (2006). Search regret: Antecedents and consequences. *Journal of Retailing*, 82 (4),

339 – 348.

［157］Richard, M. O. , & Chebat, J. C. (2016). Modeling online consumer behavior: Preeminence of emotions and moderating influences of need for cognition and optimal stimulation level. *Journal of Business Research*, 69 (2), 541 – 553.

［158］Ridings, C. M. , Gefen, D. , & Arinze, B. (2002). Some antecedents and effects of trust in virtual communities. *The Journal of Strategic Information Systems*, 11 (3 – 4), 271 – 295.

［159］Rotter, J. B. (1967). A new scale for the measurement of interpersonal trust. *Journal of Personality*, 5 (4), 651 – 665.

［160］Sachse, M. , Drengner, J. , & Jahn, S. (2010). Negative effects of event sponsoring and ambushing: The case of consumer confusion. *Advances in Consumer Research*, 37 (5), 546 – 547.

［161］Scammon, D. L. (1977). "Information load" and consumers. *Journal of Consumer Research*, 4 (3), 148 – 155.

［162］Scardamaglia, A. , & Daly, A. (2016). Google, online search and consumer confusion in Australia. *International Journal of Law and Information Technology*, 24 (3), 203 – 228.

［163］Schick, A. G. , Gordon, L. A. , & Haka, S. (1990). Information overload: A temporal approach. *Accounting, Organizations and Society*, 15 (3), 199 – 220.

［164］Schnotz, W. , & Kürschner, C. (2007). A reconsideration of cognitive load theory. *Educational Psychology Review*, 19 (4), 469 – 508.

［165］Schweizer, M. , Kotouc, A. J. , & Wagner, T. (2006). Scale development for consumer confusion. *Advances in Consumer Research*, 33 (1), 184 – 190.

［166］Selye, H. (1976). *The stress of life*. New York, NY: McGraw – Hill.

［167］Shadish, W. R. , & Rindskopf, D. M. (2007). Methods for evidence-based practice： Quantitative synthesis of single-subject designs. *New Directions for Evaluation*, 2007 （113）, 95 – 109.

［168］Shankar, A. , Klein, R. , Klein, B. E. K. , & Nieto, F. J. （2006）. The association between serum uric acid level and long-term incidence of hypertension： population-based cohort study. *Journal of Human Hypertension*, 20 （12）, 937 – 945.

［169］Shankar, V. , Urban, G. L. , & Sultan, F. （2002）. Online trust： a stakeholder perspective, concepts, implications, and future directions. *The Journal of Strategic Information Systems*, 11 （3 – 4）, 325 – 344.

［170］Sharma, A. , Singh, J. , & Prakash, G. （2023）. Consumer confusion and its consequences in the e-hospitality marketplace： the mediating role of negative emotions. *Journal of Service Theory and Practice*, 33 （4）, 488 – 510.

［171］Shiu, J. Y. （2015）. Investigating consumer confusion in the retailing context： The causes and outcomes. *Total Quality Management & Business Excellence*, 28 （7 – 8）, 746 – 764.

［172］Shiu, J. Y. （2021）. Risk-reduction strategies in competitive convenience retail： How brand confusion can impact choice among existing similar alternatives. *Journal of Retailing and Consumer Services*, 61, 102547.

［173］Shiu, J. Y. , & Tzeng, S. （2018）. Consumer confusion moderates the inertia-purchase intention relationship. *Social Behavior and Personality*, 46 （3）, 387 – 394.

［174］Shukla, P. , Banerjee, M. , & Adidam, P. T. （2010）. Antecedents and consequences of consumer confusion： Analysis of the financial services industry. *Advances in Consumer Research*, 37 （4）, 292 – 298.

［175］Siemer, M. , Mauss, I. , & Gross, J. J. （2007）. Same situation—different emotions： how appraisals shape our emotions. *Emotion*, 7 （3）, 592 – 600.

［176］Sitkin, S. B. , & Roth, N. L. （1993）. Explaining the limited effectiveness of legalistic "remedies" for trust/distrust. *Organization Science*, 4 (3), 367 –392.

［177］ Soscia, I. (2007). Gratitude, delight, or guilt: The role of consumers' emotions in predicting postconsumption behaviors. *Psychology & Marketing*, 24 (10), 871 –894.

［178］ Sparks, B. A. , So, K. K. F. , & Bradley, G. L. (2016). Responding to negative online reviews: The effects of hotel responses on customer inferences of trust and concern. *Tourism Management*, 53, 74 –85.

［179］ Spreng, R. A. , & Mackoy, R. D. (1996). An empirical examination of a model of perceived service quality and satisfaction. *Journal of Retailing*, 72 (2), 201 –214.

［180］ Sprotles, G. B. , & Kendall, E. L. (1986). A methodology for profiling consumers' decision-making styles. *Journal of Consumer Affairs*, 20 (2), 267 –279.

［181］ Stark, J. S. , Bentley, R. J. , Lowther, M. A. , & Shaw, K. M. (1991). The student goals exploration: Reliability and concurrent validity. *Educational and Psychological Measurement*, 51 (2), 413 –422.

［182］ Sweller, J. (1988). Cognitive load during problem solving: Effects on learning. *Cognitive Science*, 12 (2), 257 –285.

［183］ Sweller, J. (1994). Cognitive load theory during problem solving. *Cognitive Science*, 12.

［184］ Sweller, J. (2005). Implications of Cognitive Load Theory for Multimedia Learning. In *Cambridge University Press eBooks*, 19 –30.

［185］ Sweller, J. , Van Merrienboer, J. J. , & Paas, F. G. (1998). Cognitive architecture and instructional design. *Educational Psychology Review*, 10 (3), 251 –296.

［186］ Tanaka, J. S. , Panter, A. T. , & Winborne, W. C. (1988). Dimensions of the need for cognition: Subscales and gender differences. *Multivariate Behavioral Research*, 23 (1), 35 –50.

[187] Thoits, P. A. (1995). Stress, coping, and social support processes: Where are we? Whatnext?. *Journal of Health and Social Behavior*, 53 – 79.

[188] Tice, D. M. , & Bratslavsky, E. (2000). Giving in to feel good: The place of emotion regulation in the context of general self-control. *Psychological Inquiry*, 11 (3), 149 – 159.

[189] Tjiptono, F. , Arli, D. , & Bucic, T. (2014). Consumer confusion proneness: insights from a developing economy. *Marketing Intelligence & Planning*, 32 (6), 722 – 734.

[190] Traylor, M. B. , & Joseph, W. B. (1984). Measuring consumer involvement in products: developing a general scale. *Psychology & Marketing*, 1 (2), 65 – 77.

[191] Tse, D. K. , & Wilton, P. C. (1988). Models of consumer satisfaction formation: An extension. *Journal of Marketing Research*, 25 (2), 204 – 212.

[192] Turnbull, P. W. , Leek, S. , & Ying, G. (2000). Customer confusion: The mobile phone market. *Journal of Marketing Management*, 16 (1 – 3), 143 – 163.

[193] Tussyadiah, I. , & Park, S. (2018). When Guests Trust Hosts for Their Words: Host Description and Trust in Sharing Economy. *Tourism Management*, 67, 261 – 272.

[194] Waites, S. F. , Stevens, J. L. , & Hancock, T. (2023). Trauma's effects on shopper choice confusion: The role of psychological hardiness and retailer strategies as mitigating factors. *Journal of Retailing and Consumer Services*, 72, 103277.

[195] Wakefield, K. L. , & Blodgett, J. G. (1999). Customer response to intangible and tangible service factors. *Psychology & Marketing*, 16 (1), 51 – 68.

[196] Walsh, G. , & Mitchell, V. W. (2010). The effect of consumer

confusion proneness on word of mouth, trust, and customer satisfaction. *European Journal of Marketing*, 44 (6), 838 – 859.

[197] Walsh, G., Hennig – Thurau, T., & Mitchell, V. W. (2007). Consumer confusion proneness: scale development, validation, and application. *Journal of Marketing Management*, 23 (7 – 8), 697 – 721.

[198] Wang, Q., & Shukla, P. (2013). Linking sources of consumer confusion to decision satisfaction: The role of choice goals. *Psychology & Marketing*, 30 (4), 295 – 304.

[199] Waters, L. K., & Zakrajsek, T. (1990). Correlates of need for cognition total and subscale scores. *Educational and Psychological Measurement*, 50 (1), 213 – 217.

[200] Watson, D., & Tellegen, A. (1985). Toward a consensual structure of mood. *Psychological Bulletin*, 98 (2), 219.

[201] Watson, D., Clark, L. A., & Tellegen, A. (1988). Development and validation of brief measures of positive and negative affect: the PANAS scales. *Journal of Personality and Social Psychology*, 54 (6), 1063 – 1070.

[202] Watson, L., & Spence, M. T. (2007). Causes and consequences of emotions on consumer behaviour: A review and integrative cognitive appraisal theory. *European Journal of Marketing*, 41 (5 – 6), 487 – 511.

[203] Wei, J., Liu, M., Li, W., Hou, Z., & Li, L. (2022). The impact of consumer confusion on the service recovery effect of Online Travel Agency (OTA). *Current Psychology*, 42, 24339 – 24348.

[204] Westbrook, R. A., & Oliver, R. L. (1991). The dimensionality of consumption emotion patterns and consumer satisfaction. *Journal of Consumer Research*, 18 (1), 84 – 91.

[205] Whelan, R. (2007). Neuroimaging of cognitive load in instructional multimedia. *Educational Research Review*, 2 (1), 1 – 12.

[206] Wobker, I., Eberhardt, T., & Kenning, P. (2015). Consumer confusion in German food retailing: the moderating role of trust. *International*

Journal of Retail & Distribution Management, 43 (8), 752 – 774.

［207］Xiang, Z. , & Gretzel, U. (2010). Role of social media in online travel information search. *Tourism Management*, 31 (2), 179 – 188.

［208］Xiang, Z. , & Law, R. (2013). Online competitive information space for hotels: an information search perspective. *Journal of Hospitality Marketing & Management*, 22 (5), 530 – 546.

［209］Xu, X. , & Gursoy, D. (2015). Influence of sustainable hospitality supply chain management on customers' attitudes and behaviors. *International Journal of Hospitality Management*, 49, 105 – 116.

［210］Xue, P. , Jo, W. , & Bonn, M. A. (2020). Online hotel booking decisions based on price complexity, alternative attractiveness, and confusion. *Journal of Hospitality and Tourism Management*, 45, 162 – 171.

［211］Yalch, R. , & Spangenberg, E. (1990). Effects of store music on shopping behavior. *Journal of Consumer Marketing*, 7 (2), 55 – 63.

［212］Ye, Q. , Law, R. , Gu, B. , & Chen, W. (2011). The influence of user-generated content on traveler behavior: An empirical investigation on the effects of e-word-of-mouth to hotel online bookings. *Computers in Human Behavior*, 27 (2), 634 – 639.

［213］Yi, S. , & Baumgartner, H. (2004). Coping with negative emotions in purchase-related situations. *Journal of Consumer Psychology*, 14 (3), 303 – 317.

［214］Zaichkowsky, J. L. (1985). Familiarity: product use, involvement or expertise? . *ACR North American Advances*.

［215］Zevon, M. A. , & Tellegen, A. (1982). The structure of mood change: An idiographic/nomothetic analysis. *Journal of Personality and Social Psychology*, 43 (1), 111 – 222.

［216］艾丽欣和王英春. (2017). 焦虑对注意网络功能的影响：认知负荷的调节作用. 天津体育学院学报, 32 (1), 73 – 80.

［217］安颖. (2008). 网络营销环境下顾客忠诚的研究：产品类别的

调节作用［硕士学位论文，电子科技大学］．

[218] 毕蓉，郑小阳，孙猛，魏萍和王岩．(2019)．绝对重要性和认知负荷影响基于事件的前瞻记忆．心理科学，42 (1)，29-35.

[219] 查先进，黄程松，严亚兰和郭佳．(2020)．国外认知负荷理论应用研究进展．情报学报，39 (5)，547-556.

[220] 车敬上，孙海龙，肖晨洁和李爱梅．(2019)．为什么信息超载损害决策？基于有限认知资源的解释．心理科学进展，27 (10)，1758-1768.

[221] 陈梅梅和周雪莲．(2022)．认知负荷视角下个性化推荐系统选择过载效应研究．经济与管理，36 (2)，77-84.

[222] 陈晔，易柳夙，何钏和耿佳．(2016)．旅游网站的粘性及其影响因素——基于双系统认知理论．旅游学刊，32 (2)，53-63.

[223] 陈幼贞，张曼曼和林秋蓉．(2022)．认知负荷与编码方式影响小学数学学业不良生的前瞻记忆及其成分．心理学报，54 (12)，1491-1502.

[224] 代祺和张中奎．(2016)．基于认知负荷角度的消费者网购决策的实证研究．统计与决策，(14)，59-62.

[225] 丁道群和罗扬眉．(2009)．认知风格和信息呈现方式对学习者认知负荷的影响．心理学探新，29 (3)，37-40，68.

[226] 菲利普·科特勒，凯文·莱恩·凯勒和亚历山大·切尔内夫．(2022)．营销管理第16版市场营销．

[227] 龚德英．(2009)．多媒体学习中认知负荷的优化控制［博士学位论文，西南大学］．

[228] 胡家镜和张梦．(2014)．选择越多越好吗？旅游情境中的选择过载效应研究．旅游学刊，29 (12)，14-21.

[229] 胡田和郭英之．(2014)．旅游消费者在线购买旅游产品的信任度、满意度及忠诚度研究．旅游科学，28 (6)，40-50.

[230] 邝怡，施俊琦，蔡雅琦和王垒．(2005)．大学生认知需求量表的修订．中国心理卫生杂志 (1)，57-60.

[231] 李江天，甘碧群和徐岚. (2008). 网络环境中消费者感知信息超载研究. 中南财经政法大学学报, (3), 134 – 140.

[232] 李江天和徐岚. (2008). 信息搜寻中感知信息超载的实证研究. 武汉理工大学学报 (信息与管理工程版), (5), 724 – 728.

[233] 李金波. (2009). 网络学习环境中影响学习者认知负荷的因素. 电化教育研究, (9), 37 – 41.

[234] 李晶. (2015). 均衡认知负荷的人机界面信息编码方法 [博士学位论文, 东南大学].

[235] 李凯，谢悦和何慧梅. (2022). 社交媒体超载对健康自我效能感的影响机制研究. 新闻与传播评论, 75 (5), 86 – 98.

[236] 李书宁. (2005). 互联网信息环境中信息超载问题研究. 情报科学, (10), 149 – 152.

[237] 李信和陈毅文. (2016). 口碑追加形式对购买意向的影响：口碑方向的调节作用. 心理学报, 48 (6), 722 – 732.

[238] 林炳坤和吕庆华. (2022). 消费者困惑对品牌转换的影响——决策延迟的中介效应和转换成本的调节效应. 中国流通经济, 36 (5), 65 – 76.

[239] 凌喜欢和辛自强. (2014). 时间压力和产品价格对消费者百分比差异混淆的影响. 心理与行为研究, 12 (1), 85 – 90.

[240] 刘春，赵琦和郑红. (2023). 旅游产品直播购物情境下消费者购买行为的前因及其影响机制. 旅游学刊, 39 (3), 119 – 132.

[241] 刘蕾，郑毓煌和陈瑞. (2015). 选择多多益善？——选择集大小对消费者多样化寻求的影响. 心理学报, 47 (1), 66 – 78.

[242] 卢思叶. (2021). 在线旅游平台兜售套路：C 位露出低价机票, 悄悄配售礼包. 观察者网. https：//m. guancha. cn/ChanJing/2021_05_24_591843. shtml.

[243] 栾玲. (2024). 基于大数据背景的智慧旅游管理模式. 山西财经大学学报, 46 (S1), 67 – 69.

[244] 孟昭兰. (1985). 当代情绪理论的发展. 心理学报 (2), 209 – 215.

［245］庞兆玲和孙九霞．(2024)．旅游情境中信任研究进展与启示——基于英文文献分析．旅游学刊，39（4），139－156．

［246］彭聃龄．(2004)．汉语信息加工及其认知神经机制的研究．当代语言学，(4)，302－320．

［247］皮忠玲，杨远，王鹏和李西营．(2024)．当科学遇到音乐：音乐能激发科学创造发明吗？．心理科学，47（1），121－131．

［248］乔建中．(2008)．当今情绪研究视角中的阿诺德情绪理论．心理科学进展，(2)，302－305．

［249］孙崇勇．(2012)．认知负荷的测量及其在多媒体学习中的应用［博士学位论文，苏州大学］．

［250］孙小然，徐从文和蒋京川．(2019)．认知负荷与老年人情绪记忆的积极效应．中国心理卫生杂志，33（4），284－288．

［251］谭旸和袁勤俭．(2019)．认知负荷理论及其在信息系统研究中的应用与展望．现代情报，39（12），160－169．

［252］仝毅伟．(2023)．电商直播、消费者困惑与购买意愿的关系研究．商业经济研究，(3)，80－83．

［253］涂红伟，夏俊俊和郭功星．(2016)．消费者困惑研究脉络梳理与未来展望．外国经济与管理，38（12），46－58．

［254］涂红伟和郭功星．(2018)．在线旅游消费者是积极主动还是消极逃避？——认知需要对困惑与满意度的影响．旅游学刊，33（7），91－102．

［255］涂红伟和伍世代．(2019)．在线旅游消费者困惑对负面口碑的影响——基于情绪聚焦应对的视角．旅游学刊，34（7），73－84．

［256］王崇梁，曹锦丹和邹男男．(2019)．信息用户认知需求与认知负荷相关性的理论探析．情报科学，37（3），141－145．

［257］王法硕．(2020)．社交媒体信息超载如何影响公务员工作投入？．电子政务，(11)，48－58．

［258］王艺璇，李新月，白佳和朱庆华．(2023)．适老化改造下健康类App新老年人的隐私披露意愿研究．情报资料工作，44（2），42－52．

[259] 王元元，余嘉元和李杨.（2012）.组织氛围对员工行为有效性的影响机制.心理学探新，32（2），188-192.

[260] 温忠麟，侯杰泰和张雷.（2005）.调节效应与中介效应的比较和应用.心理学报，（2），268-274.

[261] 温忠麟和叶宝娟.（2014）.有调节的中介模型检验方法：竞争还是替补？.心理学报，46（5），714-726.

[262] 吴晋峰.（2014）.入境外国旅游流网络分布、性质和结构特征研究.干旱区资源与环境，28（7），177-182.

[263] 徐洁和周宁.（2010）.认知需求对个体信息加工倾向性的影响.心理科学进展，18（4），685-690.

[264] 徐瑞朝和曾一昕.（2017）.国内信息过载研究述评与思考.图书馆学研究，（18），21-25，60.

[265] 许双星，王紫乐，祝松楠和张琪.（2024）.基于工作记忆的认知负荷抑制还是增强分心干扰？.应用心理学，30（4），298-310.

[266] 姚篮和李建玲.（2014）.国外网络信任研究述评.重庆大学学报（社会科学版），20（6），189-197.

[267] 张初兵，王旭燕，李东进和吴波.（2017）.网络购物中消极情绪与行为意向的传导机制——基于压力应对与沉思理论整合视角.中央财经大学学报，（2），84-92.

[268] 张冬梅，路海东和祖雅桐.（2016）.认知负荷视角下的知识反转效应.心理科学进展，24（4），501-509.

[269] 张积家和彭聃龄.（1991）.无意识知觉和知觉的信息加工理论.心理学动态，（2），26-29.

[270] 张丽华和宁微.（2010）.元认知、学习动机与数学学业成就关系的研究.中小学心理健康教育，（1），14-16.

[271] 张茉和陈毅文.（2006）.产品类别与网上购物决策过程的关系.心理科学进展，14（3），433-437.

[272] 张鹏程，冷英和卢家楣.（2017）.情绪体验与认知负荷对工作记忆影响的实证研究.心理学探新，37（1），17-22.

［273］张玥和姚璐静.（2023）.AR技术赋能对用户认知负荷影响的元分析研究.现代情报，43（2），56－64，167.

［274］赵正洋和赵红.（2011）.国外消费者混淆研究综述.华东经济管理，35（4），146－151.

［275］周玲.（2001）.信息超载综述.图书情报工作，（11），33－35.

［276］祝玉浩和白建磊.（2023）.顾客困惑感与消费回避行为的互动关系分析——考虑矛盾态度的中介作用.商业经济研究，（24），72－76.

附录一　第三章实验材料[*]

一、预测试和实验一材料

（一）信息超载的预测试材料

1. 高信息数量组实验材料

尊敬的先生/女士：

您好！首先感谢您在百忙之中参与此次实验。假设您最近有意向前往云南丽江旅行，请您认真阅读展示材料，选择心仪的旅游产品，在阅读完展示材料后回答以下问卷问题。

方案	1	2	3
旅游路线	云南丽江＋束河古镇＋大理昆明6日5晚跟团游 路线简介：茶马花街＋彝人古镇祭火大典＋丽江束河茶马古镇＋圣托里尼大理＋玉龙雪山	云南昆明＋大理＋丽江6日5晚跟团游 路线简介：石林风景区＋双廊古镇＋玉龙雪山＋蓝月谷＋丽江古城＋候鸟湾拉市海湿地	云南昆明＋大理＋丽江6日5晚跟团游 路线简介：滇池＋云南民族村＋大理古城＋玉龙雪山大索道＋《丽水金沙》表演＋拉市海骑马划船

---

* 除机票与车票外，本书实验中所有图片材料均源于豆包 AI 的文生图功能，仅限于研究使用。如有侵权，请联系删除。（mrzhihuizhang@ foxmail. com）

方案	1	2	3
酒店选择	（1）a 酒店  该酒店建筑外观独具特色，有着典型的中式风格。内部装饰典雅，木质结构搭配白色墙面，营造出温馨氛围。房间布置精致，床铺整洁，还摆放有绿植，给人以舒适的入住体验	（1）a 酒店  酒店外观现代，主体呈灰色，搭配大量玻璃窗，显得明亮通透。门前有绿植装饰，增添了生机。酒店设有停车位，方便客人停车。其设计简洁大气，给人高档之感，适合商务和休闲旅行住宿	（1）a 酒店  该酒店房间布置典雅，有舒适的大床和沙发，灯光柔和营造出温馨氛围。窗外可欣赏城市景观和山脉景色。酒店建筑外观具有特色，给人一种高档且宁静的感觉，适合追求品质生活的旅客
	（2）b 酒店  酒店极具特色。从外观上看，它采用了传统中式建筑风格，飞檐翘角，木质结构与白墙相衬，古朴典雅。酒店背靠苍山，周边环境优美。内部房间布置温馨，家具精致，还设有舒适的休息区，能为客人提供惬意的入住体验	（2）b 酒店  该酒店外观设计现代，以浅色调为主，搭配大面积的玻璃窗，显得通透明亮。门前有绿植和舒适的户外座椅，营造出惬意的氛围。背景是青山绿树，环境优美，给人一种宁静舒适的感觉，适合度假休闲	（2）b 酒店  该酒店外观气派，建筑外墙整齐划一，配以明亮的灯光，显得格外醒目。门前有两棵高大的棕榈树，增添了热带风情。酒店前还有一个精致的泳池，周围设有休息区，整体环境优雅，适合休闲度假

续表

方案	1	2	3
酒店选择	（3）c 酒店 该酒店颇具现代感。建筑外观时尚，弧形设计搭配玻璃幕墙，十分亮眼。酒店内部布局合理，从房型图来看，房间类型多样。公共区域设有舒适的沙发和茶几，能为客人提供放松休闲的空间，整体氛围高档且舒适	（3）c 酒店 这是一家具有中式建筑风格的酒店。建筑外观白墙黑瓦，飞檐翘角，极具传统韵味。酒店前有一个漂亮的泳池，周边摆放着躺椅，供客人休闲使用。背景是美丽的湖景和山脉，环境清幽，给人一种宁静、舒适的感觉，非常适合度假	（3）c 酒店 酒店外观现代且大气，玻璃幕墙搭配灯光设计，显得时尚而明亮。门前有棕榈树装饰，增添了热带风情。室内设计精致，房间布局合理，有舒适的床铺和齐全的设施，整体环境优雅，给人一种高档的感觉
机票			
车票			

第一部分：根据您在刚刚接收处理完产品信息后的实际情况，请在合适的选项中打√。

实际情况	（1代表非常不同意，4代表中立，7代表非常同意）						
	1	2	3	4	5	6	7
我认为以上材料为我提供了过多的产品信息	□	□	□	□	□	□	□
在以上材料中，我认为我所需要了解的产品信息容量过大	□	□	□	□	□	□	□
在以上材料中，我认为我所需要了解的产品信息数量过多	□	□	□	□	□	□	□

第二部分：个人基本情况（根据您的实际情况，请在合适的选项中打√）

（1）您的性别：□男　□女

（2）您的年龄：____岁

（3）您是：□本科生　□研究生

问卷到此结束，非常感谢您的认真作答！

2. 低信息数量组实验材料

尊敬的先生/女士：

您好！首先感谢您在百忙之中参与此次实验。假设您最近有意向前往云南丽江旅行，请您认真阅读以下展示材料，有意向选择心仪的旅游产品，在阅读完展示材料后并回答问卷问题。

旅游路线	云南昆明＋大理＋丽江6日5晚跟团游		
	路线简介：石林风景区＋双廊古镇＋玉龙雪山＋蓝月谷＋丽江古城＋候鸟湾拉市海湿地		
酒店选择	（1）a酒店 酒店外观现代，主体呈灰色，搭配大量玻璃窗，显得明亮通透。门前有绿植装饰，增添了生机。酒店设有停车位，方便客人停车。其设计简洁大气，给人高档之感，适合商务和休闲旅行住宿	（2）b酒店  该酒店外观设计现代，以浅色调为主，搭配大面积的玻璃窗，显得通透明亮。门前有绿植和舒适的户外座椅，营造出惬意的氛围。背景是青山绿树，环境优美，给人一种宁静舒适的感觉，适合度假休闲	（3）c酒店  这是一家具有中式建筑风格的酒店。建筑外观白墙黑瓦，飞檐翘角，极具传统韵味。酒店前有一个漂亮的泳池，周边摆放着躺椅，供客人休闲使用。背景是美丽的湖景和山脉，环境清幽，给人一种宁静、舒适的感觉，非常适合度假

续表

机票	**08:05** 福州长乐机场 11:25 昆明长水国际机场	☁厦门航空公司 MF8429 机型：波音738(中)			**¥850** 3.5折(R) ▼所有价格		
	机建＋燃油：50＋20元 | 飞行时间：3小时20分						

车票	车次	出发站 到达站	出发时间▲ 到达时间▼	历时▲	商务座 特等座	优选 一等座	一等座	二等座 二等包座
	G1698 ▲	🚄福州 🚄昆明南	08:46 19:53	11:07 当日到达	候补	—	候补	有
					¥2705.5		¥1444.0	¥857.0

第一部分：根据您在刚刚接收处理完产品信息后的实际情况，请在合适的选项中打√。

实际情况	（1 代表非常不同意，4 代表中立，7 代表非常同意）						
	1	2	3	4	5	6	7
我认为以上材料为我提供了过多的产品信息	□	□	□	□	□	□	□
在以上材料中，我认为我所需要了解的产品信息容量过大	□	□	□	□	□	□	□
在以上材料中，我认为我所需要了解的产品信息数量过多	□	□	□	□	□	□	□

第二部分：个人基本情况（根据您的实际情况，请在合适的选项中打√）

（1）您的性别：□男　□女

（2）您的年龄：＿＿＿岁

（3）您是：□本科生　□研究生

问卷到此结束，非常感谢您的认真作答！

（二）产品类别的预测试问卷

尊敬的先生/女士：

您好，我们是×××××学校的研究团队，非常感谢您在百忙之中参与本次问卷调查。问卷的答案并无对错之分，对以下的文字表述，请根据您刚刚接收处理完产品信息后的实际情况和真实想法进行填写。本次问卷采用匿名的方式，问卷调查结果仅用于学术研究，请您安心作答。

问卷说明

一件产品或服务的价值是指这件产品或服务所体现的外观、颜色、性能、质量等产品特性是否符合顾客对该产品的需求，即顾客的期望价值。由于有的产品或服务由于其属性简单或不易发生变化等特性，使得消费者在购买或使用前就能够准确判断其价值大小；有的产品只有在购买或使用后，顾客才能判断其价值。

第一部分：依据这一说明，在网络购物环境下，根据您以往的购物经验和搜集到的产品或服务信息，在购买前能够判断以下产品的质量或价值，请在合适的选项中打√。

产品类型	（1代表非常不容易，3代表不好说，5代表非常容易）				
	1	2	3	4	5
旅游目的地	□	□	□	□	□
酒店	□	□	□	□	□
路线产品	□	□	□	□	□
车票	□	□	□	□	□
机票	□	□	□	□	□
餐饮	□	□	□	□	□

第二部分：在网络购物环境下，根据您以往的购物经验和搜集到的产品或服务信息，在购买后能够判断以下产品的质量或价值，请在合适的选项中打√。

产品类型	（1代表非常不容易，3代表不好说，5代表非常容易）				
	1	2	3	4	5
旅游目的地	□	□	□	□	□
酒店	□	□	□	□	□
路线产品	□	□	□	□	□
车票	□	□	□	□	□
机票	□	□	□	□	□
餐饮	□	□	□	□	□

第三部分：个人基本情况（根据您的实际情况，请在合适的选项中打√）

（1）您的性别：□男　□女

（2）您是：□本科生　□研究生

问卷到此结束，非常感谢您的认真作答！

（三）实验－材料

1. 高信息数量组实验材料

尊敬的先生/女士：

您好！首先感谢您在百忙之中参与此次实验。假设您近期准备外出旅行一次（目的地为云南），在国内某旅行网站中搜索旅游产品，并有意向选择出一条心仪的旅游线路产品。以下材料为自动播放形式，请您认真阅读完展示材料后并回答问卷问题。

	1. 云南丽江＋束河古镇＋大理昆明6日5晚跟团游 路线简介：茶马花街＋彝人古镇祭火大典＋丽江束河茶马古镇＋圣托里尼大理＋玉龙雪山		
旅游路线	日期	行程安排	景点介绍
	第一天	抵达昆明	自行抵达昆明，可自由活动，感受春城的魅力
	第二天	昆明－茶马花街－海埂大坝－彝人古镇祭火大典	茶马花街：具有老昆明特色的复古商业街；海埂大坝：观赏滇池及海鸥的好去处；彝人古镇祭火大典：体验彝族文化习俗
	第三天	大理－圣托里尼大理－凤阳邑茶马古道－丽江	圣托里尼大理：充满圣托里尼风情的度假小镇；凤阳邑茶马古道：感受古代茶马贸易的历史遗迹；洱海生态廊道：欣赏洱海湖光山色
	第四天	丽江－玉龙雪山－丽江古城	云南的标志性景点，景色壮美；蓝月谷：湖水湛蓝如宝石，宛如仙境
	第五天	丽江－束河古镇－拉市海湿地公园－昆明	束河古镇：可漫步感受纳西族传统建筑和风情；拉市海湿地公园：体验骑马及湿地风光
	第六天	昆明自由活动后返程	自由安排时间，可购物或继续探索昆明

续表

旅游路线	 茶马花街	 海埂大坝	 彝人古镇祭火大典
	 圣托里尼大理	 凤阳邑茶马古道	 玉龙雪山
	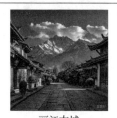 丽江古城	 束河古镇	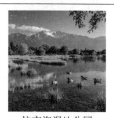 拉市海湿地公园
酒店选择	（1）a酒店  该酒店建筑外观独具特色，有着典型的中式风格。内部装饰典雅，木质结构搭配白色墙面，营造出温馨氛围。房间布置精致，床铺整洁，还摆放有绿植，给人以舒适的入住体验	（2）b酒店  酒店极具特色。从外观上看，它采用了传统中式建筑风格，飞檐翘角，木质结构与白墙相衬，古朴典雅。酒店背靠苍山，周边环境优美。内部房间布置温馨，家具精致，还设有舒适的休息区，能为客人提供惬意的入住体验	（3）c酒店  该酒店颇具现代感。建筑外观时尚，弧形设计搭配玻璃幕墙，十分亮眼。酒店内部布局合理，从房型图来看，房间类型多样。公共区域设有舒适的沙发和茶几，能为客人提供放松休闲的空间，整体氛围高档且舒适

机票	**21:20** 00:35	福州长乐机场 昆明长水国际机场	✈ 中国东方航空公司 MU5744 机型：波音737(中)	**¥800**	3.7折(R) ▼ 所有价格
	机建 + 燃油：50 + 20元 | 飞行时间：3小时15分				
	08:05 11:25	福州长乐机场 昆明长水国际机场	✈ 厦门航空公司 MF8429 机型：波音738(中)	**¥850**	3.5折(R) ▼ 所有价格
	机建 + 燃油：50 + 20元 | 飞行时间：3小时20分				
	10:45 13:55	福州长乐机场 昆明长水国际机场	✈ 吉祥航空公司 HO2071 机型：空客320(中)	**¥910**	3.7折(S) ▼ 所有价格
	机建 + 燃油：50 + 20元 | 飞行时间：3小时10分				

	车次	出发站 到达站	出发时间 ▲ 到达时间 ▼	历时	商务座 特等座	优选 一等座	一等座	二等座 二等包座
车票	**G1698** ▲	福州 昆明南	**08:46** **19:53**	11:07 当日到达	候补 ¥2705.5	--	候补 ¥1444.0	有 ¥857.0
	G1754 ▲	福州南 昆明南	**09:45** **21:42**	11:57 当日到达	6 ¥1645.5	--	有 ¥1458.0	7 ¥866.0
	G1754 ▲	福州 昆明南	**10:03** **21:42**	11:39 当日到达	7 ¥1629.5	--	有 ¥1444.0	10 ¥857.0

2. 云南昆明 + 大理 + 丽江 6 日 5 晚跟团游
路线简介：石林风景区 + 双廊古镇 + 玉龙雪山 + 蓝月谷 + 丽江古城 + 候鸟湾拉市海湿地

	日期	行程安排	景点介绍
旅游路线	第一天	抵达昆明	自行抵达昆明，可自由活动，感受春城的魅力
	第二天	昆明 – 石林风景区 – 祥云县	石林风景区：拥有奇特的喀斯特地貌，各种怪石嶙峋，是自然奇观
	第三天	大理 – 理想邦旅游度假小镇 – 双廊古镇 – 洱海生态廊道	理想邦：有着希腊圣托里尼般的建筑风格和浪漫氛围；双廊古镇：洱海边上的特色古镇，可欣赏湖景；洱海生态廊道：适合骑行或漫步，欣赏洱海美景
	第四天	大理 – 玉龙雪山 – 云杉坪索道 – 蓝月谷	玉龙雪山：北半球最近赤道终年积雪的山脉，景色壮观；蓝月谷：因湖水湛蓝、山谷呈月牙形而得名，宛如仙境；
	第五天	丽江 – 丽江古城 – 候鸟湾拉市海湿地 – 昆明	丽江古城：世界文化遗产，充满纳西族风情；候鸟湾拉市海湿地：可以体验骑马等活动，欣赏湿地风光
	第六天	昆明 – 昆明游客集散中心	可在集散中心购买特产等，之后结束行程

续表

 石林风景区	 理想邦旅游度假小镇	 双廊古镇
 洱海生态廊道	 玉龙雪山	 云杉坪索道
 蓝月谷	 丽江古城	 候鸟湾拉市海湿地

旅游路线列于左侧。

（1）a 酒店	（2）b 酒店	（3）c 酒店

酒店外观现代，主体呈灰色，搭配大量玻璃窗，显得明亮通透。门前有绿植装饰，增添了生机。酒店设有停车位，方便客人停车。其设计简洁大气，给人高档之感，适合商务和休闲旅行住宿	该酒店外观设计现代，以浅色调为主，搭配大面积的玻璃窗，显得通透明亮。门前有绿植和舒适的户外座椅，营造出惬意的氛围。背景是青山绿树，环境优美，给人一种宁静舒适的感觉，适合度假休闲	这是一家具有中式建筑风格的酒店。建筑外观白墙黑瓦，飞檐翘角，极具传统韵味。酒店前有一个漂亮的泳池，周边摆放着躺椅，供客人休闲使用。背景是美丽的湖景和山脉，环境清幽，给人一种宁静、舒适的感觉，非常适合度假

酒店选择位于左侧。

续表

机票	**21:20** 福州长乐机场 00:35 昆明长水国际机场	◎ 中国东方航空公司 MU5744 机型：波音737(中)	**¥800**	3.7折(R) ▼所有价格		
	机建+燃油：50+20元｜飞行时间：3小时15分					
	08:05 福州长乐机场 11:25 昆明长水国际机场	◎ 厦门航空公司 MF8429 机型：波音738(中)	**¥850**	3.5折(R) ▼所有价格		
	机建+燃油：50+20元｜飞行时间：3小时20分					
	10:45 福州长乐机场 13:55 昆明长水国际机场	◎ 吉祥航空公司 HO2071 机型：空客320(中)	**¥910**	3.7折(S) ▼所有价格		
	机建+燃油：50+20元｜飞行时间：3小时10分					

	车次	出发站 到达站	出发时间▲ 到达时间▼	历时	商务座 特等座	优选 一等座	一等座	二等座 二等包座
车票	**G1698**	福州 昆明南	08:46 19:53	11:07 当日到达	候补 ¥2705.5	--	预补 ¥1444.0	有 ¥857.0
	G1754	福州南 昆明南	09:45 21:42	11:57 当日到达	6 ¥1645.5		有 ¥1458.0	7 ¥866.0
	G1754	福州 昆明南	10:03 21:42	11:39 当日到达	7 ¥1629.5		有 ¥1444.0	10 ¥857.0

	3. 云南昆明 + 大理 + 丽江 6 日 5 晚跟团游 路线简介：滇池 + 云南民族村 + 大理古城 + 玉龙雪山大索道 +《丽水金沙》表演 + 拉市海骑马划船		
	日期	行程安排	景点介绍
旅游 路线	第一天	抵达昆明	自行抵达昆明，稍作休息后可自由活动，探索昆明市区
	第二天	昆明 - 滇池 - 云南民族村	滇池：云南最大的淡水湖，可乘船游览湖景；云南民族村：集中展示了云南各少数民族的文化、建筑和生活习俗等
	第三天	昆明 - 大理古城 - 洱海吉普车旅拍	大理古城：承载着大理的历史文化，城内有众多古建筑和特色店铺；洱海吉普车旅拍：乘坐吉普车环洱海游览，在美景中拍照留念，留下美好回忆
	第四天	大理 - 玉龙雪山大索道 - 蓝月谷 -《丽水金沙》民族表演	玉龙雪山大索道：可直达玉龙雪山冰川公园，观赏雪景；蓝月谷：景色迷人，湖水清澈湛蓝；《丽水金沙》民族表演：以舞蹈诗画的形式展示了丽江的民族文化和风情
	第五天	丽江 - 束河古镇 - 拉市海骑马划船	束河古镇：古镇依山傍水，环境清幽；拉市海：可体验骑马走茶马古道以及在湿地划船等项目，感受不一样的乐趣
	第六天	昆明自由活动后返程	自由安排时间，可前往商场购物或游览市区其他景点，之后结束愉快旅程

续表

旅游路线	 滇池	 云南民族村	 大理古城
	 洱海吉普车旅拍	 玉龙雪山大索道	 蓝月谷
	 束河古镇	 《丽水金沙》民族表演	 拉市海骑马划船
酒店选择	（1）a 酒店  该酒店房间布置典雅，有舒适的大床和沙发，灯光柔和营造出温馨氛围。窗外可欣赏城市景观和山脉景色。酒店建筑外观具有特色，给人一种高档且宁静的感觉，适合追求品质生活的旅客	（2）b 酒店 该酒店外观气派，建筑外墙整齐划一，配以明亮的灯光，显得格外醒目。门前有两棵高大的棕榈树，增添了热带风情。酒店前还有一个精致的泳池，周围设有休息区，整体环境优雅，适合休闲度假	（3）c 酒店  酒店外观现代且大气，玻璃幕墙搭配灯光设计，显得时尚而明亮。门前有棕榈树装饰，增添了热带风情。室内设计精致，房间布局合理，有舒适的床铺和齐全的设施，整体环境优雅，给人一种高档的感觉

续表

机票				
21:20 00:35	福州长乐机场 昆明长水国际机场	🌐 中国东方航空公司 MU5744 机型：波音737(中)	¥800	3.7折(R) ▼所有价格
机建+燃油：50+20元 | 飞行时间：3小时15分				
08:05 11:25	福州长乐机场 昆明长水国际机场	✈ 厦门航空公司 MF8429 机型：波音738(中)	¥850	3.5折(R) ▼所有价格
机建+燃油：50+20元 | 飞行时间：3小时20分				
10:45 13:55	福州长乐机场 昆明长水国际机场	✈ 吉祥航空公司 HO2071 机型：空客320(中)	¥910	3.7折(S) ▼所有价格
机建+燃油：50+20元 | 飞行时间：3小时10分				

	车次	出发站 到达站	出发时间▲ 到达时间▼	历时 ▬	商务座 特等座	优选 一等座	一等座	二等座 二等包座
车票	G1698 ▲	🚄 福州 🚄 昆明南	08:46 19:53	11:07 当日到达	候补 ¥2705.5	--	候补 ¥1444.0	有 ¥857.0
	G1754 ▲	🚄 福州 🚄 昆明南	09:45 21:42	11:57 当日到达	6 ¥1645.5	--	有 ¥1458.0	7 ¥866.0
	G1754 ▲	🚄 福州 🚄 昆明南	10:03 21:42	11:39 当日到达	7 ¥1629.5	--	有 ¥1444.0	10 ¥857.0

第一部分：根据您在刚刚浏览产品过程中的实际情况，请在合适的选项中打√。

实际情况	（1代表非常不同意， 4代表中立，7代表非常同意）						
	1	2	3	4	5	6	7
我认为以上材料为我提供了过多的产品信息	☐	☐	☐	☐	☐	☐	☐
在以上材料中，我认为我所需要了解的产品信息容量过大	☐	☐	☐	☐	☐	☐	☐
在以上材料中，我认为我所需要了解的产品信息数量过多	☐	☐	☐	☐	☐	☐	☐

第二部分：依据您进行以上任务中的实际情况，请在合适的选项中打√。

实际情况	（1 代表最少努力，4 代表中等努力，7 代表最大努力）						
	1	2	3	4	5	6	7
在以上的任务当中，你投入了多少心理努力	□	□	□	□	□	□	□

实际情况	（1 代表非常容易，4 代表中等难度，7 代表非常困难）						
	1	2	3	4	5	6	7
你认为以上的任务难度如何	□	□	□	□	□	□	□

第三部分：请您接着回忆您刚刚在浏览完相关旅游产品时需做决策时的心理感受，请在合适的选项中打√。

心理感受	（1 代表非常不同意，4 代表中立，7 代表非常同意）						
	1	2	3	4	5	6	7
无助的	□	□	□	□	□	□	□
绝望的	□	□	□	□	□	□	□
令人困惑的	□	□	□	□	□	□	□
迷惑的	□	□	□	□	□	□	□
缺乏判断力的	□	□	□	□	□	□	□
过度紧张的	□	□	□	□	□	□	□

第四部分：个人基本情况（根据您的实际情况，请在合适的选项中打√）

（1）您的性别：□男　□女

（2）您的年龄：□18 岁以下　□18～30 岁　□30 岁以上

（3）您的平均每月生活费：□3000 元及以下　□3001～5000 元

□5000 元及以上

问卷到此结束，非常感谢您的认真作答！

2. 低信息数量组实验材料

尊敬的先生/女士：

您好！首先感谢您在百忙之中参与此次实验。假设您最近有意向前往云南丽江旅行，请您认真阅读以下展示材料，有意向选择心仪的旅游产品，在阅读完展示材料后并回答问卷问题。

<table>
<tr><td rowspan="13">旅游
路线</td><td colspan="3">云南昆明 + 大理 + 丽江 6 日 5 晚跟团游
路线简介：石林风景区 + 双廊古镇 + 玉龙雪山 + 蓝月谷 + 丽江古城 + 候鸟湾拉市海湿地</td></tr>
<tr><td>日期</td><td>行程安排</td><td>景点介绍</td></tr>
<tr><td>第一天</td><td>抵达昆明</td><td>自行抵达昆明，可自由活动，感受春城的魅力</td></tr>
<tr><td>第二天</td><td>昆明 – 石林风景区 – 祥云县</td><td>石林风景区：拥有奇特的喀斯特地貌，各种怪石嶙峋，是自然奇观</td></tr>
<tr><td>第三天</td><td>大理 – 理想邦旅游度假小镇 – 双廊古镇 – 洱海生态廊道</td><td>理想邦：有着希腊圣托里尼般的建筑风格和浪漫氛围；双廊古镇：洱海边上的特色古镇，可欣赏湖景；洱海生态廊道：适合骑行或漫步，欣赏洱海美景</td></tr>
<tr><td>第四天</td><td>大理 – 玉龙雪山 – 云杉坪索道 – 蓝月谷</td><td>玉龙雪山：北半球最近赤道终年积雪的山脉，景色壮观；蓝月谷：因湖水湛蓝、山谷呈月牙形而得名，宛如仙境</td></tr>
<tr><td>第五天</td><td>丽江 – 丽江古城 – 候鸟湾拉市海湿地 – 昆明</td><td>丽江古城：世界文化遗产，充满纳西族风情；候鸟湾拉市海湿地：可以体验骑马等活动，欣赏湿地风光</td></tr>
<tr><td>第六天</td><td>昆明 – 昆明游客集散中心</td><td>可在集散中心购买特产等，之后结束行程</td></tr>
<tr><td colspan="3">  
　石林风景区　　　　理想邦旅游度假小镇　　　　双廊古镇</td></tr>
<tr><td colspan="3">  
　洱海生态廊道　　　　玉龙雪山　　　　云杉坪索道</td></tr>
</table>

续表

旅游路线	 蓝月谷	 丽江古城	 候鸟湾拉市海湿地
酒店选择	（1）a酒店  酒店外观现代，主体呈灰色，搭配大量玻璃窗，显得明亮通透。门前有绿植装饰，增添了生机。酒店设有停车位，方便客人停车。其设计简洁大气，给人高档之感，适合商务和休闲旅行住宿	（2）b酒店  该酒店外观设计现代，以浅色调为主，搭配大面积的玻璃窗，显得通透明亮。门前有绿植和舒适的户外座椅，营造出惬意的氛围。背景是青山绿树，环境优美，给人一种宁静舒适的感觉，适合度假休闲	（3）c酒店  这是一家具有中式建筑风格的酒店。建筑外观白墙黑瓦，飞檐翘角，极具传统韵味。酒店前有一个漂亮的泳池，周边摆放着躺椅，供客人休闲使用。背景是美丽的湖景和山脉，环境清幽，给人一种宁静、舒适的感觉，非常适合度假

机票	**08:05** 福州长乐机场　11:25 昆明长水国际机场	厦门航空公司 MF8429　机型：波音738(中)	**¥850** 3.5折(R)　▼所有价格
	机建＋燃油：50＋20元｜飞行时间：3小时20分		

车票	车次 出发站 到达站	出发时间▼ 到达时间▼	历时	商务座 特等座	优选 一等座	一等座	二等座 二等包座
	G1698 ▲ 福州 昆明南	08:46 19:53	11:07 当日到达	候补 ¥2705.5	--	候补 ¥1444.0	有 ¥857.0

第一部分：根据您在刚刚浏览产品过程中的实际情况，请在合适的选项中打√。

实际情况	（1代表非常不同意，4代表中立，7代表非常同意）						
	1	2	3	4	5	6	7
我认为以上材料为我提供了过多的产品信息	☐	☐	☐	☐	☐	☐	☐
在以上材料中，我认为我所需要了解的产品信息容量过大	☐	☐	☐	☐	☐	☐	☐
在以上材料中，我认为我所需要了解的产品信息数量过多	☐	☐	☐	☐	☐	☐	☐

第二部分：依据您进行以上任务中的实际情况，请在合适的选项中打√。

实际情况	（1代表最少努力，4代表中等努力，7代表最大努力）						
	1	2	3	4	5	6	7
在以上的任务当中，你投入了多少心理努力	☐	☐	☐	☐	☐	☐	☐

实际情况	（1代表非常容易，4代表中等难度，7代表非常困难）						
	1	2	3	4	5	6	7
你认为以上的任务难度如何	☐	☐	☐	☐	☐	☐	☐

第三部分：请您接着回忆您刚刚在浏览完相关旅游产品时需做决策时的心理感受，请在合适的选项中打√。

心理感受	（1代表非常不同意，4代表中立，7代表非常同意）						
	1	2	3	4	5	6	7
无助的	☐	☐	☐	☐	☐	☐	☐
绝望的	☐	☐	☐	☐	☐	☐	☐
令人困惑的	☐	☐	☐	☐	☐	☐	☐
迷惑的	☐	☐	☐	☐	☐	☐	☐
缺乏判断力的	☐	☐	☐	☐	☐	☐	☐
过度紧张的	☐	☐	☐	☐	☐	☐	☐

第四部分：个人基本情况（根据您的实际情况，请在合适的选项中打√）

（1）您的性别：□男　□女

（2）您的年龄：□18 岁以下　□18～30 岁　□30 岁以上

（3）您的平均每月生活费：□3000 元及以下　□3001～5000 元
□5000 元及以上

问卷到此结束，非常感谢您的认真作答！

二、实验二材料

（一）高信息数量组实验材料

尊敬的先生/女士：

您好！首先感谢您在百忙之中参与此次实验。假设您在节假日来临之际准备外出旅行一次（目的地为北京），在国内某旅行网站中搜索旅游产品，并有意向选择出一条旅游线路产品（或者住宿产品）。请您认真阅读完展示材料后回答问卷问题。

	1. 北京 6 日 5 晚跟团游		
	日期	行程安排	景点介绍
旅游路线	第一天	抵达北京	自行前往北京，抵达后可自由活动，感受京城氛围
	第二天	天安门广场－人民英雄纪念碑－中国国家博物馆－国家大剧院－故宫	天安门广场：伟大祖国的标志，可观看庄严肃穆的升旗仪式；故宫：明清皇家宫殿，建筑宏伟，文物众多
	第三天	八达岭长城－清华大学－颐和园	八达岭长城：雄伟壮观，有"不到长城非好汉"之说；颐和园：大型皇家园林，风景秀丽，有众多古建筑和园林景观
	第四天	恭王府－什刹海	恭王府：曾是和珅的府邸，建筑风格独特，府邸文化深厚；什刹海：可体验老北京的胡同文化和夜生活
	第五天	自由活动或可选择参加自费项目，如鸟巢、水立方内部参观等	鸟巢、水立方：2008 年北京奥运会的主要场馆，现代建筑的代表，具有独特的艺术风格
	第六天	北京自由活动后返程	可自由安排时间购物或继续探索北京，之后结束愉快旅程

续表

国家博物馆	国家大剧院	故宫
八达岭长城	清华大学	颐和园
恭王府	什刹海	鸟巢和水立方

旅游路线

酒店选择

（1）a 酒店

该酒店建筑外观独具特色，有着典型的中式风格。内部装饰典雅，木质结构搭配白色墙面，营造出温馨氛围。房间布置精致，床铺整洁，还摆放有绿植，给人以舒适的入住体验

（2）b 酒店

酒店极具特色。从外观上看，它采用了传统中式建筑风格，飞檐翘角，木质结构与白墙相衬，古朴典雅。酒店背靠苍山，周边环境优美。内部房间布置温馨，家具精致，还设有舒适的休息区，能为客人提供惬意的入住体验

（3）c 酒店

该酒店颇具现代感。建筑外观时尚，弧形设计搭配玻璃幕墙，十分亮眼。酒店内部布局合理，从房型图来看，房间类型多样。公共区域设有舒适的沙发和茶几，能为客人提供放松休闲的空间，整体氛围高档且舒适

机票

10:00	福州长乐机场	🛪 厦门航空公司 MF8165	¥450	1.6折(Z)
13:00	北京大兴国际机场	机型: 波音738(中)	▼ 所有价格	
机建＋燃油: 50＋20元 / 飞行时间: 3小时10分				

07:00	福州长乐机场	🛪 中国国际航空公司 CA1822	¥450	1.6折(K)
09:55	北京首都机场	机型: 空客321(中)	▼ 所有价格	
机建＋燃油: 50＋20元 / 飞行时间: 2小时55分				

12:40	福州长乐机场	🛪 中国联合航空公司 KN5938	¥500	2.6折(I)
15:25	北京大兴国际机场	机型: 波音737(中)	▼ 所有价格	
机建＋燃油: 50＋20元 / 飞行时间: 2小时45分				

车票

车次	出发站 到达站	出发时间▲ 到达时间▼	历时▼	商务座 特等座	优选 一等座	一等座	一等座 二等包座
G302 ▲	福州 北京南	07:23 16:00	08:37 当日到达	1	--	18	有
				¥2674.0		¥1361.0	¥808.5
G198 夏 ▲	福州南 北京南	07:59 19:12	11:13 当日到达	1	--	19	有
				¥2912.0		¥1461.0	¥887.0
G322 ▲	福州南 北京南	08:57 18:17	09:20 当日到达	1	--	17	有
				¥2706.0		¥1375.0	¥817.5

2. 北京 6 日 5 晚跟团游

日期	行程安排	景点介绍
第一天	抵达北京	抵达北京后，到指定酒店办理入住，稍作休息后可自由活动，可前往南锣鼓巷品尝特色小吃，感受老北京胡同文化
第二天	天安门广场看升旗－毛主席纪念堂－故宫－什刹海	天安门升旗仪式：庄重肃穆，不容错过的体验；故宫：世界最大最完整的木质古建筑群之一，蕴含丰富历史文化；什刹海：老北京特色的历史文化保护区，有许多名人故居和特色店铺
第三天	天坛公园－颐和园－清华北大外景	天坛：古代皇帝祭天、祈谷的地方，中国古代祭祀建筑的杰出代表；颐和园：大型皇家园林，有湖光山色、长廊等著名景点；清华北大：中国顶尖学府，可感受浓厚的学术氛围
第四天	八达岭长城－奥林匹克公园	八达岭长城：明长城最具代表性的一段，景色雄伟壮观；奥林匹克公园：2008 年北京奥运会的举办地，有鸟巢、水立方等标志性建筑，夜晚灯光亮起时非常美丽
第五天	香山公园－圆明园	香山公园：以红叶闻名，秋季景色绝美，自然风光秀丽；圆明园：曾是大型皇家宫苑，如今的遗址见证了历史的沧桑变迁
第六天	再次漫步清华北大，感受学术氛围后返程	可在校园周边逛逛，体验学生生活气息，之后收拾行李结束旅程

旅游路线

旅游路线	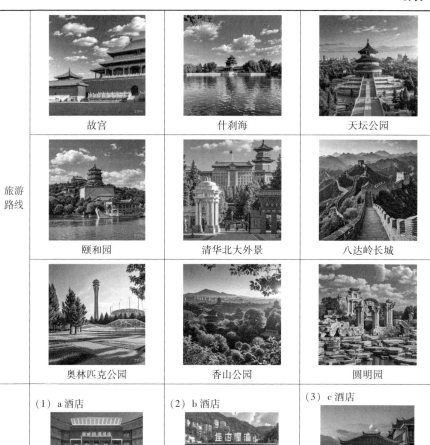	
酒店选择	（1）a 酒店 酒店外观现代，主体呈灰色，搭配大量玻璃窗，显得明亮通透。门前有绿植装饰，增添了生机。酒店设有停车位，方便客人停车。其设计简洁大气，给人高档之感，适合商务和休闲旅行住宿	（2）b 酒店  该酒店外观设计现代，以浅色调为主，搭配大面积的玻璃窗，显得通透明亮。门前有绿植和舒适的户外座椅，营造出惬意的氛围。背景是青山绿树，环境优美，给人一种宁静舒适的感觉，适合度假休闲	（3）c 酒店  这是一家具有中式建筑风格的酒店。建筑外观白墙黑瓦，飞檐翘角，极具传统韵味。酒店前有一个漂亮的泳池，周边摆放着躺椅，供客人休闲使用。背景是美丽的湖景和山脉，环境清幽，给人一种宁静、舒适的感觉，非常适合度假

In the 旅游路线 image block (image 1), the following captions appear:
故宫　　什刹海　　天坛公园
颐和园　　清华北大外景　　八达岭长城
奥林匹克公园　　香山公园　　圆明园

机票				
10:00 13:00	福州长乐机场 北京大兴国际机场	✈ 厦门航空公司 MF8165 机型：波音738(中)	¥**450**	1.6折(Z) ▼所有价格
机建 + 燃油：50 + 20元 | 飞行时间：3小时0分				
07:00 09:55	福州长乐机场 北京首都机场	✈ 中国国际航空公司 CA1822 机型：空客321(中)	¥**450**	1.6折(K) ▼所有价格
机建 + 燃油：50 + 20元 | 飞行时间：2小时55分				
12:40 15:25	福州长乐机场 北京大兴国际机场	✈ 中国联合航空公司 KN5938 机型：波音737(中)	¥**500**	2.6折(I) ▼所有价格
机建 + 燃油：50 + 20元 | 飞行时间：2小时45分				

车票	车次	出发站 到达站	出发时间▲ 到达时间▼	历时	商务座 特等座	优选 一等座	一等座	二等座 二等包座
	G302 ▲	🚄 福州 🚄 北京南	**07:23** 16:00	08:37 当日到达	1	--	18	有
					¥2674.0		¥1361.0	¥808.5
	G198 ▲ 夏	🚄 福州南 🚄 北京南	**07:59** 19:12	11:13 当日到达	1	--	19	有
					¥2912.0		¥1461.0	¥887.0
	G322 ▲	🚄 福州南 🚄 北京南	**08:57** 18:17	09:20 当日到达	1	--	17	有
					¥2706.0		¥1375.0	¥817.5

3. 北京 6 日 5 晚跟团游

	日期	行程安排	景点介绍
旅游路线	第一天	抵达北京	到达北京后前往酒店休息，为接下来的行程养精蓄锐
	第二天	北京 – 天安门毛主席纪念堂 – 故宫 – 中国国家博物馆 – 王府井	毛主席纪念堂：庄严肃穆，是缅怀伟人的重要场所；中国国家博物馆：最大的综合性博物馆，馆藏丰富，可了解中国历史文化的博大精深；王府井：繁华的商业街，有众多知名品牌和特色商店
	第三天	八达岭长城 – 定陵 – 北京奥林匹克公园	定陵：明十三陵之一，是明朝万历皇帝朱翊钧的陵墓，可了解明代帝王陵墓的建筑规制和历史文化；奥林匹克公园：是集体育竞赛、会议展览、文化娱乐和休闲购物于一体的大型综合性奥运文化遗产
	第四天	颐和园 – 恭王府 – 天坛	颐和园：大型山水园林，既有湖光山色的自然之美，又有众多精美的古建筑；恭王府：是清代规模最大的一座王府，有"一座恭王府，半部清代史"的说法；天坛：古代皇帝祭天、祈谷的地方，中国古代祭祀建筑的杰出代表，也是中国现存最大的古代祭祀建筑群
	第五天	北京自由活动	可根据个人兴趣选择前往如北京环球度假区、南锣鼓巷等景点游玩，体验不同的北京风情
	第六天	北京	自由活动或购物后返程

续表

故宫	国家博物馆	王府井
八达岭长城	定陵	奥林匹克公园
颐和园	恭王府	天坛

旅游路线

酒店选择

（1）a 酒店

该酒店房间布置典雅，有舒适的大床和沙发，灯光柔和营造出温馨氛围。窗外可欣赏城市景观和山脉景色。酒店建筑外观具有特色，给人一种高档且宁静的感觉，适合追求品质生活的旅客

（2）b 酒店

该酒店外观气派，建筑外墙整齐划一，配以明亮的灯光，显得格外醒目。门前有两棵高大的棕榈树，增添了热带风情。酒店前还有一个精致的泳池，周围设有休息区，整体环境优雅，适合休闲度假

（3）c 酒店

酒店外观现代且大气，玻璃幕墙搭配灯光设计，显得时尚而明亮。门前有棕榈树装饰，增添了热带风情。室内设计精致，房间布局合理，有舒适的床铺和齐全的设施，整体环境优雅，给人一种高档的感觉

续表

机票	**10:00** 13:00	福州长乐机场 北京大兴国际机场	✈ 厦门航空公司 MF8165 机型：波音738(中)	**¥450** 1.6折(Z) ▼所有价格
	机建＋燃油：50＋20元 | 飞行时间：3小时0分			
	07:00 09:55	福州长乐机场 北京首都机场	✈ 中国国际航空公司 CA1822 机型：空客321(中)	**¥450** 1.6折(K) ▼所有价格
	机建＋燃油：50＋20元 | 飞行时间：2小时55分			
	12:40 15:25	福州长乐机场 北京大兴国际机场	✈ 中国联合航空公司 KN5938 机型：波音737(中)	**¥500** 2.6折(I) ▼所有价格
	机建＋燃油：50＋20元 | 飞行时间：2小时45分			

	车次	出发站 到达站	出发时间▲ 到达时间▼	历时	商务座 特等座	优选 一等座	一等座	二等座 二等包座
车票	**G302** ▲	福州 北京南	**07:23** 16:00	**08:37** 当日到达	1	--	18	有
					¥2674.0		¥1361.0	¥808.5
	G198 复 ▲	福州南 北京南	**07:59** 19:12	**11:13** 当日到达	1		19	有
					¥2912.0		¥1461.0	¥887.0
	G322 ▲	福州南 北京南	**08:57** 18:17	**09:20** 当日到达	1	--	17	有
					¥2706.0		¥1375.0	¥817.5

第一部分：根据您在刚刚浏览产品过程中的实际情况，请在合适的选项中打√。

实际情况	（1代表非常不同意，4代表 中立，7代表非常同意）						
	1	2	3	4	5	6	7
我认为以上材料为我提供了过多的产品信息	☐	☐	☐	☐	☐	☐	☐
在以上材料中，我认为我所需要了解的产品信息容量过大	☐	☐	☐	☐	☐	☐	☐
在以上材料中，我认为我所需要了解的产品信息数量过多	☐	☐	☐	☐	☐	☐	☐

227

第二部分：依据您进行以上任务中的实际情况，请在合适的选项中打√。

实际情况	（1 代表最少努力，4 代表中等努力，7 代表最大努力）						
	1	2	3	4	5	6	7
在以上的任务当中，你投入了多少心理努力	□	□	□	□	□	□	□
（1 代表非常容易，4 代表中等难度，7 代表非常困难）	1	2	3	4	5	6	7
你认为以上的任务难度如何	□	□	□	□	□	□	□

第三部分：请您接着回忆您刚刚在浏览完相关旅游产品时需做决策时的心理感受，请在合适的选项中打√。

实际情况	（1 代表非常不同意，4 代表中立，7 代表非常同意）						
	1	2	3	4	5	6	7
无助的	□	□	□	□	□	□	□
绝望的	□	□	□	□	□	□	□
令人困惑的	□	□	□	□	□	□	□
迷惑的	□	□	□	□	□	□	□
缺乏判断力的	□	□	□	□	□	□	□
过度紧张的	□	□	□	□	□	□	□

第四部分：个人基本情况（根据您的实际情况，请在合适的选项中打√）

（1）您的性别：□男　□女

（2）您的年龄：□18 岁及以下　□19~30 岁　□31~40 岁　□40 岁以上

（3）您的学历：□高中及以下　□大专或本科　□硕士及以上

问卷到此结束，非常感谢您的认真作答！

（二）低信息数量组实验材料

尊敬的先生/女士：

　　您好！首先感谢您在百忙之中参与此次实验。假设您最近有意向前往北京旅行，请您认真阅读以下展示材料，有意向选择心仪的旅游产品，在阅读完展示材料后并回答问卷问题。

<table>
<tr><td colspan="4">北京 6 日 5 晚跟团游</td></tr>
<tr><td rowspan="14">旅游路线</td><td>日期</td><td>行程安排</td><td>景点介绍</td></tr>
<tr><td>第一天</td><td>抵达北京</td><td>抵达北京后，到指定酒店办理入住，稍作休息后可自由活动</td></tr>
<tr><td>第二天</td><td>天安门广场看升旗 – 毛主席纪念堂 – 故宫 – 什刹海</td><td>天安门升旗仪式：庄重肃穆，不容错过的体验；故宫：世界最大最完整的木质古建筑群之一，蕴含丰富历史文化；什刹海：老北京特色的历史文化保护区，有许多名人故居和特色店铺</td></tr>
<tr><td>第三天</td><td>天坛公园 – 颐和园 – 清华北大外景</td><td>天坛：古代皇帝祭天、祈谷的地方，中国古代祭祀建筑的杰出代表；颐和园：大型皇家园林，有湖光山色、长廊等著名景点；清华北大：中国顶尖学府，可感受浓厚的学术氛围</td></tr>
<tr><td>第四天</td><td>八达岭长城 – 奥林匹克公园</td><td>八达岭长城：明长城最具代表性的一段，景色雄伟壮观；奥林匹克公园：2008 年北京奥运会的举办地，有鸟巢、水立方等标志性建筑，夜晚灯光亮起时非常美丽</td></tr>
<tr><td>第五天</td><td>恭王府 – 香山公园 – 圆明园</td><td>恭王府：具有极高的历史文化价值，建筑规制严格遵循清代王府建筑形制；香山公园：以红叶闻名，秋季景色绝美，自然风光秀丽；圆明园：曾是大型皇家宫苑，如今的遗址见证了历史的沧桑变迁</td></tr>
<tr><td>第六天</td><td>再次漫步清华北大，感受学术氛围后返程</td><td>可在校园周边逛逛，体验学生生活气息，之后收拾行李结束旅程</td></tr>
<tr><td colspan="3"></td></tr>
<tr><td colspan="3">故宫　　　　　　什刹海　　　　　　天坛公园</td></tr>
</table>

续表

旅游路线	颐和园	清华北大外景	八达岭长城
	奥林匹克公园	香山公园	圆明园

酒店选择	（1）a 酒店酒店外观现代，主体呈灰色，搭配大量玻璃窗，显得明亮通透。门前有绿植装饰，增添了生机。酒店设有停车位，方便客人停车。其设计简洁大气，给人高档之感，适合商务和休闲旅行住宿	（2）b 酒店该酒店外观设计现代，以浅色调为主，搭配大面积的玻璃窗，显得通透明亮。门前有绿植和舒适的户外座椅，营造出惬意的氛围。背景是青山绿树，环境优美，给人一种宁静舒适的感觉，适合度假休闲	（3）c 酒店这是一家具有中式建筑风格的酒店。建筑外观白墙黑瓦，飞檐翘角，极具传统韵味。酒店前有一个漂亮的泳池，周边摆放着躺椅，供客人休闲使用。背景是美丽的湖景和山脉，环境清幽，给人一种宁静、舒适的感觉，非常适合度假

续表

机票	**10:00** 13:00	福州长乐机场 北京大兴国际机场	⬤ 厦门航空公司　MF8165 机型：波音738(中)			**¥450**	1.6折(Z) ▼ 所有价格	
	机建＋燃油：50＋20元 | 飞行时间：3小时0分							

车票	车次	出发站 到达站	出发时间 ▲ 到达时间 ▼	历时 ▲	商务座 特等座	优选 一等座	一等座	二等座 二等包座
	G302 ▲	🚄福州 🚄北京南	**07:23** **16:00**	**08:37** 当日到达	1	--	18	有
					¥2674.0		¥1361.0	¥808.5

第一部分：根据您在刚刚浏览产品过程中的实际情况，请在合适的选项中打√。

实际情况	（1代表非常不同意，4代表中立，7代表非常同意）						
	1	2	3	4	5	6	7
我认为以上材料为我提供了过多的产品信息	□	□	□	□	□	□	□
在以上材料中，我认为我所需要了解的产品信息容量过大	□	□	□	□	□	□	□
在以上材料中，我认为我所需要了解的产品信息数量过多	□	□	□	□	□	□	□

第二部分：依据您进行以上任务中的实际情况，请在合适的选项中打√。

实际情况	（1代表最少努力，4代表中等努力，7代表最大努力）						
	1	2	3	4	5	6	7
在以上的任务当中，你投入了多少心理努力	□	□	□	□	□	□	□

实际情况	（1代表非常容易，4代表中等难度，7代表非常困难）						
	1	2	3	4	5	6	7
你认为以上的任务难度如何	□	□	□	□	□	□	□

第三部分：请您接着回忆您刚刚在浏览完相关旅游产品时需做决策时的心理感受，请在合适的选项中打√。

心理感受	（1代表非常不同意，4代表中立，7代表非常同意）						
	1	2	3	4	5	6	7
无助的	□	□	□	□	□	□	□
绝望的	□	□	□	□	□	□	□
令人困惑的	□	□	□	□	□	□	□
迷惑的	□	□	□	□	□	□	□
缺乏判断力的	□	□	□	□	□	□	□
过度紧张的	□	□	□	□	□	□	□

第四部分：个人基本情况（根据您的实际情况，请在合适的选项中打√）

（1）您的性别：□男　□女

（2）您的年龄：□18岁及以下　□19～30岁　□31～40岁　□40岁以上

（3）您的学历：□高中及以下　□大专或本科　□硕士及以上

问卷到此结束，非常感谢您的认真作答！

三、实验三材料

（一）高信息数量组（体验品）实验材料

尊敬的先生/女士：

您好！首先感谢您在百忙之中参与此次实验。假设您在节假日来临之际准备外出旅行一次（目的地为西安），在国内某旅行网站中搜索旅游产品，并有意向选择出一条旅游线路产品（或者住宿产品）。请您认真阅读完展示材料后回答问卷问题。

1. 西安 6 日 5 晚跟团游		
日期	行程安排	景点介绍
第一天	抵达西安	抵达西安后，可自由活动，感受古城氛围
第二天	华清宫 – 骊山 – 秦始皇帝陵博物院	华清宫：古代帝王的离宫别苑，有温泉及诸多历史遗迹，还可观看《长恨歌》演出；骊山：景色秀丽，是华清宫景区的重要组成部分；秦始皇帝陵博物院：世界最大的地下军事博物馆，被誉为世界八大奇迹之一
第三天	西安城墙 – 钟鼓楼广场 – 回民街	西安城墙：现存规模最大、保存最完整的古代城垣建筑；钟鼓楼广场：西安的地标性建筑，可感受古城的中轴线对称之美；回民街：具有浓厚穆斯林气息的老街区，美食众多
第四天	陕西历史博物馆 – 大雁塔北广场	陕西历史博物馆：最大的历史类专题博物馆之一，馆藏丰富，可了解中国历史文化；大雁塔北广场：有经典的音乐喷泉，大雁塔是佛教传入中国并与本土文化相结合的代表性建筑
第五天	自由活动或自费参加其他项目，如《驼铃传奇》演出等	《驼铃传奇》：以"一带一路"为背景的大型实景演艺，展现了丝绸之路上的传奇故事
第六天	西安自由活动后返程	可自由安排时间购物或继续探索西安，之后结束愉快旅程

旅游路线

华清宫

骊山

秦始皇帝陵博物院

西安城墙

钟鼓楼广场

回民街

续表

旅游路线	陕西历史博物馆	大雁塔	《驼铃传奇》演出

| 酒店选择 | （1）a 酒店

该酒店建筑外观独具特色，有着典型的中式风格。内部装饰典雅，木质结构搭配白色墙面，营造出温馨氛围。房间布置精致，床铺整洁，还摆放有绿植，给人以舒适的入住体验 | （2）b 酒店

酒店极具特色。从外观上看，它采用了传统中式建筑风格，飞檐翘角，木质结构与白墙相衬，古朴典雅。酒店背靠苍山，周边环境优美。内部房间布置温馨，家具精致，还设有舒适的休息区，能为客人提供惬意的入住体验 |
| | （3）c 酒店

该酒店颇具现代感。建筑外观时尚，弧形设计搭配玻璃幕墙，十分亮眼。酒店内部布局合理，从房型图来看，房间类型多样。公共区域设有舒适的沙发和茶几，能为客人提供放松休闲的空间，整体氛围高档且舒适 | （4）d 酒店

酒店外观较为现代，采用了棕色调的外立面。酒店内部的房间布置简洁大方，有多种房型可供选择，包括大床和双床房。房间内配备了基本的家具和装饰，给人一种舒适、整洁的感觉 |

2. 西安 + 延安 6 日 5 晚跟团游			
	日期	行程安排	景点介绍
旅游路线	第一天	抵达西安	到指定酒店办理入住，稍作休息后可自由活动，体验西安的夜生活
	第二天	黄帝陵 – 黄河壶口瀑布（陕西侧）	黄帝陵：中华民族始祖轩辕黄帝的陵寝，是中华儿女寻根祭祖的圣地；黄河壶口瀑布：中国第二大瀑布，世界上最大的黄色瀑布，气势磅礴，景色壮观
	第三天	南泥湾 – 延安杨家岭革命旧址 – 枣园广场	南泥湾：曾经的"陕北的好江南"，可了解其艰苦奋斗的历史；延安杨家岭革命旧址和枣园广场：是中国共产党在延安时期的重要活动场所，具有重要的历史意义
	第四天	乾陵 – 法门寺	乾陵：唐高宗李治与武则天合葬墓，是唐陵中唯一一座没有被盗的陵墓，有众多精美的石刻；法门寺：因供奉佛指舍利而闻名于世，是佛教圣地，有众多珍贵的文物
	第五天	兵马俑《秦俑情》– 华清宫望京楼遗址	兵马俑：世界八大奇迹之一，可感受大秦帝国的辉煌；华清宫望京楼遗址：可欣赏古代建筑的独特魅力，了解唐代皇家的生活
	第六天	大慈恩寺 – 大雁塔北广场	大慈恩寺：是佛教法相唯识宗的祖庭；大雁塔北广场：有音乐喷泉等景观，可在此拍照留念

黄帝陵

黄河壶口瀑布

南泥湾

延安杨家岭革命旧址

枣园广场

乾陵

续表

旅游路线	法门寺	华清宫	大慈恩寺

| 酒店选择 | （1）a 酒店

酒店外观现代，主体呈灰色，搭配大量玻璃窗，显得明亮通透。门前有绿植装饰，增添了生机。酒店设有停车位，方便客人停车。其设计简洁大气，给人高档之感，适合商务和休闲旅行住宿 | （2）b 酒店

该酒店外观设计现代，以浅色调为主，搭配大面积的玻璃窗，显得通透明亮。门前有绿植和舒适的户外座椅，营造出惬意的氛围。背景是青山绿树，环境优美，给人一种宁静舒适的感觉，适合度假休闲 |
| | （3）c 酒店

这是一家具有中式建筑风格的酒店。建筑外观白墙黑瓦，飞檐翘角，极具传统韵味。酒店前有一个漂亮的泳池，周边摆放着躺椅，供客人休闲使用。背景是美丽的湖景和山脉，环境清幽，给人一种宁静、舒适的感觉，非常适合度假 | （4）d 酒店

从外观上看，酒店建筑现代，外立面采用了玻璃与实体墙面相结合的设计，显得时尚大气。酒店门口有绿植装饰，增添了生气。房间内部布置温馨，床品看起来整洁舒适，灯光柔和，营造出一种温馨的氛围 |

3. 西安 + 华山 6 日 5 晚跟团游		
日期	行程安排	景点介绍
第一天	抵达西安	乘坐交通工具抵达西安，前往酒店休息，为后续行程养精蓄锐
第二天	华清宫 - 秦兵马俑一号坑遗址	华清宫：有着丰富的历史文化内涵和美丽的自然风光，可参观华清池、御汤遗址博物馆等；秦兵马俑一号坑遗址：规模宏大，陶俑栩栩如生，展现了秦朝的军事力量和雕塑艺术
第三天	大雁塔 - 陕西历史博物馆 - 大唐不夜城	大雁塔：是唐代建筑艺术的杰作，用于供奉玄奘带回的佛像舍利和梵文经典，其周边还有北广场等休闲景区；陕西博物馆：一座大型现代化国家级博物馆，馆藏丰富，展示了陕西地区从古至今的历史文化变迁；大唐不夜城：以盛唐文化为背景。这里有璀璨灯光秀、精彩演艺，还有诸多仿唐建筑与雕塑，是感受大唐风情与夜生活魅力的绝佳之地
第四天	华山	华山，五岳之西岳，以奇险著称。其五峰各展风姿，南峰海拔最高，可揽众山小；西峰巨石似莲，传沉香救母佳话；东峰乃观日佳处；中峰清幽宁静；北峰如云台。险道更是惊心动魄，千尺幢狭窄陡峭，鹞子翻身手脚并用，长空栈道悬壁惊心，苍龙岭似龙横卧。还有玉泉院、西岳庙等古迹，摩崖石刻遍布，文化底蕴深厚
第五天	西安古城墙 - 钟楼 - 鼓楼 - 回民街	西安城墙是现存规模最大、保存最完整的古代城垣建筑；钟鼓楼广场是西安的地标性建筑，可感受古城的中轴线对称之美；鼓楼建筑风格与钟楼相似，重檐三滴水攒尖顶，飞檐翘角，造型宏伟壮观；回民街：著名的美食文化街区，有各种特色小吃，还保留着众多传统建筑和历史遗迹
第六天	西安自由活动后返程	自由活动，购物或者参加额外的旅游项目，结束愉快的旅程

（此表第一列为跨行合并单元格"旅游路线"）

华清宫

秦始皇兵马俑

大雁塔

续表

旅游路线			
 陕西历史博物馆	 回民街	 大唐不夜城
 西安古城墙	 钟楼	 回民街

| 酒店选择 | （1）a 酒店

该酒店房间布置典雅，有舒适的大床和沙发，灯光柔和营造出温馨氛围。窗外可欣赏城市景观和山脉景色。酒店建筑外观具有特色，给人一种高档且宁静的感觉，适合追求品质生活的旅客 | （2）b 酒店

该酒店外观气派，建筑外墙整齐划一，配以明亮的灯光，显得格外醒目。门前有两棵高大的棕榈树，增添了热带风情。酒店前还有一个精致的泳池，周围设有休息区，整体环境优雅，适合休闲度假 |
| | （3）c 酒店

酒店外观现代且大气，玻璃幕墙搭配灯光设计，显得时尚而明亮。门前有棕榈树装饰，增添了热带风情。室内设计精致，房间布局合理，有舒适的床铺和齐全的设施，整体环境优雅，给人一种高档的感觉 | （4）d 酒店

从外观上看，酒店建筑高大且现代，外立面简洁大气。酒店的招牌醒目，便于寻找。房间内部设计温馨舒适，床铺整洁，灯光柔和，营造出一种宁静的氛围。从图片来看，这是一家能够为客人提供良好住宿体验的酒店 |

第一部分：根据您在刚刚浏览产品过程中的实际情况，请在合适的选项中打√。

实际情况	（1代表非常不同意，4代表中立，7代表非常同意）						
	1	2	3	4	5	6	7
我认为以上材料为我提供了过多的产品信息	☐	☐	☐	☐	☐	☐	☐
在以上材料中，我认为我所需要了解的产品信息容量过大	☐	☐	☐	☐	☐	☐	☐
在以上材料中，我认为我所需要了解的产品信息数量过多	☐	☐	☐	☐	☐	☐	☐

第二部分：依据您进行以上任务中的实际情况，请在合适的选项中打√。

实际情况	（1代表最少努力，4代表中等努力，7代表最大努力）						
	1	2	3	4	5	6	7
在以上的任务当中，你投入了多少心理努力	☐	☐	☐	☐	☐	☐	☐

实际情况	（1代表非常容易，4代表中等难度，7代表非常困难）						
	1	2	3	4	5	6	7
你认为以上的任务难度如何	☐	☐	☐	☐	☐	☐	☐

第三部分：请您接着回忆您刚刚在浏览完相关旅游产品时需做决策时的心理感受，请在合适的选项中打√。

心理感受	（1代表非常不同意，4代表中立，7代表非常同意）						
	1	2	3	4	5	6	7
无助的	☐	☐	☐	☐	☐	☐	☐
绝望的	☐	☐	☐	☐	☐	☐	☐
令人困惑的	☐	☐	☐	☐	☐	☐	☐
迷惑的	☐	☐	☐	☐	☐	☐	☐
缺乏判断力的	☐	☐	☐	☐	☐	☐	☐
过度紧张的	☐	☐	☐	☐	☐	☐	☐

第四部分：个人基本情况（根据您的实际情况，请在合适的选项中打√）

（1）您的性别：□男　□女

（2）您的年龄：＿＿＿岁

（3）您的学历：□高中及以下　□大专或本科　□硕士及以上

问卷到此结束，非常感谢您的认真作答！

（二）低信息数量组（体验品）实验材料

尊敬的先生/女士：

您好！首先感谢您在百忙之中参与此次实验。假设您在节假日来临之际准备外出旅行一次（目的地为西安），在国内某旅行网站中搜索旅游产品，并有意向选择出一条旅游线路产品（或者住宿产品）。请您认真阅读完展示材料后回答问卷问题。

西安6日5晚跟团游		
日期	行程安排	景点介绍
第一天	抵达西安	抵达西安后，可自由活动，感受古城氛围
第二天	华清宫 - 骊山 - 秦始皇帝陵博物院	华清宫：古代帝王的离宫别苑，有温泉及诸多历史遗迹，还可观看《长恨歌》演出；骊山：景色秀丽，是华清宫景区的重要组成部分；秦始皇帝陵博物院：世界最大的地下军事博物馆，被誉为世界八大奇迹之一
第三天	西安城墙 - 钟鼓楼广场 - 回民街	西安城墙：现存规模最大、保存最完整的古代城垣建筑；钟鼓楼广场：西安的地标性建筑，可感受古城的中轴线对称之美；回民街：具有浓厚穆斯林气息的老街区，美食众多
第四天	陕西历史博物馆 - 大雁塔北广场	陕西历史博物馆：最大的历史类专题博物馆之一，馆藏丰富，可了解中国历史文化；大雁塔北广场：有经典的音乐喷泉，大雁塔是佛教传入中国并与本土文化相结合的代表性建筑
第五天	自由活动或自费参加其他项目，如《驼铃传奇》演出等	《驼铃传奇》：以"一带一路"为背景的大型实景演艺，展现了丝绸之路上的传奇故事
第六天	西安自由活动后返程	可自由安排时间购物或继续探索西安，之后结束愉快旅程

续表

旅游路线	华清宫	骊山	秦始皇帝陵博物院
	西安城墙	钟鼓楼广场	回民街
	陕西历史博物馆	大雁塔	《驼铃传奇》演出

（1）a 酒店

该酒店建筑外观独具特色，有着典型的中式风格。内部装饰典雅，木质结构搭配白色墙面，营造出温馨氛围。房间布置精致，床铺整洁，还摆放有绿植，给人以舒适的入住体验

（2）b 酒店

酒店极具特色。从外观上看，它采用了传统中式建筑风格，飞檐翘角，木质结构与白墙相衬，古朴典雅。酒店背靠苍山，周边环境优美。内部房间布置温馨，家具精致，还设有舒适的休息区，能为客人提供惬意的入住体验

续表

酒店选择	（3）c 酒店  该酒店颇具现代感。建筑外观时尚，弧形设计搭配玻璃幕墙，十分亮眼。酒店内部布局合理，从房型图来看，房间类型多样。公共区域设有舒适的沙发和茶几，能为客人提供放松休闲的空间，整体氛围高档且舒适	（4）d 酒店  酒店外观较为现代，采用了棕色调的外立面。酒店内部的房间布置简洁大方，有多种房型可供选择，包括大床和双床房。房间内配备了基本的家具和装饰，给人一种舒适、整洁的感觉

第一部分：根据您在刚刚浏览产品过程中的实际情况，请在合适的选项中打√。

实际情况	（1 代表非常不同意，4 代表中立，7 代表非常同意）						
	1	2	3	4	5	6	7
我认为以上材料为我提供了过多的产品信息	☐	☐	☐	☐	☐	☐	☐
在以上材料中，我认为我所需要了解的产品信息容量过大	☐	☐	☐	☐	☐	☐	☐
在以上材料中，我认为我所需要了解的产品信息数量过多	☐	☐	☐	☐	☐	☐	☐

第二部分：依据您进行以上任务中的实际情况，请在合适的选项中打√。

实际情况	（1 代表最少努力，4 代表中等努力，7 代表最大努力）						
	1	2	3	4	5	6	7
在以上的任务当中，你投入了多少心理努力	☐	☐	☐	☐	☐	☐	☐

续表

实际情况	（1代表非常容易，4代表 中等难度，7代表非常困难）						
	1	2	3	4	5	6	7
你认为以上的任务难度如何	□	□	□	□	□	□	□

第三部分：请您接着回忆您刚刚在浏览完相关旅游产品时需做决策时的心理感受，请在合适的选项中打√。

心理感受	（1代表非常不同意，4代表 中立，7代表非常同意）						
	1	2	3	4	5	6	7
无助的	□	□	□	□	□	□	□
绝望的	□	□	□	□	□	□	□
令人困惑的	□	□	□	□	□	□	□
迷惑的	□	□	□	□	□	□	□
缺乏判断力的	□	□	□	□	□	□	□
过度紧张的	□	□	□	□	□	□	□

第四部分：个人基本情况（根据您的实际情况，请在合适的选项中打√）

（1）您的性别：□男　□女

（2）您的年龄：＿＿＿岁

（3）您的学历：□高中及以下　□大专或本科　□硕士及以上

问卷到此结束，非常感谢您的认真作答！

（三）高信息数量组（搜索品）实验材料

尊敬的先生/女士：

您好！首先感谢您在百忙之中参与此次实验。假设您在节假日来临之际准备外出旅行一次（目的地为西安），在国内某旅行网站中搜索旅游产品，并有意向选择出一款出行产品。请您认真阅读完展示材料后回答问卷问题。

方案一：飞机

A. 直达航班

19:10 21:55	福州长乐机场 西安咸阳机场	🌏 中国东方航空公司 MU6156 机型：空客320(中)	¥**1400** 9.3折(B) ▼ 所有价格
机建 + 燃油：50 + 20元 | 飞行时间：2小时45分			
08:20 11:20	福州长乐机场 西安咸阳机场	🦅 厦门航空公司 MF8269 机型：波音738(中)	¥**1410** 8.4折(M) ▼ 所有价格
机建 + 燃油：50 + 20元 | 飞行时间：3小时0分			
13:05 15:50	福州长乐机场 西安咸阳机场	🌏 中国东方航空公司 MU2230 机型：空客320(中)	¥**1530** 全价舱(Y) ▼ 所有价格
机建 + 燃油：50 + 20元 | 飞行时间：2小时45分			
16:55 20:00	福州长乐机场 西安咸阳机场	🌏 中国东方航空公司 MU2138 机型：空客320(中)	¥**1530** 全价舱(Y) ▼ 所有价格
机建 + 燃油：50 + 20元 | 飞行时间：3小时5分			
09:00 11:50	福州长乐机场 西安咸阳机场	福州航空公司 FU6525 机型：波音737(中)	¥**1600** 10.3折(W) ▼ 所有价格
机建 + 燃油：50 + 20元 | 飞行时间：2小时50分			

B. 经停航班

长龙航空 GJ8545 空客320(中) 共享	**07:30** 长乐国际机场	经停长沙 黄花国际机场T1 1h	**12:10** 咸阳国际机场 T3	¥**660**起 经济舱5折 订票 ▾
南方航空 CZ7047 空客320(中) 共享	**07:30** 长乐国际机场	经停长沙 黄花国际机场T1 1h	**12:10** 咸阳国际机场 T3	¥**740**起 经济舱4.5折 订票 ▾
西藏航空 TV5147 空客320(中) 共享	**07:30** 长乐国际机场	经停长沙 黄花国际机场T1 1h	**12:10** 咸阳国际机场 T3	¥**740**起 经济舱4.5折 订票 ▾
四川航空 3U8043 空客320(中) 共享	**07:30** 长乐国际机场	经停长沙 黄花国际机场T1 1h	**12:10** 咸阳国际机场 T3	¥**740**起 经济舱4.5折 订票 ▾

C. 中转航班

海南航空HU7624 波音737(中) 东方航空MU750 空客330(大)	**13:30** 长乐国际机场	中转7小时30分 转1次 经武汉7h30m 半年期经济单程	**00:40**⁺¹天 咸阳国际机场 T3	东航中转餐食	¥**518**起 经济舱 经济舱 订票 ▾
南方航空CZ3506 波音738(中) ▫ 南方航空CZ3231 波音737(中) ▫	**11:50** 长乐国际机场	中转5小时30分 转1次 经广州5h30m	**22:00** 咸阳国际机场 T3	航变免费退改	¥**530**起 经济舱 经济舱 订票 ▾
南方航空CZ3878 波音737(中) ▫ 南方航空CZ3211 波音737(中) ▫	**17:20** 长乐国际机场	中转55分 转1次 经广州55m	**22:55** 咸阳国际机场 T3	航变免费退改	¥**530**起 经济舱 经济舱 订票 ▾
南方航空CZ3878 波音737(中) ▫ 南方航空CZ3217 波音737(中) ▫	**17:20** 长乐国际机场	中转1小时55分 转1次 经广州1h55m	**23:50** 咸阳国际机场 T3	航变免费退改	¥**530**起 经济舱 经济舱 订票 ▾
南方航空CZ3878 波音737(中) ▫ 南方航空CZ3201 空客321(中) ▫	**17:20** 长乐国际机场	中转12小时 转1次 经广州12h	**10:00**⁺¹天 咸阳国际机场 T3	航变免费退改	¥**530**起 经济舱 经济舱 订票 ▾

续表

方案二：动车/高铁 + 飞机

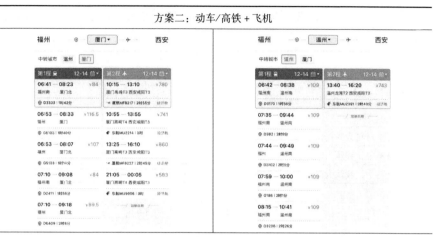

方案三：高铁

A. 高铁直达

车次	出发站 到达站	出发时间 ▲ 到达时间 ▼	历时	商务座 特等座	优选 一等座	一等座	二等座 二等包座
G860 ▲	福州南 西安北	11:13 21:04	09:51 当日到达	3	--	11	有
				¥2762.5		¥1444.0	¥882.5
G860 ▲	福州南 西安北	11:30 21:04	09:34 当日到达	3	--	11	有
				¥2733.5		¥1431.0	¥874.5

B. 高铁中转

第一部分：根据您在刚刚浏览产品过程中的实际情况，请在合适的选项中打√。

实际情况	（1代表非常不同意，4代表中立，7代表非常同意）						
	1	2	3	4	5	6	7
我认为以上材料为我提供了过多的产品信息	☐	☐	☐	☐	☐	☐	☐
在以上材料中，我认为我所需要了解的产品信息容量过大	☐	☐	☐	☐	☐	☐	☐
在以上材料中，我认为我所需要了解的产品信息数量过多	☐	☐	☐	☐	☐	☐	☐

第二部分：依据您进行以上任务中的实际情况，请在合适的选项中打√。

实际情况	（1代表最少努力，4代表中等努力，7代表最大努力）						
	1	2	3	4	5	6	7
在以上的任务当中，你投入了多少心理努力	☐	☐	☐	☐	☐	☐	☐

实际情况	（1代表非常容易，4代表中等难度，7代表非常困难）						
	1	2	3	4	5	6	7
你认为以上的任务难度如何	☐	☐	☐	☐	☐	☐	☐

第三部分：请您接着回忆您刚刚在浏览完相关旅游产品时需做决策时的心理感受，请在合适的选项中打√。

心理感受	（1代表非常不同意，4代表中立，7代表非常同意）						
	1	2	3	4	5	6	7
无助的	☐	☐	☐	☐	☐	☐	☐
绝望的	☐	☐	☐	☐	☐	☐	☐
令人困惑的	☐	☐	☐	☐	☐	☐	☐
迷惑的	☐	☐	☐	☐	☐	☐	☐
缺乏判断力的	☐	☐	☐	☐	☐	☐	☐
过度紧张的	☐	☐	☐	☐	☐	☐	☐

第四部分：个人基本情况（根据您的实际情况，请在合适的选项中打√）

（1）您的性别：□男 □女

（2）您的年龄：____岁

（3）您的学历：□高中及以下 □大专或本科 □硕士及以上

问卷到此结束，非常感谢您的认真作答！

（四）低信息数量组（搜索品）实验材料

尊敬的先生/女士：

您好！首先感谢您在百忙之中参与此次实验。假设您在节假日来临之际准备外出旅行一次（目的地为西安），在国内某旅行网站中搜索旅游产品，并有意向选择出一款出行产品。请您认真阅读完展示材料后回答问卷问题。

方案一：飞机

A. 直达航班

08:20 11:20	福州长乐机场 西安咸阳机场	厦门航空公司 MF8269 机型：波音738(中)	¥1410 8.4折(M) 所有价格

机建＋燃油：50＋20元｜飞行时间：3小时0分

13:05 15:50	福州长乐机场 西安咸阳机场	中国东方航空公司 MU2230 机型：空客320(中)	¥1530 全价舱(Y) 所有价格

机建＋燃油：50＋20元｜飞行时间：2小时45分

16:55 20:00	福州长乐机场 西安咸阳机场	中国东方航空公司 MU2138 机型：空客320(中)	¥1530 全价舱(Y) 所有价格

机建＋燃油：50＋20元｜飞行时间：3小时5分

B. 经停航班

长龙航空 GJ5545 空客320(中) 共享	07:30 长乐国际机场	经停长沙 换花园国际机场T1	12:10 咸阳国际机场T3	¥660起 订票 经济舱4折

南方航空 CZ7047 空客320(中) 共享	07:30 长乐国际机场	经停长沙 换花园国际机场T1 升	12:10 咸阳国际机场T3	¥740起 订票 经济舱4.5折

C. 中转航班

方案二：动车/高铁＋飞机

方案三：高铁

A. 高铁直达　　　　　　　　　　B. 高铁中转

第一部分：根据您在刚刚浏览产品过程中的实际情况，请在合适的选项中打√。

实际情况	（1代表非常不同意，4代表中立，7代表非常同意）						
	1	2	3	4	5	6	7
我认为以上材料为我提供了过多的产品信息	□	□	□	□	□	□	□
在以上材料中，我认为我所需要了解的产品信息容量过大	□	□	□	□	□	□	□
在以上材料中，我认为我所需要了解的产品信息数量过多	□	□	□	□	□	□	□

第二部分：依据您进行以上任务中的实际情况，请在合适的选项中打√。

实际情况	（1代表最少努力，4代表中等努力，7代表最大努力）						
	1	2	3	4	5	6	7
在以上的任务当中，你投入了多少心理努力	□	□	□	□	□	□	□

实际情况	（1代表非常容易，4代表中等难度，7代表非常困难）						
	1	2	3	4	5	6	7
你认为以上的任务难度如何	□	□	□	□	□	□	□

第三部分：请您接着回忆您刚刚在浏览完相关旅游产品时需做决策时的心理感受，请在合适的选项中打√。

心理感受	（1代表非常不同意，4代表中立，7代表非常同意）						
	1	2	3	4	5	6	7
无助的	□	□	□	□	□	□	□
绝望的	□	□	□	□	□	□	□
令人困惑的	□	□	□	□	□	□	□

续表

心理感受	(1 代表非常不同意, 4 代表 中立, 7 代表非常同意)						
	1	2	3	4	5	6	7
迷惑的	□	□	□	□	□	□	□
缺乏判断力的	□	□	□	□	□	□	□
过度紧张的	□	□	□	□	□	□	□

　　第四部分：个人基本情况（根据您的实际情况，请在合适的选项中打✓）

　　（1）您的性别：□男　□女

　　（2）您的年龄：____岁

　　（3）您的学历：□高中及以下　□大专或本科　□硕士及以上

　　问卷到此结束，非常感谢您的认真作答！

附录二 旅游消费者调查问卷

一、第四章调查问卷

尊敬的先生/女士：

您好，我们是××××学校的研究团队，非常感谢您在百忙之中参与本次问卷调查。问卷的答案并无对错之分，请您依据在线旅游消费中的真实情况和实际体验进行填写。本次问卷采用匿名的方式，问卷调查结果仅用于学术研究，请您安心作答。

非常感谢您的参与！

祝您家庭平安！万事顺意！

第一部分：个人基本情况（根据您的实际情况，请在合适的选项中打√）

（1）您的性别：□男　　□女

（2）您的年龄：□19～29岁　　□30～39岁　　□40～49岁
　　　　　　　　□50岁及以上

（3）您的学历：□高中及以下　　□大专或本科　　□硕士　　□博士

第二部分：请结合您平时在消费购物中的表现，请在合适的选项中打√。

具体表现	（1代表完全不同意，3代表不确定，5代表完全同意）				
	1	2	3	4	5
我更喜欢复杂的问题胜于简单的问题	□	□	□	□	□

续表

具体表现	（1 代表完全不同意，3 代表不确定，5 代表完全同意）				
	1	2	3	4	5
我喜欢负责处理一件需要做很多思考的事情	☐	☐	☐	☐	☐
对我来说思考不是有趣的事	☐	☐	☐	☐	☐
我宁愿做那些不用怎么动脑的事情，而不愿做肯定会挑战我的思考能力的事情	☐	☐	☐	☐	☐
我尽量去预见并避免那些有可能使我不得不对某事做深入思考的情形	☐	☐	☐	☐	☐
我会从长时间的仔细思考中获得满足感	☐	☐	☐	☐	☐
我只会在迫不得已的情况下才努力思考某个问题	☐	☐	☐	☐	☐
我宁愿去想一些小事情的日常计划，而不喜欢做长远的规划	☐	☐	☐	☐	☐
我喜欢干那些一旦学会了就不用再动脑子的事情	☐	☐	☐	☐	☐
依赖于思考使自己成为最优秀的，这种想法很吸引我	☐	☐	☐	☐	☐
我真的很喜欢那些要想出新方法来解决问题的任务	☐	☐	☐	☐	☐
学习思考的新方法并不能使我很兴奋	☐	☐	☐	☐	☐
我喜欢我的生活充满了必须解决的难题	☐	☐	☐	☐	☐
我喜欢那种考验智力的、困难的而且重要的任务胜于那种有点重要但不需要进行很多思考的任务	☐	☐	☐	☐	☐
对抽象问题的思考很吸引我	☐	☐	☐	☐	☐
在完成一项需要耗费很多脑力劳动的任务后，我觉得如释重负而不是感到满足	☐	☐	☐	☐	☐
对我来说，只要工作完成了就足够了，我并不关心完成的方式或原因	☐	☐	☐	☐	☐

第三部分：请根据您以往在网络渠道搜索与旅游相关的产品（如选择目的地，预订门票、酒店、餐饮、车票等）时的实际情况，请在合适的选项中打√。

实际情况	（1 代表完全不同意，3 代表不确定，5 代表完全同意）				
	1	2	3	4	5
由于存在大量相似产品，我很难察觉到新产品	☐	☐	☐	☐	☐
许多产品太过相似，我不能确定它们是否由同一商家提供	☐	☐	☐	☐	☐
我并不能准确知道哪个产品更能满足需求	☐	☐	☐	☐	☐
由于过多可供选择的在线旅游产品，我有时会混淆	☐	☐	☐	☐	☐
由于存在太多旅游网站，我很难决定选择在哪个网站购买产品	☐	☐	☐	☐	☐
旅游网站的产品有如此多的特性以至于几乎不可能比较不同品牌	☐	☐	☐	☐	☐
从旅游网站获取的信息太模糊，我很难知道哪个产品更适合	☐	☐	☐	☐	☐
当购买产品时，我很少感觉到信息是充分的	☐	☐	☐	☐	☐
当购买产品时，我对于那些功能尤其重要的产品并不是很确定	☐	☐	☐	☐	☐

第四部分：请您接着回忆您当时在网络上购买旅游产品时心理感受，请在合适的选项中打√。

心理感受	（1 代表完全不同意，3 代表不确定，5 代表完全同意）				
	1	2	3	4	5
生气的	☐	☐	☐	☐	☐
恼怒的	☐	☐	☐	☐	☐
失望的	☐	☐	☐	☐	☐
挫败感的	☐	☐	☐	☐	☐
沮丧的	☐	☐	☐	☐	☐

第五部分：根据您对旅游信息在线搜索的实际情况，请在合适的选项中打√。

实际情况	（1 代表完全不同意，3 代表不确定，5 代表完全同意）				
	1	2	3	4	5
总的来说，我相信我买的旅游产品	□	□	□	□	□
一般来说，我相信我购买的旅游产品的制造商	□	□	□	□	□
一般来说，我信任卖给我旅游产品的平台	□	□	□	□	□

问卷到此结束，非常感谢您的认真作答！

二、第五章调查问卷

尊敬的先生/女士：

您好，我们是×××××学校的研究团队，非常感谢您在百忙之中参与本次问卷调查。问卷的答案并无对错之分，请您依据在线旅游消费中的真实情况和实际体验进行填写。本次问卷采用匿名的方式，问卷调查结果仅用于学术研究，请您安心作答。

非常感谢您的参与！

祝您家庭平安！万事顺意！

您在过去 3 个月内是否有通过在线渠道购买旅游产品或服务的经历？

□是　□否

第一部分：请结合您平时在消费购物中的表现，请在合适的选项中打√。

具体表现	（1 代表完全不同意，3 代表不确定，5 代表完全同意）				
	1	2	3	4	5
我喜欢简单的问题，而不是复杂的问题	□	□	□	□	□
我喜欢负责处理一件需要做很多思考的事情	□	□	□	□	□
思考会让我感到愉快	□	□	□	□	□

续表

具体表现	（1 代表完全不同意，3 代表不确定，5 代表完全同意）				
	1	2	3	4	5
我宁愿做那些不用怎么动脑的事情，而不愿做肯定会挑战我的思考能力的事情	☐	☐	☐	☐	☐
我乐意思考复杂的问题	☐	☐	☐	☐	☐
我会从长时间的仔细思考中获得满足感	☐	☐	☐	☐	☐
我只会在迫不得已的情况下才努力思考某个问题	☐	☐	☐	☐	☐
我喜欢思考一些日常生活琐碎的问题，而不是长期性问题	☐	☐	☐	☐	☐
我喜欢干那些一旦学会了就不用再动脑子的事情	☐	☐	☐	☐	☐
依赖于思考使自己成为最优秀的，这种想法很吸引我	☐	☐	☐	☐	☐
我真的很喜欢那些要想出新方法来解决问题的任务	☐	☐	☐	☐	☐
学习思考的新方法并不能使我很兴奋	☐	☐	☐	☐	☐
我喜欢我的生活充满了必须解决的难题	☐	☐	☐	☐	☐
对抽象问题的思考很吸引我	☐	☐	☐	☐	☐
我喜欢那种考验智力的、困难的而且重要的任务胜于那种有点重要但不需要进行很多思考的任务	☐	☐	☐	☐	☐
在完成一项需要耗费很多脑力劳动的任务后，我觉得如释重负而不是感到满足	☐	☐	☐	☐	☐
对我来说，只要工作完成了就足够了，我并不关心完成的方式或原因	☐	☐	☐	☐	☐
我通常在事情完结以后还在思考，即使这些事情并不对我自己构成影响	☐	☐	☐	☐	☐

第二部分：根据您以往在在线渠道购买旅游产品的实际情况和真实感受，请在合适的选项中打√。

实际情况	（1 代表完全不同意，3 代表不确定，5 代表完全同意）				
	1	2	3	4	5
由于存在大量相似产品，我很难觉察到新产品	☐	☐	☐	☐	☐
由于在线渠道提供的旅游产品有很多相似之处，导致我无法进行有效地区分	☐	☐	☐	☐	☐
我并不能准确知道哪个产品更能满足需求	☐	☐	☐	☐	☐
由于在线渠道存在太多有关旅游产品的信息，我很难决定购买哪个产品	☐	☐	☐	☐	☐
由于存在太多旅游网站，我很难决定选择哪个网站购买产品	☐	☐	☐	☐	☐
有些旅游产品具有如此多的功能，以至于几乎不可能对不同品牌进行比较	☐	☐	☐	☐	☐
从旅游网站获取的信息太模糊，我很难知道一个产品的实际性能	☐	☐	☐	☐	☐
当购买旅游产品时，我觉得在线网站提供的信息并不充分	☐	☐	☐	☐	☐
当购买产品时，我不确定产品的哪些功能对我尤其重要	☐	☐	☐	☐	☐
总的来说，我对通过在线渠道购买旅游产品或服务是满意的	☐	☐	☐	☐	☐
我需要额外的信息	☐	☐	☐	☐	☐
我会重新思考	☐	☐	☐	☐	☐
我会与他人交流经验	☐	☐	☐	☐	☐
我会寻求别人的意见	☐	☐	☐	☐	☐
我会进一步明确购买目标，减少选择集	☐	☐	☐	☐	☐
我会延迟购买	☐	☐	☐	☐	☐
我会放弃购买	☐	☐	☐	☐	☐
我会什么都不做	☐	☐	☐	☐	☐
我会委托别人购买	☐	☐	☐	☐	☐

第三部分：根据您在生活中的实际情况，请在合适的选项中打√。

（1）您的性别：☐男　☐女

（2）您的年龄：☐19～29 岁　☐30～39 岁　☐40 岁及其以上

（3）您的受教育程度：☐高中及以下　☐大专或本科　☐研究生及以上

三、第六章调查问卷

尊敬的先生/女士：

您好，我们是×××××学校的研究团队，非常感谢您在百忙之中参与本次问卷调查。问卷的答案并无对错之分，请您依据在线旅游消费中的真实情况和实际体验进行填写。本次问卷采用匿名的方式，问卷调查结果仅用于学术研究，请您安心作答。

非常感谢您的参与！

祝您家庭平安！万事顺意！

过去半年，您是否有过在网上购买旅游产品或服务（如门票、酒店预订、机票、旅游线路等）的经历？如有，恳请您结合自己印象最深刻的一次旅游产品购买经历，对如下题目进行作答。

□是 □否

第一部分：请您结合自己印象最深刻的一次旅游产品购买经历，请在合适的选项中打√。

实际情况	（1代表完全不同意，3代表不确定，5代表完全同意）				
	1	2	3	4	5
由于存在大量相似产品，我很难觉察到新产品	□	□	□	□	□
由于在线渠道提供的旅游产品有很多相似之处，导致我无法进行有效地区分	□	□	□	□	□
我并不能准确知道哪个产品更能满足需求	□	□	□	□	□
由于过多可供选择的在线旅游产品，我有时会混淆	□	□	□	□	□
由于在线旅游网站存在太多有关旅游产品的信息，我很难决定购买哪个产品	□	□	□	□	□
旅游网站的产品有如此多的特性以至于几乎不可能比较不同品牌	□	□	□	□	□
从旅游网站获取的信息太模糊，我很难知道哪个产品更适合	□	□	□	□	□

续表

实际情况	(1 代表完全不同意，3 代表不确定，5 代表完全同意)				
	1	2	3	4	5
当购买旅游产品时，我觉得在线网站提供的信息并不充分	☐	☐	☐	☐	☐
当购买产品时，我觉得在线旅游网站提供的信息并不充分	☐	☐	☐	☐	☐
生气的	☐	☐	☐	☐	☐
挫败的	☐	☐	☐	☐	☐
失望的	☐	☐	☐	☐	☐
沮丧的	☐	☐	☐	☐	☐
我向亲朋好友诉说过这次负面体验	☐	☐	☐	☐	☐
我劝阻过将要去这家网站购物的人	☐	☐	☐	☐	☐
我在网上对这次体验发布过负面评价	☐	☐	☐	☐	☐
对我而言，这个产品是重要的	☐	☐	☐	☐	☐
这个产品与我没什么关系	☐	☐	☐	☐	☐
对我而言，这个产品是有意义的	☐	☐	☐	☐	☐
这个产品是我所需要的	☐	☐	☐	☐	☐

第二部分：个人基本情况（根据您的实际情况，请在合适的选项中打√）

（1）您的性别：☐男　☐女

（2）您的年龄：☐19～29 岁　☐30～39 岁　☐40 岁及以上

（3）您的受教育程度：☐高中及以下　☐大专或本科　☐硕士及以上

（4）您的网购经验：☐1 年及以下　☐1 年以上到 3 年及 3 年以下

☐3 年以上到 8 年及 8 年以下　☐8 年以上

问卷到此结束，非常感谢您的认真作答！